제5의 기원

THE FIFTH BEGINNING

제5의 기원

THE FIFTH BEGINNING

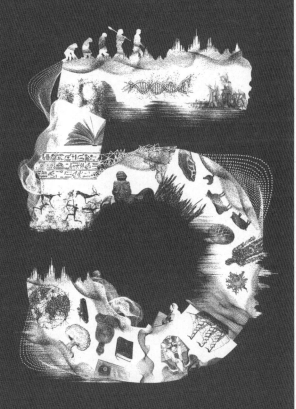

600만 년 인류의 역사가 알려주는
우리의 미래

로버트 L. 켈리 지음 ——————— 이재경 옮김

반니

차
례

들어가는 글

　나는 나를 '흙 파는 고고학자'로 생각한다. 유적지를 찾아 산악을 헤매고 남은 뼛조각과 깨진 화살촉을 캐러 흙을 파는 것보다 내가 더 좋아하는 일은 없다. 지난 43년 동안 딱 그런 일을 해왔고, 지금도 매해 '현장'에서 여름을 보낸다. 대개의 고고학자들처럼 나도 흙투성이가 되는 게 좋아서 고고학을 한다. 뙤약볕에 쭈그리고 앉아 땅을 파고, 얼음장 같은 계곡물에 몸을 담그고, 차가운 폭우 속을 헤매며 몸을 더럽히는 것이 싫으면 이 일을 못 한다. 또한 대개의 고고학자들처럼 나도 인류의 이야기를 알고픈 뿌리 깊은 욕망 때문에 고고학을 한다.

　고고학자에게 그들이 업으로 삼은 일의 의의를 물으면, 그들은 으레 미래를 알기 위해 과거를 공부한다고 말한다. 하지만 불행히도 말만 앞세우지 않고 실제로 그 이상을 하는 사람은 우리 중에 얼마 되지 않는다. 나는 내가 그 이상을 할 때가 됐다는 결정을 내렸다.

그 결과가 여러분이 들고 있는 책이다.

선사시대를 이용해서 미래를 예측하고 앞일을 예견해서 시대에 앞서겠다는 의도는 아니다. 그보다는 과거를 이해해서 미래 창조에 힘을 보태고자 한다. 이것은 부모 된 마음과 무관하지 않다. 부모는 아이들이 몸담고 살아갈 세상을 걱정한다. 그러나 나는 정치인도 아니고 또 그렇게 될 일도 없다. 내가 공직에 출마하는 것으로 미래를 창조할 일은 없다. 또한 나는 부(富)를 좋은 취지에 동원할 수 있는 재계인사도 아니고, 하위계층이 다치지 않을 경제체제를 제시할 경제학자도 아니다. 나는 그저 흙을 파는 고고학자다. 나는 내가 아는 것, 즉 선사시대를 이용할 뿐이고, 이 책은 미래 세대가 살아갈 세상을 좀 더 좋은 곳으로 만들기 위한 나의 작은 기여다.

앞 문단의 마지막 문장은 여러 사람을 오글거리게 한다. 심지어 지독한 낙천주의로 들릴 수도 있다. 20세기 초 사람들은 순진하게도 인류에게 세계평화가 도래했다고 믿었다. 그러다 제1차 세계대전이 터졌다. "쌤통이다." 일부는 분명히 이렇게 생각했을 거다. "우리는 철없이 방심했고, 그 결과 탱크와 가스의 전쟁을 맞았다." 이후 우리의 미래관은 계속 비관의 내리막길을 걸었다. 실제로도 희망을 품을 이유를 찾기 어려운 때가 많았다. 하지만 나는 희망을 놓지 않는 쪽을 택했다. 내가 그러지 않으면, 우리가 그러지 않으면, 결국 세상이 골로 가는 일밖에 없을 테니까. 솔직히 내가 낙천적인 사람은 아니다. 하지만 실리적인 사람이다. 그래서 나는 패색이 짙은 사고방식보다는 모두가 바라는 결과를 가져다줄 사고방식을 택한다.

제5의 기원

또한 나는 이 책을 짧고, 깜찍하고, 호시탐탐 유쾌한 책으로 만들기로 했다. 내가 선사시대를 심각하게 생각하지 않아서가 아니다. 세계의 미래는 말할 것도 없다. 정확히 말하면 오히려 두 가지 모두를 너무나 심각하게 생각한다. 그래서 사람들이 실제로 읽을 책을 쓰고 싶다. 앞날에 닥칠 아수라장에 대한 길고 음울한 설명을 원한다면, 그런 책들은 이미 시중에 많이 나와 있다. 나는 인류가 이미 잘못한 것들보다 앞으로 잘할 수 있는 것들에 초점을 맞춘다.

일부 학자들은 내가 선사시대를 제시하는 방식을 놓고 옥신각신할 거다. 내가 제쳐놓은 세부사항들과 대안적 관점들에 대해 할 말이 많을 거다. 미리 그들에게 사과한다. 하지만 나는 내가 이해한 방식대로 이야기를 풀어갈 뿐이다. 무엇보다 나는 큰 그림에 집중한다. 큰 그림을 보는 것, 그것이 고고학의 최대 공헌이라고 생각하기 때문이다.

이 책은 내가 2007년 워싱턴 주립대학교 인류학과의 초청을 받아서 했던 강연에서 비롯됐다. 당시 충분히 익지 않은 상태의 이 생각들을 먼저 들어야 했던 청중의 인내심에 감사한다. 이후 나는 애리조나, 콜로라도, 네바다, 와이오밍의 대학들에서 추가로 강의하면서 같은 발상을 더 정교하게 개발했다. 그때의 강의들이 이 주제에 대해 더욱 깊이 생각할 기회가 됐다. 그런 기회를 준 대학들에 다시 한 번 감사한다.

나는 2012년 가을, 케임브리지 대학교 세인트존스 칼리지 재직 중 안식년 휴가를 맞아 이 책을 쓰기 시작했다. 세인트존스가 내게 내준 연구실(마스터스가든이 내려다보이는 곳이라서 더 좋았다) 덕을 많이 봤고, 로버트 하인드 교수와 오랜 동료 닉 제임스와 나눈 대화도 내 생각을 견인했다. 초고에 논평을 제공한 제임스 아헌, 마크 하인츠, 스티븐 렉슨, 린 포이어, 레이첼 렉킨, 토벤 릭, 린 셰파츠, 칼라 시노폴리에게도 감사한다. 집필 취지서 작성에 도움을 준 레노어 하트, 출판 기회를 준 캘리포니아 대학교 출판사 편집자 리드 말콤과 교정 편집자 바바라 아먼트라우트의 노고도 잊을 수 없다. 신세진 이들을 쓰자면 한이 없지만, 무엇보다 원고를 작성하던 지난 수년간 내 질문에 친절히 답해준 여러 동료 교수에게 감사한다. 물론 실수가 있다면 그것은 모두 그리고 오직 나의 불찰이다.

고고학자라는 커리어는 내게 세계를 여행할 기회를 주었고, 덕분에 이 책의 완성에 결정적 역할을 한 넓은 관점을 얻었다. 하지만 막역한 친구이자 비평가이자 아내인 린 포이어가 없었다면, 내가 그 여행들을 하지도 이 책을 쓰지도 못했을 거다. 아내에게 감사한다.

이제 시작해보자. 이제 우리는 어디로 갈 것인가?

와이오밍, 래러미에서

로버트 L. 켈리

1장

우리가 아는 세상의 종말

The End of the World as We Know It

—

나는 어제를 보았다. [그래서] 내일을 안다.

— 투탕카멘 묘의 명문(銘文)에서

—

"내 아버지는 노예로 태어났어요." 나이 지긋한 여자 분이 조용히 입을 열었다.

1980년대 루이빌 대학교에서 인류학을 가르치던 때였다. 나는 고고학을 통해 미래를 짚어보는 취지의 강의를 했다. 나는 낙관론을 견지했고, 성공했다고 생각했다. 그런데 앞줄에 앉은 남학생 한 명이 손을 들고 울적하게 말했다. "현재는 과거의 답습이고 미래도 그럴 겁니다." 내가 대꾸할 말을 찾고 있을 때 노년의 흑인 여성이 내 구원타자로 나섰다. 아는 얼굴이었다. 수업 후에 종종 남아서 나와 말을 나누던 분이었다. 그분은 1905년생이고, 어려서 교육을 받을 기회가 전혀 없었고, 자녀와 손주를 모두 교육시킨 다음에야 본인도 만학의 길에 나섰다. 그때까지 내가 그분에 대해 아는 건 이 정도에 불과했다.

학생들의 머리가 모두 그분을 향했다. 다들 그분을 새삼스럽게

우리가 아는 세상의 종말

쳐다봤다. 마치 처음 보는 사람처럼. 극악한 노예제도를 말로만 들었지 실경험자를 가족으로 둔 사람은 우리 중에 아무도 없었다. 그분은 말을 이어갔다. 그분의 부친은 노예해방령 직전에 태어났고, 늦은 나이에 결혼했다. 부친이 남북전쟁 이후 재건 시대를 살았다면, 그분은 짐 크로 법Jim Crow law(남부에서 노예 해방을 사실상 무력화하기 위해 제정한 일련의 인종차별법-옮긴이), KKK단, 셀마 행진(1965년 마틴 루터 킹 목사가 이끄는 흑인들이 헌법이 보장한 투표권의 정상적 행사를 위해 앨라배마주 셀마에서 몽고메리까지 행진한 사건-옮긴이), 시민 평등권 운동(1950~60년대의 미국 흑인 인권 운동-옮긴이)의 세월을 살았다. "세상은 변합니다." 이것이 그분의 결론이었다.

하지만 아까의 비관적인 학생은 손사래를 쳤다. 무례한 행동이었지만, 학생의 의도는 무례함이 아니었다. 희망 없음이었다.

터널 끝에 빛이 보이기에 좋아했더니 마주 오는 열차였더라는 농담이 있다. 사람들의 미래관은 대개 이렇다. 나를 향해 돌진하는 기관차와 뛰어내릴 데조차 없는 꽉 막힌 공간. 왜 아니겠는가? 기후변화, 경제 불균형, 도시 인구 집중, 환경오염, 테러리즘, 부패한 정치 체제들, 총기 난사 사건들, 종교의 이름으로 행해지는 잔혹행위들을 보면 희망의 여지가 없어 보인다. 오늘을 사는 현대인 중에는 삶을 〈워킹 데드The Walking Dead〉 드라마처럼 느끼는 사람들이 많다. 이들에게 세상은 곳곳에 좀비가 도사린 지옥이다.

하지만 희망을 가질 이유가 있다. 경제학자 허버트 스타인Herbert Stein(1916~1999)의 유명한 '법칙'이 그 이유를 말해준다. "영원히 지속될 수 없다면 언젠가는 멈춘다." 고고학자로서 말하자면, 세계의 선사시대가 스타인의 법칙을 증명한다. 고대 세계를 잠깐만 생각해봐도 현재가 과거와 얼마나 다른지 알 수 있다. 1만 5000년 전에는 세상사람 모두가 수렵채집자였지만 지금은 그렇게 사는 사람이 거의 없다. 심지어 지금은 농부도 드물다. 나아가 식량 생산에 직접 종사하는 사람도 세계 인구 중 극히 일부에 불과하다. 우리의 석기시대 조상은 지금의 첨단기술과 세계경제를 상상조차 하지 못했을 거다. 그렇다. 세상은 변한다.

여러분의 반박이 들린다. "그래요, 현재는 과거와 달라요. 하지만 이제부터는 현재가 계속 이어질 거예요. 우리가 역사의 끝에 도달한 건지도 몰라요."

그럴지도 모른다. 하지만 내 생각은 다르다. 나는 과거에 인류가 달라진 이유를 알면 미래가 현재와 달라질 이유도 알 수 있다고 믿는다. 나는 기술부터 정치와 국제질서, 심지어 인류의 성격 자체까지 모든 것이 가까운 장래에 근본적으로 변할 것으로 기대한다. 사실상 선사시대 연구가 나를 이런 결론으로 이끌었다.

여러분은 이번에는 이렇게 반박할 거다. "모든 것이 변할 거라는 말은 맞아요. 우리 모두 지옥으로 곤두박질치고 있으니까요!"

지옥행 급행열차 가능성을 완전히 배제할 수는 없다. 하지만 적어도 인류 진화의 600만 년에서 도출되는 교훈은 그렇지 않다.

종(種)의 관점에서 볼 때, 진화의 역할은 종의 유전물질의 연속성을 보장하는 것이다. 개체가 살아남아 번식하고 새끼를 번식 가능한 나이까지 키울 수 있으면 그뿐, 진화는 개체 자체에는 관심이 없다. 진화의 목적은 그게 다다. 연속성. 다만 이 프로세스에서 신기한 점은, 해당 목적을 달성하기 위해서 진화는 처음과는 현저하게 다른 생물들을 창조한다는 것이다. 포유동물은 수억 년 전 미생물 전쟁이 벌어지던 원시 바다의 단세포 유기체에서 진화했다. 뒷마당에서 귀엽게 지저귀는 새들은 무시무시한 공룡의 후예다. (앞으로 치킨너깃을 먹을 때 이 점을 기억하자.) 그리고 오늘날의 모든 사람—네덜란드의 낙농업자부터 실리콘밸리의 컴퓨터과학자까지—은 우리 조상이 최고의 수렵채집자가 되려 했던 노력의 산물이다. 뭔가가 되려는 노력의 끝에 생물체가 일종의 임계점tipping point에 이르고 그 결과 전적으로 다른 뭔가로 바뀐다. 이 현상을 진화이론가들은 창발현상emergent phenomena이라고 부른다.

이 책에서 나는 인류가 지난 600만 년 동안 이 같은 임계점을 네 번 거쳤음을 논고한다. 나는 이 임계점들을 기원beginning으로 부른다. 인간 존재의 기본 성격 자체가 변해서 우리 종이 새로운 삶을 시작한 시기들을 표시하기 때문이다. 과거 네 번의 기원을 연대순으로 대면 이렇다. 기술의 기원, 문화의 기원, 농경의 기원, 국가state라는 정치조직의 기원이다. 이 기원들에 대한 고고학적 인식을 통해서 나는 오늘날 인류가 또 다른 임계점, 이른바 제5의 기원에 이르렀다는 결론을 도출한다.

인류는 여러 프로세스를 타고 각각의 기원에 도달했다. 그러나 주요 동인(動因)은 인구 증가가 야기한 경쟁 심화다. 진화에 대해 전혀 모르는 사람도 '적자생존(適者生存)'은 안다. 다윈의 진화론을 대표하는 말이지만 다윈이 만든 말은 아니다. [동시대 철학자 허버트. 스펜서Herbert Spencer(1820~1903) 가 처음 썼고, 다윈은 이 말을 《종의 기원On the Origin of Species》의 나중 판에 사용했다.] 실제로 진화의 원동력은 경쟁이다. 진화는 그야말로 '피로 물든 이빨과 발톱red in tooth and claw'이다. [이것도 다윈이 처음 쓴 말은 아니다. 알프레드 테니슨Alfred Tennyson(1809~1892)의 시 〈인 메모리엄 A. H. H. In Memoriam A.H. H.〉(1850)에 나오는 표현이다.] 경쟁은 생물체가 삶의 필요조건 확보를 위해 다른 생물체들에 대해 우위를 확보하는 것을 말한다. 남보다 먹이, 보금자리, 짝짓기 상대를 확보하는 능력이 좋아야 살아남는다. 다음 장들에서 논하겠지만, 플라이스토세Pleistocene Epoch(홍적세)에 인류의 조상들이 석기를 휘둘러 그렇지 못한 이들을 물리쳤다. 이후 문화라는 능력을 취득한 이들이 그렇지 못한 이들을 이겼다. 이어 농경민이 결국 수렵채집민을 압도했다. 다음에는 족장제와 부족집단들이 국가사회에 무너졌고, 국가사회가 오늘날까지 세계를 지배한다.

약육강식의 경쟁은 진화의 막강한 연료다. 하지만 진화를 연구하는 사람들은 이타심과 협력을 진화 프로세스의 또 다른 핵심 요소로 본다.[1] 이타심과 협력은 동맹을 낳는다. 그리고 동맹— '서로 가려운 등을 긁어주는' 상호 유익한 관계—은 종종 경쟁에 필수적이다. 우리 시대인 제5의 기원 시대에는 진화 프로세스가 이 관계를 더 많이 추동할 것으로, 경쟁보다는 협동에 기초한 경제적, 사회적,

우리가 아는 세상의 종말

정치적 질서를 불러올 것으로 기대한다. 다시 말해 제5의 기원은 인류가 협력을 경쟁하는 시대의 시작이 될 것이다.

　내 마음속의 유일한 질문은 이거다. 우리가 제5의 기원이라는 이 과도기를 쉽게 지날 것인가, 어렵게 지날 것인가.

어릴 적부터 고고학자를 꿈꾸다

　한때는 나도 카우보이나 소방관이나 우주비행사를 꿈꿨을 거다. 하지만 고고학자가 되고 싶었던 기억밖에는 없다. 나는 어렸을 때부터 야외 활동과 캠핑을 좋아했고, 자급자족 생활을 동경했다. 이것이 아메리카 원주민과 그들의 과거 생활방식에 대한 관심으로 이어졌다. 읽을 수 있는 최대한을 읽었고, 동굴을 찾아다녔고, 이웃 낙농장 소유의 들판에서 화살촉을 주워 모았다. 나는 무엇이든 오래된 것들에 매료당했다. 그래서 옛날 지도를 들고 식민지 시대 도로를 추적하고, 방앗간 폐허의 허물어진 토대를 탐사하고, 사적지 쓰레기를 뒤져 병을 찾았다. 내 방은 화살촉과 뼛조각과 화석들로 가득했다. 다행히 부모님이 내 취미를 다 받아주셨고, 열한 살인가 열두 살 때는 어머니가 내게 1961년에 나온 레나드 울리 경Sir Leonard Woolley(1880~1960)의 책 《어린 고고학자The Young Archaeologist》를 사주셨다. 이 책이 지금도 내 대학 연구실 책상에 있다. 유별난 어린 시절이라고 생각할지 모르지만 전문 고고학자 중에는 나처럼 어린 나이에 열정을 발견한 경우가 많다.

　나는 〈내셔널 지오그래픽〉지를 탐독했다. 특히 머나먼 오지의

'원시인'과 침팬지의 친구 제인 구달Jane Goodall 박사에 대한 기사에 마음을 빼앗겼다. 이 잡지를 통해 루이스와 메리 리키Louis & Mary Leakey의 연구를 접했다. 당시 이 부부 학자는 동아프리카 올두바이 협곡Olduvai Gorge에서 원시인류의 유해를 발굴 중이었다. 나도 못 견디게 거기 가고 싶었다. 황량한 언덕을 헤매며 뼛조각들을 찾고 싶었다. 뉴잉글랜드의 시골에서 자랐지만 내 심장은 항상 바람이 몰아치는 사막과 산악에 있었다.

1973년 내가 열여섯 살 때, 사려 깊은 고등학교 상담교사가 내게 국제교육탐방Educational Expeditions International, EEI의 브로슈어를 보여주었다. 오늘날 어스와치Earthwatch로 알려진 단체다. 이 단체는 관심 있는 자원봉사자들을 현장에서 일하는 지질학자, 생물학자, 동물학자, 고고학자와 연계한다. 이 EEI가 고등학생들에게 여름방학 동안 연구 프로젝트에 참여할 기회를 주었다. 나도 지원해서 붙었고, 미국자연사박물관 소속의 고고학자 데이비드 허스트 토머스David Hurst Thomas 박사에게 파견됐다. 믿기 힘든 행운이었다. 나는 당시 학계의 떠오르는 별과 이렇게 연을 맺었다. 나는 데이비드가 중앙 네바다에서 동굴 유적을 발굴하는 것을 도왔고, 그 후로도 내가 박사과정 현장조사를 시작하기 전까지 계속 그와 함께 일했다. 현재 그와 나는 대학교재 두 권을 공동 집필 중이다.

나는 40년 넘게 미국 서부 전역, 미국 남동부, 뉴욕시(월스트리트 유적지), 메인주, 켄터키주를 다니며 유적 발굴에 참여했고, 칠레 아타카마사막 가장자리의 잉카 유적지에서 일했다. 1만 3000년 전

'팔레오 인디언paleo-Indian(북아메리카 최초의 거주민인 후기 홍적세의 수렵민족-옮긴이)'의 캠프사이트를 찾았고, 19세기 화장실과 매장지들과 푸에블로pueblo(북아메리카 남서부와 라틴아메리카 원주민의 전통건물 또는 촌락-옮긴이)를 출토했고, 사막과 습한 삼림과 해안과 3,600m 산꼭대기의 동굴들을 탐사했다. 마다가스카르에서는 원시농경/수렵채집 부족인 미케아족을 대상으로 민족지학 연구를 수행했다.

다양한 연구를 해오면서도 수렵채집민에 대한 나의 관심은 식지 않았다. 솔직히 말해서 처음 관심을 갖게 된 계기는 매우 로맨틱했다. 스스로 창의와 노력에 의지해 자연이 제공하는 것을 수확하며 뒤에 그저 작은 흔적만을 남기며 소박하게 사는 사람들에게 어딘지 구수한 진정성을 느꼈다. 내 눈에는 수렵채집민이야말로 인류가 어떻게 살아가야 하는지에 가장 가까워 보였다. 평화롭게, 작게 무리 지어서, 물질적 소유에 연연하지 않고 사는 것.

물론 어려서 믿는 것들이 대개 그렇듯 그것도 부분적 환상이었다. 수렵채집민도 폭력과 텃세와 물질에 연연할 수 있다. 내가 만난 미케아족 젊은이는 내게 "비행기, 아니면 트랙터"를 요구했고, 다른 부족원은 결혼반지까지 내가 지닌 모든 것을 내놓으라고 했다. 동물을 멸종할 때까지 사냥하는 수렵채집민도 있고, 주기적으로 불을 질러 지역 식생을 바꿔놓는 수렵채집민도 있다. 미케아족 남자가 사바나를 떠나며 머물던 땅에 불을 지르는 것을 보고 왜 그랬냐고 물은 적이 있다. 그는 나를 놀란 눈으로 보며 이렇게 답했다. "그래야 돌아올 때 걷기 편하죠." (맞는 말이었다.)

인류는 지구에 존재한 시간의 99%를 수렵채집자로 살았다. 따지고 보면 수렵채집은 엄청나게 성공적인 적응 방식이었다. 따라서 현생 수렵채집민을 연구할 때 초기 인류의 삶은 어땠을지, 우리가 어떻게 지금의 종이 됐는지를 함께 생각하지 않을 수 없다. 그다음에는 우리가 오랜 방식을 버리고 변한 이유가 무엇인지, 우리는 어떤 이유로 농경민이 됐으며, 어떤 이유로 도시와 군대와 노예제와 지배계급들을 만들어냈는지 궁금해진다. 원시 기술과 작고 평등한 무리사회와 방랑 수렵채집 생활이 한데 어우러져 너무나 오랫동안 너무나 훌륭하게 작동해왔다. 그런데 인류가 그것을 포기한 이유는 무엇이었을까?

인류의 새로운 시작

고고학자는 뒤를 돌아보는 일에, 인류의 과거를 찾는 일에 평생을 바친다. 미래에 대해 쓰겠다는 사람의 자격치고는 이상하다. 하지만 나는 고고학이 단지 죽어 없어진 것에 대한 학문만은 아니라는 점을 밝히고 싶다. 고고학은 살아 있는 것에 대한 학문이기도 하다. 또한 고고학은 과거만 다루지 않는다. 미래도 고고학의 대상이다.

고고학은 인류사 연구에 결정적이다. 인류사의 대부분은 선사시대고, 선사시대 사료는 고고학적 증거가 유일하다. 그러나 세계사책을 보면 선사시대가 차지하는 부분은 제1장, 심지어는 제1장의 첫 몇 문단에 불과한 경우가 대부분이다. 역사 교과서는 더 심해서,

역사가 종종 이집트, 그리스, 로마, 중국의 '문명들'로 시작한다. 선사시대는 그저 무대 세팅일 뿐이다. '옛날에 유인원들이 있었는데, 어느 날 그중 일부가 나무에서 내려와 직립보행을 시작하고, 그들의 뇌가 점점 커져서 돌로 도구를 만들고, 동굴에 벽화를 그리고, 밀을 재배한다.' 그러다 이야기가 갑자기 진짜 역사로, 중요한 얘기로 건너뛴다. 하지만 선사시대를 한낱 배경으로 좌천시키는 바람에 역사학자들은 큰 그림을 놓쳤다.

고고학자는 다음과 같은 표현들을 들으면 웃음이 나온다. "역사상 최고의 축구선수." "역대급 블록버스터 영화." 미식축구와 활동사진은 모두 1890년대에 출현했다. 겨우 1세기 전이다. 고고학자에게 1세기는 그야말로 눈 깜짝할 새보다도 짧은 시간이다. 우리는 수천 년, 수만 년, 수십만 년 단위로 생각한다. 이런 대단위 시간 척도가 상상하기 어렵다는 것은 인정한다. 하지만 인류사의 중대한 기원들을 이해하려면, 즉 역사시대written history가 기록하는 자잘한 사건들이 아니라 돌이킬 수 없는 규모로 일어나는 경천동지의 대격변을 이해하려면, 가능한 한 최대의 척도를 이용해 인류사를 들여다봐야 하고, 그런 척도를 제공하는 것은 오로지 고고학뿐이다.

고고학자들은 인류가 몇 번의 새로운 시작을 거치며 지금까지와 같은 특정 경로를 밟았다고 생각한다. 그렇게 생각하는 이유는 무엇일까? 힌트가 있다. 그것은 진전과는 아무 상관이 없다. 진화는 진전이 아니다. 진화는 언제나 우리가 하던 일을 더 잘하게 만드는 방향으로 일어났다. 다만 그러다 우리를 전과 전혀 다른 무언가로 바꿔놓았을 뿐이다. 내가 아끼는 수렵채집민을 예로 들면, 그들은 가능한 최고의 수렵채집인이 되려고 노력하다가 농경인이 됐다. 그리고 지금의 우리도 산업과 자본주의를 최대한 꽃피우고 최대한 경쟁력 있는 민족국가nation-state를 이룩하려 애쓰는 과정에서 지금과 전혀 다른 무언가로 변할 고비에 놓여 있다. 결론부터 말하자면, 자본주의, 문화의 세계화, 군비 경쟁이 한데 작동해서 인간사회 조직에 완전한 변화를 가져올 것으로 보인다. 그것은 분쟁 해결 수단으로서의 전쟁의 종식을, 정치단위와 경제체제로서의 민족국가와 자본주의의 종식을 뜻하며, 동시에 세계시민의 부상을 뜻한다. 그것은 우리가 아는 세상의 종말이다.

1999년 12월 31일의 자정 카운트다운을 보러 뉴욕 타임스스퀘어에 모인 사람들의 긴장감은 다른 해와 달랐다. 컴퓨터 시계가 2000년으로 넘어가면서 온 세계가 일대 혼란에 빠질 것으로 걱정한 사람들이 많았다. (이미 베이징과 런던에서는 컴퓨터 시계들이 아무 부작용 없이 2000년으로 넘어갔다는 사실도 위로가 되지 못했다.) 일부 컴퓨터는 연도의 첫자리 수가 1에서 2로 바뀌도록 설계되지 않았고, 이에 따라 비행기 장비부터 은행 시스템까지 온갖 군데서 오류가 발생할 거라는 공포가 팽배했다. 하지만 그건 터무니없는 과대 선전으로 드러났다. 비행기들은 하늘에서 떨어지지 않았고, 세계 금융 시스템은 붕괴하지 않았다.

하지만 광신자들은 단념하지 않았다. 그들은 세상이 끝날 거라는 확증을 찾아 다른 곳으로 눈을 돌렸다. 일부는 마야 문명의 전통에서 찾았다. 그들의 말에 따르면 고대 마야인은 세상이 2012년 12월 21일에 끝난다는 예언을 남겼다.

멀쩡히 살아서 지금 이 책을 읽고 있는 여러분은 그 예언이 실현되지 않았음을 안다. 하지만 마야인의 잘못은 아니다. 마야인은 비관론자도 사기꾼도 아니었다. 사실 그들은 세상의 종말을 예언한 적이 없다. 다만 마야인은 시간의 측정과 기록에 집착했고, 여러 역법을 만들어 왕이 다양한 의례를 거행할 때를 정하는 데 이용했다. 그 의식들은 종종 왕의 피를 요했다. (때로 흑요석 칼로 왕의 혀에서 피를 내기도 했다. 왕으로 사는 것이 항상 좋은 것만은 아니다.)

현대의 종말론자들을 특히나 심란하게 만든 마야력이 있었으니, 바로 장주기력Long Count Calendar이다. 장주기력은 마야인이 시간의 원점으로 생각한 날을 기준으로 삼아서 기준일로부터 경과한 일수를 나타낸다. 마야인이 분석한 태양계 행성 운행 주기들은 놀랄 만큼 정확했고, 덕분에 앨런 튜링Alan Turing(1912~1954) 뺨치는 암호 해독 능력을 갖춘 현대의 학자들이 컴퓨터의 도움을 받아 마야 장주기력을 그레고리력에 대입해 장주기력이 가리키는 시간의 원점을 계산해낼 수 있었다. 그 날짜는 기원전 3114년 8월 11일이었다.

장주기력은 일수를 다섯 가지 단위로 나눈다. 박툰b'ak'tun(144,000일), 카툰k'atun(7,200일), 툰tun(360일), 위날winal(20일), 킨k'in(1일). 마야학자들은 이를 이용해 마야력의 날짜를 속기로 표기한다. 예를 들어 12.2.6.4.2는 12박툰(12×144,000=1,728,000일), 2카툰(2×7,200=14,400일), 6툰, 4위날, 2킨이다. 이를 합산하면 기원전 3114

년 8월 11일부터 경과된 일수다. 이 정보 덕분에 고고학자들은 마야 역사에 있었던 사건들의 연대를 정확히 읽어낼 수 있다.

문제는 마야 장주기력이 정확히 13박툰, 즉 13.0.0.0.0에서 끝나 있다는 거였다. 이날을 그레고리력으로 환산하면 2012년 12월 21일이다. 숫자 13에 공포증을 가진 문화권에서는 이 날짜가 유난히 불길해 보였으리라. 하지만 마야인에겐 그렇지 않았다. [마야인이 13을 특별하게 생각한 건 사실이지만 그건 20도 마찬가지였다(마야력은 대주기를 13주기로 나누고 각 주기를 다시 20진법으로 나눈다-옮긴이).] 우리가 아는 한, 마야인은 미래 날짜를 딱 두 번 언급했고, 두 번 다 나쁜 의미는 아니었다. 마야력은 사실상 2012년 종말론 소동에 어떠한 근거도 제공하지 않는다.[2]

우리가 아는 세상의 종말

마야인은 세상의 종말을 예견하지 않았다. 그런 걸 한 사람들은 따로 있었다. 19세기 초 미국에서 밀레니엄 운동의 물결이 일었다. 다양한 신흥종교가 우르르 생겨나 예수의 재림과 세상의 파멸을 주장했다. 모르몬교(예수 그리스도 후기 성도 교회)가 1820년대에 창시된 것을 비롯해 인디애나 뉴하모니New Harmony(1825) 같은 여러 유토피아 공동체가 생겼다. 18세기 중반 영국에서 생긴 셰이커교도 The Shakers(정식 명칭은 '다시 오실 예수 그리스도를 믿는 이들의 합동 교단')는 1840년경 미국에서 교세를 엄청나게 확장했다.

이 일련의 현상을 인류학에서는 '부흥운동revitalization movements'이라고 부른다. 부흥운동의 예언자는 현세의 질서에 종말이 임박했다고 주장하면서, 사람들이 이미 길을 잃었으며 다가오는 최후의 심판에서 살아남기 위해서 근본으로 회귀할 것을 촉구한다. 그런데 야릇하게도 이 과정에서 거의 예외 없이 신종 믿음들이 등장한다. 예를 들어 셰이커교도는 섹스를 피한다. 섹스는 모든 죄악의 근원이며, 곧 끝날 세상에서 더는 필요하지 않다는 논리다. 모르몬교는 승천한 예수가 세상에 부활해 아메리카 대륙에서 성역을 행했다는 내용을 담은 모르몬경을 성경에 추가했다.

알다시피 세상은 1840년대에도 끝나지 않았다. 그렇다고 아마겟돈이 코앞에 닥쳤다고 철석같이 믿는 사람들이 없어지지도 않았다. 자기 세대가 지구의 마지막 세대라고 생각하는 것이 이젠 전통이 되다시피 했다. 현대의 종말 열풍에서는 록밴드 R. E. M.의 1987년 히트곡 '디 엔드 오브 더 월드The End of the World as We Know It'가 예언자 노릇을 했다. 하지만 재앙의 임박을 감지한 것이 록스타들만은 아니었다. '종말이 다가왔다The End Is Near'라는 표어는 그렇게 쓴 팻말을 들고 다니는 수도사가 등장하는 만화에서 유래했다. 그런데 1980년대 후반부터 유명 작가들이 저서에 동일한 비장함을 담은 제목들을 붙이기 시작했다. 그 첫 주자가 빌 맥키번Bill McKibben의 1989년 저서 《자연의 종말The End of Nature》이었다. 같은 해에 프랜시스 후쿠야마Francis Fukuyama가 〈내셔널 인터레스트The National Interest〉지에 '역사의 종말?The End of History?'이라는 글을 실었고, 이것이 1992년에 책으로 나왔다. 당시 이렇게 무언가의 종말을 외치

는 책이 스무 권이나 쏟아졌다.[3]

　제목에 '~의 종말'을 붙이는 것이 20세기 말을 풍미했던 신비주의를 겨냥한 마케팅 수법인 것은 두말할 나위가 없다. 이 책들을 종교서적으로 보기는 어렵다. 다만 종말을 다룬 일종의 '밀레니엄' 서적이다. 일부는 긍정적이지만(인종차별, 빈곤, 전쟁, 특히 정치의 종말에 박수를 보내지 않을 사람이 어디 있겠는가?), 대개는 비극이 빠르게 닥치고 있고, 모두 우리가 자초한 일이며, 그것을 모면하기 위해서는 우리가 서둘러 자기 개혁에 나서야 한다고 경고한다. 다른 저자들은 종말을 앞세운 상투적 마케팅 문법을 피하는 대신, 진화가 인류를 다음과 같은 것들에 맞게 설계하지 않았음을 설파한다. 대도시 생활, 고지방·고당·고탄수화물 식단(그렇게 따지면 먹을 게 없다), 현재 요구되는 수준의 대규모 고강도 협업 등. (제레드 다이아몬드 Jared Diamond의 《어제까지의 세계The World until Yesterday》가 대표적이다.) 생물학자 에드워드 O. 윌슨Edward O. Wilson도 (《생명의 미래The Future of Life》, 《지구의 정복자The Social Conquest of Earth》, 《인간 존재의 의미The Meaning of Human Existence》 같은 책들에서) 오래전부터 비슷한 경고를 해왔다.[4] 어느 서점이든 논픽션 베스트셀러의 다수가 비관적인 책이고, 거기에는 그럴 만한 이유가 있다.[5]

　우리가 최근 1세기만에 눈부신 기술 진보를 이룬 것은 사실이다. 하지만 미디어 헤드라인에서 연일 접하는 아비규환과 잔혹행위를 생각하면 비관론의 득세가 이상하지 않다. 전직 부통령 앨 고어 Al Gore가 《우리의 미래The Future》에서 인류가 직면한 온갖 문제들의 상호연결성을 장황하게 풀었고, 헨리 키신저Henry Kissinger도 《세계 질서World Order》에서 지금까지 진정한 국제 질서는 없었다며 다가오는 대혼란을 경고했다. 로버트 카플란Robert Kaplan의 《지구의 변방 The Ends of the Earth》도 질병, 파탄 정부, 군벌, 범죄, 환경 파괴로 고통받는 아프리카와 아시아를 비관적으로 조망한다.[6] 1980년부터 국가 내부와 국가 간 불평등이 극적으로 증가했다. 국제구호단체 옥스팜 Oxfam의 추산에 따르면, 2015년 기준 세계 최상위 부자 62명의 재산이 세계 인구 중 하위 절반(35억 명)의 재산 합계와 맞먹었고, 부의 집중은 계속 심화되고 있다.[7] 설사 이 추산에 두어 자릿수 오차가 있다 쳐도(그래봐야 620명 또는 6,200명), 실로 충격적인 통계치가 아닐 수 없다.[8]

　여기서 끝이 아니다. 엘리자베스 콜버트Elizabeth Kolbert의 《여섯 번째 대멸종The Sixth Extinction》, 나오미 클라인Naomi Klein의 《이것이 모든 것을 바꾼다This Changes Everything》, 가이아 빈스Gaia Vince의 《인류세의 모험Adventures in the Anthropocene》, 앨런 와이즈먼Alan Weisman의 《인구쇼크Countdown》, 줄리안 크립Julian Cribb의 《기근의 도래The Coming Famine》, 나오미 오레스케스Naomi Oreskes와 에릭 M. 콘웨이Erik M. Conway의 《다가올 역사－서구 문명의 몰락The Collapse of Western Civilization: A View from the Future》도 모두 인구 증가와 기후 변화가 참혹한 결과로 이어질 것으로 내다본다. 어쩌면 우리는 이미 기후 변화의 루비콘강을 건넜을지도 모른다. 그 경우 우리가 바랄 수 있는 건, 기후 변화를 막는 것이 아니라 어떻게든 그 영향에 대한 대응책을 찾는 것뿐이다.[9] 현재 세계 인구는 75억 명에 육박하고, 금세기를 넘기기 전에 90~100억 명에 이를 것으로 예상된다. 참고로 일부 인구통계학자에 따르면, 환경 훼손을 최소화하면서 모두가 제1세계 수준, 즉 선진국 수준의 라이프스타일을 영위할 수 있는 적정 인구는 약 15억 명에 불과하다.[10] 현재로서는 절대다수가 배제될 수밖에 없다.

우리에게 필요한 해법을 제때 신속히 시행할 집단 의지가 있을까? 애석하게도 앞서 책의 저자들은 거기에 회의적이다. 오히려 이들은 작금의 정치·경제 체제는 환경적, 인구학적, 경제적, 정치적 실패가 합작한 대재앙을 부를 뿐이라고 믿는다.

그러나 희망적인 사람들도 있다. 로버트 라이트Robert Wright의 《논-제로: 인간 운명의 논리Non-Zero: The Logic of Human Destiny》, 매트 리들리Matt Ridley의 《이성적 낙관주의자The Rational Optimist》, 스티븐 핑커Steven Pinker의 《우리 본성의 선한 천사The Better Angels of Our Nature》, 찰스 케니Charles Kenny의 《호전Getting Better》, 조슈아 골드스타인Joshua Goldstein의 《전쟁을 이기는 전쟁Winning the War on War》, 앵거스 디턴Angus Deaton의 《위대한 탈출: 건강, 부, 그리고 불평등의 기원The Great Escape: Health, Wealth, and the Origins of Inequality》 등이 낙관론의 부류에 든다. 이 저자들은 보다 유망한 통계치들에 주목한다. 모든 형태의 폭력이 감소세고(우리가 체감하는 폭력의 양은 증가세), 식량 공급 능력은 상승세다(영양실조와 비만 문제는 심화). 어린이 사망률은 줄었고, 기대수명은 지난 세기에 50% 늘었다. 1980년 이후 세계 인구 중 하루 1달러로 연명하는 사람들의 비중이 42%에서 14%로 떨어졌다. 놀라운 의술의 발전으로 선진국에서는 수명이 30여 년이나 늘었다. 세계화는 다방면에서 어느 때보다 많은 기회를 제공한다. 인터넷 덕분에 세계인의 실시간 아이디어 공유가 가능해졌고, 그에 따라 전에는 상상하지 못했던 속도로 지식이 생성, 축적된다. 다이앤 애커먼Diane Ackerman의《휴먼 에이지The Human Age》는 인류가 쌓은 지식과 기술에서 환경 문제 해결의 희망을 본다. 적어도 일부 지표는 옳은 방향으로 움직인다.[11]

선사시대는 인류에게 발군의 문제 해결 능력이 있으며, 진화가 언제나 우리를 개조해왔다는 것을 가르친다. 물론, 주식브로커들의 말처럼, 과거의 실적이 미래의 결과를 보장하지는 않는다. 우리가 정말로 지옥으로 직행하고 있을 수도 있다. 하지만 선사시대는 꼭 그렇게 생각할 것만은 아니라는 단서를 준다. 미래는 우리 손에 달려 있을 가능성을 보여준다.

그러니 미래로 들어가기 전에 과거부터 검토해야 한다. 과거를 검토하려면 우선 고고학자의 사고방식을 알아볼 필요가 있다. 고고학은 인류가 지나온 중대한 기원들, 즉 과거에 기존 세상을 끝냈던 그 거대 사건들을 어떻게 인식할까?

2장

고고학자의 사고방식

How Archaeologists Think

―

찾아내는 것이 중요한 게 아니라 알아내는 것이 중요하다.

― 고고학자 데이비드 허스트 토머스

―

몇 년 전이었다. 나는 뉴멕시코주 트루스오어컨시퀀시스Truth
or Consequences의 도로변에 앉아 있었다. 이 타운의 원래 이름은 핫
스프링스Hot Springs였는데, 1950년에 동명의 인기 라디오 프로그램
진행자가 프로그램명을 지명으로 쓰는 곳에서 방송을 진행하겠다
고 공언하자 타운 이름을 바꿨다. 그것만 봐도 트루스오어컨시퀀시
스는 유머감각이 있는 고장이다. 그날 도로변에서 보니 이 유머감각
이 주민 차량의 범퍼스티커에서도 여지없이 번득였다. 〈스타 트렉Star
Trek〉 골수팬이 좋아할 '맙소사, 짐, 죽은 사람이야. 자네는 지갑을
챙기게, 나는 트라이코더tricorder(〈스타 트렉〉에 나오는 휴대용 탐사장치-
옮긴이)를 쓱싹할 테니'도 있었다. 하지만 내 입장에서 특히 와 닿은
건 따로 있었다. "고고학자들은 학계의 카우보이들이다."

카우보이와 고고학자는 농담을 좋아한다. 네바다주 오스틴에
서 보낸 1976년의 독립기념일이 지금도 기억난다. 오스틴도 유머감

각에서 뒤지지 않는 타운이었다. 우리 발굴단이 '오스틴 힐튼'이라는 깜찍한 이름의 싸구려 술집에서 공휴일을 즐기고 있을 때, 트리플 T 목장에서 일하는 레스 보이드라는 카우보이가 말을 탄 채 술집에 들어와서 "여기 있는 개새끼 중에 아무나" 자기와 경마로 붙어보자며 도전장을 던졌다. 이걸 이상하게 여기는 사람은 아무도 없었다. 누군가 도전에 나서자 레스는 말머리를 돌려 저벅저벅 술집을 나갔다. 오스틴의 주민이 타운의 비포장 활주로에 모두 모였다 (오스틴은 작은 마을이다). 누군가 권총을 발사했고 경주가 시작됐다. 보이드는 끝내주는 기수였다. 그는 말을 전속력으로 몰아 활주로를 바람처럼 내달렸다. 그는 말고삐를 팔꿈치에 걸고, 한 손에는 맥주 머그를, 다른 손에는 시가를 들고, 달리는 말에서 몸을 돌려 도전자를 조롱했다. "와 봐! 와 봐!"

고고학자도 이와 비슷하다. 칫솔 하나만 들고 작열하는 태양 아래 엎드려 금세라도 바스러질 듯한 뼛조각을 파내는 일은, 나쁘게 말해서 더럽게 짜증나고, 좋게 말해서 따분하기 짝이 없다. 그래서 고고학자들은 이야기와 농담을 즐긴다. 수다는 지겨운 작업을 견디게 해줄 뿐만 아니라 추억까지 만들어준다. 나는 〈심슨 가족The Simpsons〉의 에피소드 전체를 발굴 중에 들었다. 학생들 대화를 듣다 보면 무슨 뜻인지 아리송한 말도 많았다. 예를 들면 이런 거. "그래? 척 노리스는 무한대까지 센 적 있어. 그것도 두 번." 또는 "분명히 말하는데, 그건 완전 변비 걸린 원숭이였어." 한 번은 네바다에 있을 때였다. 특히 무더웠던 어느 날 점심을 먹다가 한 학생이 말했다. "오렌지가 섹스보다 낫다!" 이 말을 발단으로 과일로 할 수 있는 일들에 대한 긴 토론이 벌어졌다. 그 내용은 차마 지면에 담을 수 없다.

고고학자에겐 유머감각이 필요하다. 고고학은 로켓과학이 아니다. 더 힘들다. 적어도 로켓과학자는 자기 생각이 틀렸는지 맞았는지는 알 수 있다. 로켓은 제대로 발사되거나 아니거나 둘 중 하나니까. 하지만 타임머신을 타지 않는 한 고고학자는 자기 생각이 맞는지 확신할 수가 없다. 분석방법들을 부단히 발전시켜 나가고는 있지만, 우리가 "과거에 이런저런 일들이 있었다"라고 말할 때마다 그것은 곧 "과거에 이런저런 일이 있었던 걸로 사료된다"라는 뜻이라는 걸 인정하지 않을 수 없다. 우리는 이러저러한 수준의 개연성만을 타진할 뿐이다. (그렇다고 우리가 그렇게 말하지는 않는다. 왜냐면 솔직히 그렇게 말하면 너무 재미없으니까.)

외치는 왜 죽었을까?

하지만 가끔은 우리가 과거를 자세히 풀어낼 수 있을 때가 있다. 우리도 놀랄 만큼 자세히 말이다. 예를 들어보자. 1991년, 이탈리아 알프스를 오르던 하이커들이 얼음 밖으로 상반신이 드러난 남자 시신 한 구를 발견했다. 시신 상태가 꽤 멀쩡해서 그들은 최근에 조난당한 등산객으로 생각해 지역 당국에 신고했고, 곧 시신 수습 작업이 시작됐다. 그런데 조사단이 보기에 얼음 속에 냉동 상태로 발견된 그 시신은 최근 사망자의 것이 아닌 듯했다. 짐작이 맞았다. 방사성탄소연대측정 결과 시신의 주인은 약 5100년 전, 즉 유럽의 후기 신석기시대(약 9000~4000년 전)의 남자로 밝혀졌다. 남자에게는 발견된 곳의 이름을 따서 외치Ötzi라는 별명이 붙었다.

외치의 시신은 50여 개의 문신이 여전히 보일 만큼 보존 상태가 좋았다. 골격 분석 결과 그는 사망 당시 약 45세에 키 153cm, 몸무게 50kg이었다. 검정 곱슬머리를 어깨까지 길렀고 수염이 있었다. 맷돌에 간 밀을 많이 먹어서 치아는 심하게 닳아 있었지만 충치는 거의 없었다. 머리털에서 비소 성분이 많이 검출되는 것으로 보아 사망 직전 한동안 구리를 녹이던 곳 근처에 있었던 모양이다. 손톱의 성장정지선은 그가 사망 8주 전, 13주 전, 16주 전 몸이 좋지 않았음을 나타내 만성질환을 암시한다. DNA 분석 결과 그는 갈색 눈이었고, 우유를 소화하지 못하는 젖당분해효소결핍증이 있었고, 혈액은 O형이었다. 유전자 구조가 현대 이탈리아 사르데냐 사람과 비슷했고, 라임병lyme disease(진드기가 옮기는 감염질환-옮긴이)에 걸렸을 가능성이 높다. 이탈리아 연구진이 법의학에서 두개골로 생전의 얼굴 모습을 복원할 때 쓰는 기법을 활용해 외치의 초상화를 만들었다. 외치의 얼굴은 우리 세계가 유일하게 본 신석기시대인의 얼굴이다.[1]

우리는 외치의 옷가지와 무기 등의 소지품도 알아냈다. 그는 사슴 가죽과 곰 가죽으로 만들어 풀을 채운 신발을 신었고, 길들인 염소의 가죽으로 각반과 앞가리개와 외투를 만들어 입었으며, 풀을 엮어 만든 돗자리를 들고, 곰 가죽 모자를 썼다. 코트는 송아지 가죽 허리띠로 여몄고, 허리띠에 석기 여러 점과 불쏘시개용 마른 이끼를 주렁주렁 달고 다녔다. 주목나무로 만든 장궁은 방수제 역할을 할 피까지 칠했지만 아직 완성하지 못한 상태였고, 애시우드를 깎아서 손잡이를 댄 돌칼은 나무껍질 섬유로 만든 칼집에 박혀 있었다. 그의 소지품 중에는 뾰족한 사슴뿔에 나무 손잡이를 댄 도구도 있었는데 돌을 날카롭게 쪼는 데 쓰는 물건이었다. 알프스 산양 가죽으로 만든 화살통에는 두 개의 완성된 화살과 열두 개의 미완성 화살이 들어 있었다. 화살 깃을 묶은 방식으로 보아 완성된 화살 중 하나는 오른손잡이가 만들었고, 다른 하나는 왼손잡이가 만들었다. 개암나무로 만든 백팩 프레임과 나무껍질 섬유로 만든 그물과 자작나무껍질 용기 두 개도 있었다. 용기 중 하나에는 단풍나무 생엽을 깔고 불씨가 있는 석탄을 담았던 것으로 보인다. 그의 물건 가운데 최고 귀중품은 역시 주목나무 도끼였다. 날카로운 구리날을 자작나무 타르와 가죽끈으로 도끼 자루에 연결했다. 신석기시대에 구리는 귀한 재료였다. 따라서 이 도끼는 외치의 사회적 신분을 말해주는 것이기도 하다.

외치의 치아와 뼈 성분을 검사해보니, 그는 알프스 산맥 아이자크 계곡 북부에서 자랐고, 생애 마지막 10년은 빈슈가우 계곡에서 살았다. 그가 지니고 있던 석기의 지질학적 출처도 그곳이었다. 또한 위장의 내용물을 분석해서 그가 생애 마지막 식사로 누룩을 넣지 않은 밀 빵, 사슴 고기, 야생 염소 고기, 몇몇 채소를 먹었다는 것을 알아냈다. 그의 폐에 남아 있던 꽃가루로 미루어 그는 죽기 열두 시간 전에 빈슈가우에 있었고, 그가 지닌 단풍잎의 꽃가루와 엽록소 함량으로 보건대 그가 마지막이 된 여행길에 오른 것은 6월이었다.

외치의 사인도 밝혀졌다. 그는 살해당했다. 등에 화살을 맞았고, 머리도 가격당한 것으로 보인다. X선 검사로 그의 왼쪽 어깨뼈와 중요한 혈관을 관통한 돌화살촉이 발견됐다. 외치는 수분 만에 과다출혈로 사망한 것으로 보인다. 이마와 손가락의 상처들은 칼로 공격하는 사람을 막다가 생긴 방어흔일 가능성이 있다. 오른쪽 갈비뼈 중 몇 개에는 골절됐다가 나은 흔적만 있는 반면, 왼쪽 갈비뼈 몇 개는 사망하기 직전에 부러졌다.

5천 년도 더 전에 죽은 사람이지만 우리는 외치의 시신으로 그가 이 땅에서 보낸 마지막 날을 재구성할 수 있다. 6월의 어느 날 그는 빈슈가우 계곡에 있는 집을 나섰다. 여러 날 여행하는 데 부족함 없이 여장을 꾸렸기 때문에 그는 서둘지 않았다. 누군가 그를 추적했거나 그와 마주쳤다. 외치는 상대와 맞붙어 싸우다가 달아났다. 하지만 가해자가 산마루 근처에서 그를 따라잡았고, 뒤에서 화살 한 대로 그를 죽였다. 내 생각에 가해자는 단지 운이 좋았다기보다 숙련된 궁수였다. 따라서 외치와 비슷한 나이의 남자였을 가능성이 높다. 나아가 상대가 외치를 잘 알았을 것으로 나는 생각한다. 그 이유는? 상대는 외치가 쓰러지는 것을 보았을 거다. 당시의 활로 단번에 치명상을 입히려면 15m 이내에서 쐈어야 한다. 어쩌면 공격자는 쓰러진 외치를 내려다보며 그가 숨을 거두는 모습을 지켜봤을지도 모른다. 공격자는 외치의 소지품을 그대로 두고 떠났다. 귀한 구리 도끼에도 손대지 않았다. 그런 전리품을 왜 포기했을까? 짐작건대 그는 외치의 물건을 사용할 수 없는 사람이었을 거다. 외치와 같은 마을에 살면서 그에게 원한을 품은 사람이 아닐까 한다. 그럴 경우 외치의 도끼를 집에 가져갔다가는 남들이 도끼를 알아보고 연유를 캐물을 테니 말이다.

타임머신만 있으면 신석기시대로 돌아가 외치의 살해범을 검거하는 것쯤 어렵지 않다.

과거 추출 기술

이런 유형의 상세한 법의학적 접근법은 고고학에 대한 대중의 관심을 집중시킨다. 왜 아니겠는가. 이 접근법은 흥미로운 읽을거리를 제공한다. 세세한 내용이 '현장감'을 불러일으킨다. 또한 과거를 우리와 좀더 개인적으로 교감하게 한다. 우리는 상황을 개인의 사연으로 인식할 수 있을 때 보다 쉽게 이해한다. 불륜에 대한 통계수치로 가득한 사회학 학술지 논문을 읽는 사람은 별로 없다. 하지만 정치인의 일탈은 사소한 것도 신문 일면을 장식한다.

이런 호기심을 충족시키는 고고학의 능력은 나날이 발전하고 있다. 매년 새로운 기법들이 연구에 적용되어 질그릇 조각 하나, 돌파편 하나, 뼛조각 하나에서 알아낼 수 있는 것의 경계를 계속 확장하고 있다. 방사성탄소연대측정법(이 방법으로 유기물이 포함된 유물의 조성 연대를 최대 4만 5000년까지 측정할 수 있다)은 누구나 한 번쯤

들어봤을 것이다. 하지만 그밖에도 고고학에서 쓰는 연대측정법은 많다. 예를 들어 광자극냉광optically stimulated luminescence, OSL 방법은 유물과 함께 묻힌 석영 결정이 햇빛에 마지막으로 노출된 시기로 유물의 연대를 측정하고, 전자스핀공명electron-spin resonance 방법은 주변 침전물의 배경방사 때문에 일어난 유물의 분자 구조 변화로 연대를 측정한다.

인간 뼈와 치아 속 탄소, 질소, 스트론튬의 동위원소들을 분석하면 사람들이 무엇을 먹었고, 어디서 나고 자랐는지 알 수 있다. 같은 분석이 사람들의 지역 내 이동경로를 추적하는 데도 도움이 된다. 토기 그릇의 내벽에서 액체를 추출해 그걸로 조리했거나 보관했던 음식을 알아내고, 석기에서 단백질 잔여물을 추출해 그것으로 사냥했거나 도살한 동물을 알아낼 수 있다. 동물 뼈로 종 수준까지 분류 가능하고(사실 이건 쉬운 부분이다), 해당 동물이 인간에게 해체됐는지, 개나 늑대나 설치류에게 뜯어 먹혔는지도 알 수 있다. 분석(糞石, 인간 똥 화석)이 남자의 것인지 여자의 것인지, 무엇을 먹고 눈 똥인지도 알 수 있고, 세계 곳곳의 동굴을 장식한 원시인의 손바닥 자국들에서 남자의 것과 여자의 것을 판별할 수 있다(손 크기와 손가락 비율과 관계있다). 토기를 빚는 데 사용한 석기와 점토의 지질학적 출처를 밝힐 수 있고, 이 데이터가 다시 유목민의 이동 경로나 물건의 통상로를 추적하는 데 쓰인다. 백골 사체에서 유전형질을 추출할 수도 있다. 우리가 알아낼 수 있는 것이 꽤 많다.

그러나 솔직히 말해서 이런 기법들의 상당수는 특정 경우에만 적용 가능하고, 또 어떤 기법이든 한계가 있다. 내가 앞서 외치를 자세히 설명한 이유는 우리의 영업 기밀을 고백하기 위해서다. 고고학이 늘 이렇게 정보를 체계적으로 촘촘히 복원할 수 있는 건 아니다. 유적지마다 DNA나 유기물질이 남아 있는 것도 아니고, 오염과 훼손의 가능성은 항상 존재한다. 유물 출토지의 상당수는 심지어 그 사람이 실제로 살았던 곳도 아니다. 하천 삼각주만 해도 그렇다. 그곳은 대자연의 작용이 인공유물과 뼈를 원래 있던 곳에서 파내서 실어다 버린 곳에 불과하다. 동원 가능한 모든 방법을 다해 가장 작은 고고학 유물 한 점에서도 최대한 많은 정보를 캐내기 위해 부단히 애쓰고는 있지만, 그렇다 해도 고고학자들은 과거의 그림을 우리가 원하는 만큼 세세하게 그려내지는 못한다.

그러나 내 첫 멘토 데이비드 허스트 토머스가 말했듯, 중요한 건 고고학자들이 찾아낸 것이 아니라 알아낸 것이다. 외치의 시신과 그의 소지품은 우리가 찾아냈지만 우리가 정작 알아내려는 것은 다른 문제다. 외치 연구는 우리에게 한 남자의 신상을 제공한다. 그럼 외치의 일생은 유럽의 신석기시대에 대해서 어떤 이야기를 해줄 수 있을까? 그때를 가족사진으로 상상해보자. 외치는 선명하게 보이지만 그의 친족은 모자이크 처리한 것처럼 뭉개져 있다. 외치 혼자서는 신석기시대의 기술적, 사회적, 정치적, 문화적 삶을 장기적인 대단위 프로세스로 만들어 들려주지 못한다. 하지만 고고학은 그런 프로세스들을 볼 수 있다. 그것도 꽤 선명하게.

대단위 프로세스들을 파악하려면, 과거에 대해 개인적 교감이나 '현장감'을 제공하지 않는 데이터를 들여다봐야 한다. 하지만 괜찮다. 오스버트 가이 스탠호프 크로퍼드Osbert Guy Stanhope Crawford(1886~1957)라는 근사한 이름을 가진 영국 고고학자가 그이유를 말해준다.

크로퍼드는 인도에서 태어나 여덟 살 나이에 고아가 됐다. 불우한 어린 시절을 거쳐 대학에서 지리학과 지도제작법을 공부했지만 그의 진짜 관심은 선사시대였다. 우여곡절 끝에 1911년 수단에서 발굴 작업에 참여하게 됐지만 제1차 세계대전의 발발로 그의 경력은 끊겼다.[2]

크로퍼드는 전쟁 때 영국왕립비행단Royal Flying Corps에서 사진을 찍고 해석하는 일을 했다. 그러다 1918년 그가 탄 항공기가 격추당했고, 전쟁의 남은 기간을 독일 포로수용소에서 보냈다. 종전 후에는 영국의 지도 제작 기관 육지측량부에 들어가 항공사진술을 이용해 불발탄을 찾는 일을 했다. 복엽비행기 옆에 매달려 공중에서 낮은 각도의 태양광선을 이용해 사진을 찍던 그는 이상한 그림자 패턴을 발견했다. 그리고 얼마 안 가 그것들이 땅에 묻혀 있는 벽과 도랑이라는 것을 알아냈다. 너무나 거대하고 너무나 미묘해서 지상의 사람들에게는 감지되지 못했던 흔적. (크로퍼드가 이 현상을 설명한 방식도 재밌다. 서서 찍은 사진에는 카펫 무늬가 선명히 보였지만 고양이 눈높이에서 찍은 사진에서는 무늬가 오히려 애매했다.) 그의 접근법은 고고학자들이 영국 시골 지역에서 도랑과 둑의 흔적을 포착해

유적지를 찾아내는 데 크게 기여했다.

크로퍼드는 고고학자들의 연구 결과를 공유할 수 있는 지적 광장을 만들자는 취지로 1927년 고고학 학술지 〈앤티쿼티Antiquity〉를 창립했다. 〈앤티쿼티〉는 오늘날 해당 분야에서 세계 최고의 명성과 권위를 자랑한다. 그는 창간호에서 이 학술지의 논의 대상을 이렇게 설명했다. "우리의 현장은 지구이고, 우리의 시간 범위는 100만 년 이상이며, 우리의 연구대상은 인류다." 이 성명은 고고학을 떠받치는 양대 축을 간명하게 정리한다. 시간과 공간.

다른 어떤 학문도 인류를 고고학의 규모로 조망하지 않는다. 우리는 지역적으로 넓은 유역에, 시간적으로 오랜 맥락을 두고 나타나는 인간 행동을 '본다'. 고고학은 우리가 인류이기 전부터 오늘날까지, 적도부터 극지까지, 인류의 전 범위를 연구한다. 그러다 보니 문화인류학자나 역사학자처럼 세부적으로 보지 못하는 것은 사실이다. 우리가 외치 연구처럼 과거를 살았던 사람을 개인 단위로 들여다보는 일이 없지는 않지만, 있다 해도 드물다. 우리는 종교, 우주관, 친족 관계 같은 인간문화의 보다 추상적인 면들을 체계적으로 촘촘히 복원하지 못한다. 우리가 찾아내는 고고학 유물은 그런 측면을 보여주더라도 그저 간접적으로 보여줄 뿐이다. 나는 발굴지 방문자들에게 이런 질문을 허다하게 받는다. "이들의 종교는 어땠나요?" 사람들을 실망시키고 싶지는 않지만, 고고학이 다루는 시간과 공간이 워낙 광범위하다 보니 어쩔 수 없이 디테일이 떨어진다. 우리는 상세함의 부족을 '큰 그림'으로 보충한다. 내가 학생들에게 자

주 하는 말이 있다. 고고학자는 나무는 보지 못하지만 대신 숲은
꽤 명료하게 포착한다.

나무가 아닌 숲을 보라

고고학은 고대인의 행동과 생각에 관심을 둔다. 다만 그들의
행동과 생각은 그들이 뒤에 남긴 것들로만 판단할 수 있다. 부러진
뼈, 타버린 씨앗, 토기 조각 등. 그러다 운이 좋으면 무너진 사원. 우
리는 물건에 의존해 이야기를 구성한다. 핵심을 말하자면 우리는
사물이 시간과 공간에 발생하는 패턴에 의지한다.

선사시대에 입문하는 학생들은 시기period나 단계phase 같은 용
어의 중요성을 빨리 깨닫는다. 이 용어는 고고학에서 시간과 공간
의 단위를 나타낸다. 예를 들어 북아메리카 남서부 연구에는 바스
켓메이커 시기Basketmaker period, 푸에블로 1기Pueblo I, 푸에블로 2기
Pueblo II 같은 말들이 나온다. 이 용어들은 특정 기간을 일컫는다.
가령 바스켓메이커 시기는 대략 기원전 200년에서 서기 700년, 푸
에블로 1기는 700년에서 900년, 푸에블로 2기는 900년에서 1100
년에 해당한다. 이 용어들은 시간만 아니라 공간도 나타낸다. 북아
메리카 남서부에만 해당하는 용어들이기 때문이다.

시기와 단계는 특정 유물—주거 방식, 화살촉 모양, 토기 장식
등—의 공간적, 시간적 분포로 정의된다. 예컨대 바스켓메이커 시기
는 북아메리카 남서부 원주민이 반지하식 구덩이집에 살면서 정교
한 바구니를 만들어 쓰고(이것이 이 시기 사람들에게 바스켓메이커라는

명칭이 붙은 이유다) 토기도 일부 사용하던 때를 말한다. 이 시기 유적지에서 불탄 속대 같은 옥수수 잔해도 출토된다. 푸에블로 1기는 이 지역에서 드디어 푸에블로 원주민 특유의 정방형 지상 가옥이 출현한 때를 말한다. 키바kiva(종교의식을 행하던 원형의 반지하 건축물), 흑백 토기(흰색 바탕에 검은색 기하학적 도안이 있는 토기), 적색 토기도 이 단계에서 출현한다. 푸에블로 1기 유적지들에는 옥수수 잔해가 공통으로 나타나 이때 옥수수가 식단에서 중요한 위치를 점하게 됐음을 시사한다. 푸에블로 2기에 이르러 푸에블로 마을이 대형화하며 대규모 키바가 나타나기 시작한다. 밋밋하던 회색 토기에 물결무늬가 생기고, 흑백 토기가 흔해진다. 대표적인 차이가 이렇고 더 많은 차이들이 있다. 물질유적상의 이런 차이들이 북아메리카 남서부를 연구하는 고고학자들에게 공간과 시간을 나누는 기준을 제공한다.

요점은 이렇다. 고고학자는 이런 물질유적상의 단계들로 변화를 논한다. 고고학은 물질유적의 변화가 인간사회 조직의 변화를 반영한다고 보기 때문이다. 교과서에 비유하면 이렇다. 우선 첫 장에 바스켓메이커 시기에 '있었던 일'을 서술한다. 즉 우리가 바스켓메이커의 물질유적에서 해석해낸 그들의 생존방식과 사회조직과 정치조직을 서술한다. 다음 장에서는 푸에블로 1기의 물질유적을 이용해 사람들의 생존방식과 사회정치적 생활상이 바스켓메이커 시기에 비해 어떻게 달라졌는지 논한다. 이렇게 이야기를 구성하는 것이 쉬운 일은 아니다. 하지만 물질유적에 숨을 불어넣는 것이야말로 고고학이 하는 일이다. 과거의 정적인 유적을 통해 그것을 만들어 낸 역동적 행동을 이해하는 것이다.

물론 만약 고고학적 과거를 실제로 살았던 사람이 우리 교과서를 읽는다면 실망할 것이 분명하다. "아니, 코요테 어머니와 그 자녀들이 모두 죽은 그 끔찍했던 겨울에 대해서는 어째서 아무 언급이 없지?" "훌륭한 가수이자 사냥꾼이었던 레드핸드에 대해서 일언반구 없다니 말이 돼?"

이런 부족함이 있을 수밖에 없는 이유를 보다 실감나게 설명해보자. 여러분이 20세기에 있었던 일을 500 단어 에세이로 써오라는 숙제를 받았다고 상상해보자. 여러분은 그 에세이에 무엇을 포함하겠는가? 더 중요하게는, 무엇을 배제하겠는가? 제1차 세계대전? 제2차 세계대전? 한국전쟁? 베트남전쟁? 국제연맹? 국제연합? 1919년 에스파냐 독감 창궐? 대공황? 소아마비 백신 개발? 달 착륙? 극지 탐험? 컴퓨터? 공산주의? 인터넷? 아인슈타인? 퀴리 부인? 스필버그? 에이즈? DNA? 여성 참정권 운동? 흑인 민권 운동? 간디? 케네디 암살? 텔레비전? 위성? 1973년 석유 파동? 마틴 루터 킹? 밥 딜런? 엘비스 프레슬리? 무함마드 알리? 마돈나? 휴대폰? 마이크로칩? 벅찬 숙제가 아닐 수 없다. 고고학자의 일은 이 숙제와 비슷하다. 우리는 디테일을 살펴서 패턴을 찾아낸다. 숲을 그린다.

어떻게 해야 숙제를 잘했다고 할 수 있을까? 지금쯤 짐작하겠지만 바로 시야를 확장하는 것이다. 북아메리카 남서부를 연구하는 고고학자들은 근시안적으로 유적지 하나에만 집중하는 방식이 아니라 수천 제곱킬로미터에 걸쳐 발견되는 여러 시대의 많은 유적지를 섭렵하는 방식으로 시간과 공간의 패턴을 찾는다. 그렇게 해야 바스켓메이커 시기 유적지들과 푸에블로 1기 유적지들이 어떻게 다른지 알 수 있다. 따라서 20세기에 대한 에세이를 쓰려면 18세기와 19세기도 공부해야 한다. (21세기와 22세기 자료까지 있다면 금상첨화다.) 그래야 20세기는 어떻게 다르고 어째서 특별한지 알 수 있다.

기억하기 바란다. 고고학자에게 주어진 자료는 오직 과거의 물질유적뿐이다. 우리는 물질유적의 분포에서 패턴을 찾고, 그것을 통해 공간과 시간의 패턴을 찾는다. 그렇다고 고고학자의 관심이 물질유적 자체에 있는 건 아니다. (물질유적은 우리가 '찾아내는 것'에 불과하다.) 우리의 관심은 물질유적이 시사하는 과거의 인간사회 조직이다. (이것이 우리가 '알아내는 것'이다.)

18세기, 19세기, 20세기의 쓰레기장을 발굴한다고 치자. 어떤 차이들이 보일까? 쓰레기양의 현격한 증가 외에 20세기의 쓰레기에서 눈에 띄는 것이 몇 가지 있다. 차량과 부대장비들, 전기기구들, 가공할 양의 종이. [실제로 쓰레기를 연구했던 고고학자 윌리엄 랏제 William Rathje(1945~2012) 교수에 따르면, 매립지에서 가장 많은 공간을 차지한 것은 재활용 종이였다.][3] 고고학자라면 이런 물질유적상의 극명한 차이들을 이용해 두 단계를 설정할 거다. 20세기와 그 이후를 대변하는 단계와 18~19세기를 대변하는 단계.

물론 이건 시작에 불과하다. 고고학자들이 진짜로 알고자 하는 것은 자동차와 전기기구와 종이의 뒤에 있는 의미들이다. 이것들은 어떻게 제조되고 사용되었나? 이것들의 이용자는 누구였나? 남자? 여자? 아이들? 해당 지역 생산품이었나, 아니면 무역품이었나? 사회적 위상을 반영했나, 아니면 일용품이었나? 이 의문들에 답하려면 고고학 기술들을 다양하게 동원해야 한다.

이제 고고학자의 사고방식을 어느 정도 이해했으리라 본다. 고고학자는 물질유적의 분포에서 공간적, 시간적 패턴을 찾고, 다음에는 찾아낸 물질유적을 이용해 과거 인류의 삶을 복원한다. 우리는 새로운 부류의 유물(가령 석기, 토기, 정방형 가옥, 종교의식용 건축물, 자동차, 전기기구, 인쇄물) 등장은 인간 삶의 짜임새에 생긴 변화를 신호한다고 추정한다.

이어지는 장들에서는 고고학의 강점, 즉 광대한 공간과 시간에 걸쳐 형성된 패턴을 보는 능력을 십분 살려서, 인류사의 전체 과정을 아우르는 지구적 패턴들을 짚어본다. 이제부터는 여러분이 아득히 높은 성층권에 앉아서 지구를 내려다본다고 상상하자. 아이맥스 영화관의 맨 뒷줄이라고 생각해도 된다. 거기서 인류사 600만 년 전체를 담은 영화를 본다고 상상하자. 느긋이 팝콘을 씹으며(점보 사이즈가 필요하다) 너른 시야로 인류사 전체를 조망한다. 그러면서 변화에 집중한다. 시간이 흐르며 물질문화에 일어나는 변화가 보이는가? 지엽적 변화들 말고 지구적 변화들 말이다. 세계를 망라하고, 인류 진화의 주요 이정표가 될 만한 단계들이 보이는가? 인류의 삶에 본질적 변화가 일어나는 시점들이 보이는가?

인류사의 전개를 그렇게 멀리서 조망하면, 네 번의 거대한 변화가 보일 것이다. 인류사의 물질적 특징에, 그리고 인간사회의 조직에 의미심장한 변동이 일어나는 네 번의 시기다. 3~6장은 이 과도기들 각각에 대해 고고학이 아는 내용을 다룬다. 우리가 이야기의 전부를 알아낸 건 아니다. 하지만 불과 1세기 전만 해도 아는 것이 거의 없었다. 6장까지 읽으면, 1장에 등장한 학생의 비관론과 달리, 현재는 과거의 반복이 아님을 알게 될 것이다. 마지막 7장에서는 3~6장에 적용한 접근법을 다시 적용해서 미래 역시 현재의 반복이 되지 않을 것임을 밝힌다.

3장

막대기와 돌

기술의 기원

Sticks and Stones; The Beginning of Technology

—

과거는 결코 죽지 않는다. 심지어 지나가지도 않았다.

— 윌리엄 포크너William Faulkner, 《어느 수녀를 위한 진혼곡Requiem for a Nun》 중에서

—

고고학자는 동전 찾기 명수다. 항상 고개를 숙이고 땅을 보고 다니는 습관 때문이다. 그런다고 도시에서 석기시대 유물을 찾을 일은 만무하지만, 대신 주머니에 잔돈은 짭짤하게 모을 수 있다. 하지만 동전은 부수입에 불과하다. 우리의 진짜 목표는 바위와 흙의 배경 속에서 인공유물, 즉 인간이 의도적으로 제조한 것들을 찾아내는 것이다. 고고학적 인공유물은 작고 더러운 파편에 불과할 때가 많다. 땅을 갈아엎은 경작지나 불모의 구릉을 빠르게 답사할 때 주로 얻어걸린다.

하지만 노련한 고고학자에게도 선사시대 석기를 알아보는 것이 쉽지만은 않다. 돌에서 얇게 떼어낸 조각, 또는 많이 사용해서 닳은 자갈. 인공유물은 산비탈에서 풍화작용을 겪는 여타 돌멩이들과 별반 다르지 않다.

현재까지 알려진 가장 오래된 도구는 케냐에서 발견된 대략

330만 년 전의 석기들이다.[1] 이 석기들이 바로 기술의 기원이다. 인류의 적응 전략이 낳은 결정적 산물이며, 결과적으로 도시, 비행기, 교각, 자동차, 달착륙선, 인공 팔다리, (휴대폰을 포함한) 컴퓨터 기술의 원조다. 또한 이 석기들이 인류를 특정 여정에 올렸고, 이 여정을 따라 우리는 결국 우리의 환경을 극적으로 바꿔놓게 된다. 이 석기들은 모든 것을 바꿔버린 한 시기를 표시한다.

더 앞으로 가보자. 석기의 중요성을 제대로 느끼려면 330만 년보다 더 옛날로 거슬러 올라가야 한다. 이 책이 서술하는 기원들은 엄청난 시간에 걸쳐 일어났다. 하룻밤 사이에 일어난 혁명이 아니었다. 그리고 새로운 시작이 일어나기 위해서는 여러 일들의 교차 발생이 필요했다. 혁신들, 압력들, 조정들, 역량들이 수없이 쌓여 결정적 임계점에 이르고, 마침내 인류는 대대적이고 전면적인 변화를 겪게 된다. 인류사를 부단한 상승일로로, 진전의 이야기로 보는 사람들이 많다. 하지만 진화는 우리 중 누구의 사정도 봐주지 않는다는 것을 기억하자. 진화는 우리의 '승승장구'에 관심 없다. 여기서 우리가 논하는 변화들은 단순히 '대약진'이 아니다. 인류사도 일종의 이야기다. 하지만 역경에서 살아남은 신화적 영웅이 악의 세력을 무찌르고 진정한 사랑까지 쟁취하는 단순한 이야기는 아니다.

그럼 어디서부터 시작해야 할까? 윈스턴 처칠이 이렇게 말했다. "더 멀리 돌아볼수록 더 멀리 내다볼 수 있다." 140억 년 전에 일어난 우주의 탄생(빅뱅)을 시작으로 삼을 수도 있지만 그건 좀 과해 보인다. 거기서 시간을 훌쩍 뛰어넘어서, 계통수evolutionary tree에서 인간이 속한 가지, 즉 영장류 계통이 처음 돋아나던 때로 가보자.

인류의 조상 호미닌

최초의 영장류는 대략 5500만 년 전에 나타났다. 지구에 떨어진 유성이 공룡의 멸종을 부른 지 약 1천만 년 후였다. 초기 영장류는 열대림에 서식하며 수상생활(樹上生活)에 적합하게 진화했다. 쉬운 말로 초기 영장류는 나무 위에서 살았다. 영장류는 환경 변화에 높은 적응력을 보였고, 다양한 종으로 분화하면서 다양한 환경으로 퍼져나갔다. 신세계원숭이New World monkeys(광비원류라고도 한다)가 구세계원숭이Old World monkeys(협비원류 또는 긴꼬리원숭이라고도 한다)에서 갈라져 나온 것은 3500만~4000만 년 전이다. 판구조론상의 대륙 이동이 일어나 원래 붙어 있었던 남아메리카와 아프리카가 갈라지던 시기에 해당한다. (일부 학자는 아프리카의 영장류가 강 하구에 자연히 형성된 초목 뗏목에 우연히 올라타고 당시는 좁은 해협이었던 대서양을 건너는 '사고'를 통해 신세계에 흘러 들어갔다고 추정한다.) 구세계에 남은 영장류는 약 2500만 년 전 원숭이의 모습을 조금씩 벗으며 유인원으로 진화했다. 여기부터 우리의 이야기가 시작된다.

지금의 유인원은 긴팔원숭이가 속한 소형 유인원(미안하게도 하등 유인원이라고도 부른다)과 대형 유인원으로 나뉜다. 대형 유인원에는 오랑우탄, 고릴라, 침팬지, 보노보[2] 그리고 인간이 속한다. 침팬지와 보노보는 인간과 유전적으로 가장 가까운 친척이다. 인류의 진화에 대해 우리가 아는 것은 불완전하고 가변적이다. 다만 학계가 공인한 바에 따르면, 인간 계통이 침팬지·보노보 계통과의 공통조상에서 분기해 나온 것은 마이오세Miocene epoch(중신세) 끝 무렵에 해당하는 약 700만 년 전이다. 판단 근거는 DNA와 화석, 이 두 가지다.

침팬지와 인간이 DNA의 98%를 공유한다는 말을 들어봤을 것이다.[3] 2%의 유전적 차이는 주로 돌연변이의 기능으로 일어났다. 돌연변이란 유전물질인 DNA가 복제되는 과정에서 유전암호genetic code에 무작위로 발생하는 변화를 말한다. 이 변화들이 언제 인류가 다른 영장류 동물들에게 작별을 고하고 독자적 진화 경로를 밟기 시작했는지에 대한 중요한 단서를 제공한다. 현대의 여러 인간 집단들이 언제 서로 분화했는지는 추산이 가능하다. 유학자들이 이 추산치를 이용해서 유전적 돌연변이 발생률을 계산하고, 다시 이 발생률을 이용해서 오늘날의 침팬지와 인간을 가르는 유전적 차이점들이 생기는 데 얼마의 시간이 걸렸는지 추산한다. 그 결과 인간 계통이 침팬지·보노보 계통과 갈라진 시점이 약 700만 년 전으로 나왔다. 근사치이긴 하지만 꽤 정확한 근사치다.

인류 원시조상의 유골을 연구하는 학자를 고인류학자라고 부른다. 고인류학 분야는 19세기 중반에 생겼다. 1856년 독일의 한 석회암 동굴에서 일하던 채석 인부들이 우연히 네안데르탈인의 뼈를 발견하면서부터였다. 이어서 1891년에는 인류 진화상의 '빠진 고리'를 찾던 네덜란드 의사 외젠 뒤부아Eugène Dubois가 인도네시아에서 자바원인Java man(호모 에렉투스의 한 부류로, 뒤부아는 이를 피테칸트로푸스 에렉투스*Pithecanthropus erectus*라고 명명했다-옮긴이)이라는 화석 인류를 발견했다. 그러나 이 분야가 제대로 뜬 건 1924년 호주의 해부학자 레이먼드 다트^{Raymond Dart}가 남아공의 채석장에서 석회암 덩어리에 들어 있던 오스트랄로피테쿠스('남방 유인원')의 두개골 화석을 발굴하면서부터다. (당시 적절한 도구가 없어서 다트가 아내의 뜨개바늘로 두개골을 출토했다는 유명한 일화가 있다.) 그러다 1959년에는 루이스와 마리 리키 부부가 탄자니아의 올두바이 협곡에서 진잔트로푸스*Zinjanthropus*의 두개골을 발견했다. (오늘날은 이 화석 인류를 오스트랄로피테쿠스 보이세이*Australopithecus boisei* 또는 파란트로푸스 보이세이 *Paranthropus boisei*라고 부르지만, 나는 그보다 '진지^{Zinj}'라는 별명이 더 마음에 든다.) 고인류학이라는 분야가 생긴 지는 오래되지 않았지만 고인류학자들은 상대적으로 짧은 기간에 놀랄 만한 성과를 냈다. 바로 인류의 가계도를 작성한 것이다(〈그림 1〉 참조).

인류의 가계도를 작성하려면 고인류학자들은 그동안 발굴한 유골—발가락뼈나 다리뼈, 운 좋으면 두개골—을 종 단위로 분류해내야 한다. 이 지난한 작업이 〈그림 1〉의 긴 학명들을 낳았다. 고인류학적 발견이란 흔히 뜨거운 사막 언덕에서 침식 중이거나 동굴의 차디찬 침전물 속에 흩어져 있는 수십 개 또는 수백 개의 작은 뼛조각들을 말한다. 그것들을 수집하고, 매핑하고, 깨끗이 닦고, 한 조각 한 조각 공들여 맞춰야 한다. 또한 특정 뼈가 새로운 종을 대변한다는 결론을 내리려면 해당 표본이 다른 발견물들과 유사한지 아닌지 따져야 한다. 물론 대개는 유사점과 상이점이 공존한다. 예를

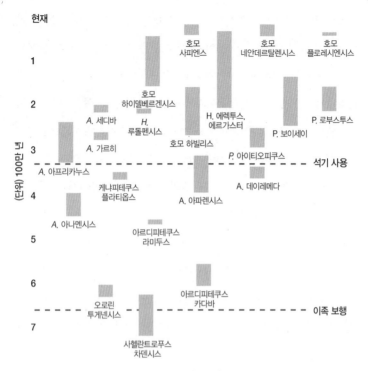

현재

1

호모
사피엔스

호모
네안데르탈렌시스

호모
플로레시엔시스

2

호모
하이델베르겐시스

H. 에렉투스,
에르가스터

A. 세디바

H.
루돌펜시스

P. 로부스투스

3

A. 가르히

호모 하빌리스

P. 보이세이

(단위) 100만 년

A. 아프리카누스

P. 아이티오피쿠스

석기 사용

4

케냐피테쿠스
플라티옵스

A. 아파렌시스

A. 데이레메다

A. 아나멘시스

5

아르디피테쿠스
라미두스

6

아르디피테쿠스
카다바

오로린
투게넨시스

이족 보행

7

사헬란트로푸스
차덴시스

〈**그림 1**〉 과거 700만 년 동안 실존한 사람아족Hominina(현생인류와 그 직계조상들)에 속하는 종들. 고인류학계는 이 계보의 대강에 대해서는 동의한다. 하지만 구체적 관계와 종의 명칭에 대해서는 학자들 사이에 논쟁이 많다. A.는 오스트랄로피테쿠스속, P.는 파란트로푸스속(오스트랄로피테쿠스속으로 분류되는 경우도 있다), H.는 우리가 속한 호모속을 뜻한다.

들어 이 두개골의 아래턱뼈는 저 두개골의 아래턱뼈와 같은데, 전체 두개골 모양은 서로 다른 경우다. 그러다 확연한 차이가 드러나면 고인류학자는 새로운 종의 출현을 선언한다. 새로운 종의 발견은 세상을 흥분시키고, 많은 경우 학계에 뜨거운 논쟁을 불러일으킨다.

　그 이유는 무엇일까? 종은 각기 고유한 생태지위, 이른바 니치 niche를 점하는 경향이 있고, 어느 니치를 누가 어떤 방식으로 점하는지가 결국 진화 프로세스가 되기 때문이다. 새로운 종의 화석을 발견했다는 말 자체가 어쩌면 어불성설일 수 있다. 생물학적으로 말해서 같은 종이 되려면 서로 자연적 교배가 가능하고 교배 결과 생식력 있는 자손을 낳을 수 있어야 하기 때문이다. 우리의 원시 조상 둘이서 '그걸' 했는지, 해서 생식력 있는 자손을 낳았는지 여부는 지금 시점에서 알 길이 없다. 그래서 대신 고인류학자들은 표준들을 정해 놓고 거기에 따라서 새로 발견한 유골이 기존의 종으로 분류할 만큼 비슷한지, 아니면 어느 종과도 달라서 새로운 종으로 칭해야 할지 결정한다. 가끔은 차이점이 너무 커서 다른 종이 아니라 아예 다른 속(屬)으로 분류하기도 한다.

진화 경로에 따른 분류에서 현생인류와 현생인류의 근연종들을 집합적으로 사람아족 또는 호미닌hominins으로 부른다. 호미닌은 현생인류를 제외하고 모두 멸종했다. 현재까지 알려진 최초의 호미닌은 사헬란트로푸스 차덴시스*Sahelanthropus tchadensis*다. 속명 사헬란트로푸스는 '사헬의 유인원'이라는 뜻이고(사헬은 사하라 사막의 남쪽 경계에 해당하는 생물지리학적 지역이다), 종명 차덴시스는 해당 화석 인류가 중앙아프리카 차드에서 발견됐음을 표시한다. 사헬란트로푸스는 약 700만 년 전에 살았다. 유전학자들이 인류가 유인원과의 공통조상에서 분기해 나온 시점으로 추산한 시점과 얼추 맞아떨어진다. 그래서 그런지 호미닌의 골격은 어떤 점(작은 뇌)에서는 침팬지와 비슷하고, 어떤 점(작은 송곳니)에서는 후속 호미닌과 비슷하다. 만약 사헬란트로푸스를 인류의 계보에서 배제한다면, 그 뒤를 잇는 호미닌은 케냐의 투겐 언덕에서 약 600만 년 전 화석으로 발견된 오로린 투게넨시스*Orrorin tugenensis*다. 이 호미닌에게는 커다란 송곳니(원시 영장류의 특징)가 있었지만, 치아가 에나멜로 두껍게 덮여 있었다(후속 호미닌의 특징).

중요한 점이 하나 더 있다. 넓적다리뼈 형태로 볼 때 사헬란트로푸스와 오로린 모두 이족 보행을 했다. 다시 말해 두 발로 걸었다.

나무에서 땅으로

우리는 걷는 것을 아무렇지 않게 생각하지만, 사실 이족 보행은 영국 인류학자 존 네이피어*John R. Napier*(1917~1987)의 말처럼 '고난도 묘기*risky business*'다.[4] 걸음걸음 넘어지지 않으려면 여러 근육이 복합적으로 협응하며 끝없이 미세조정을 수행해야 한다. 껌까지 씹으며 걷지 않더라도 이미 충분히 경이롭다. 이족 보행은 단순한 직립의 문제가 아니다. 이족 보행을 하려면 척추 하부, 골반과 골반 근육, 다리뼈(넓적다리뼈와 정강이뼈), 발뼈들, 무릎, 심지어 두개골(척수가 몸으로 내려가는 구멍인 대후두공이 침팬지처럼 두개골 뒤편이 아니라 두개골 바닥 중심에 있어야 한다)에도 변화가 필요하다.

침팬지도 두 발로 걸을 수 있긴 하지만, 술 취한 선원처럼 꺼떡꺼떡 걷는데다 다리를 똑바로 펴지도 못한다. 직립 시 무릎보다 근육에 의지해야 한다는 뜻이다. 또한 대후두공의 위치 때문에 정면 주시를 위해서는 머리를 치켜들어야 한다. 침팬지에게 두 발로 걷는 건 상당한 피로감을 유발하는 행동이다.

그럼에도 물건을 잡을 수 있는 꼬리(신세계원숭이에게만 있다) 없이 나무 위에서 살았다는 것은 구세계 영장류가 나뭇가지 걷기를 많이 했음을 뜻하고, 이것이 이족 보행을 위한 전적응preadaptation(미래의 변화에 결과적으로 필요조건이 되는 속성-옮긴이)에 해당했다. 이로써 수상생활 유인원들은 몇 번의 유전적 돌연변이만으로 사바나를 두 발로 걸어서 건널 수 있었다. (처음에는 비뚝비뚝 걸었지만 시간이 흐르며 나아졌다.) 그런데 무엇이 이런 진화적 변화를 추동했을까?

호미닌은 마이오세가 저물어갈 무렵에 등장했다. 마이오세는 2300만~500만 년 전에 해당하는 지질시대로, 이 기간에 아프리카의 기온이 내려가고 건조해지면서 초원이 넓게 형성됐고, 떼 지어 풀을 뜯어 먹고 사는 포유동물이 다양하게 진화했다. 이 변화가 대형 육식동물에게 뷔페를 열어준 셈이 돼서 이들의 개체수도 크게 늘었다. 초원이 확대됨에 따라 무구한 세월 영장류를 품어온 삼림지대들이 줄어들기 시작했다. 숲들이 줄어들면서 나무 위에 사는 영장류 간의 경쟁은 심화됐다.

마이오세의 이런 생물학적 여건 변화는 나무에 사는 유인원에게 불리하게 작용하며 이족 보행 성향을 낳았다. 하지만 유불리는 뒤집혔다. 마이오세 후기에 이르러 이족 보행을 위한 생물학적 능력을 갖춘 유인원이 나무에서 내려와 숲에서 숲으로 이동하게 됐다. 이것이 마이오세 유인원에게 선택유리성selective advantage을 제공했다. 이족 보행 유인원은 수상생활만 하는 영장류는 입수하기 어려운 식량자원을 확보할 수 있었다.[5] (이족 보행이 아니라 비행 능력이 생기는 방향으로 적응이 일어날 수도 있었다. 하지만 영장류에게는 비행을 위한 전적응이 없었다. 따라서 오늘날 하늘을 나는 원숭이들은 소설 속 마녀의 성에서나 만날 수 있다.)

　그런데 네 발로 날쌔게 움직여서 이웃 숲으로 이동할 수도 있지 않나? 두 발로 걷는 것이 뭐가 그리 유리한 걸까? 사실 엄청나게 유리하다. 두 다리 영장류는 (침팬지처럼) 일어서서 팔을 뻗으면 네 다리 영장류가 닿기 힘든 곳에 있는 먹이도 손에 넣을 수 있다. 두 다리 영장류는 숲과 숲 사이를 보다 효과적으로 이동할 수 있다. 이족 보행이 사족 보행보다 에너지 소모가 적기 때문이다. 또한 이족 보행 유인원은 (미어캣처럼) 몸을 세우고 주위의 위험을 살피기 좋다. 육식동물이 득실대는 사바나에서는 매우 유리한 조건이다. 거기다 반듯이 서면 뜨거운 아프리카 태양에 직접 노출되는 몸의 표면적이 상대적으로 적기 때문에 두 다리 영장류의 물 필요량은 비슷한 몸 크기의 네 다리 영장류의 3분의 2 정도다. 두 다리 영장류도 나무 위의 식량이 필요하면 언제든 나무를 타고 올라가 구하면 된다.

　이족 보행은 수상생활 영장류였던 사헬란트로푸스가 수상생활에 더 적합해지기 위해 선택된 적응이라는 것을 기억하자. 다만 유능한 수상생활 영장류가 되려는 과정에서 자연선택이 사헬란트로푸스를 새로운 무언가로 바꿨을 뿐이다. 이족 보행은 두 손의 해방을 뜻했다. 손이 자유로워지자 먹을 것을 캠프로 나를 수 있게 돼 새끼를 먹이기가 용이해졌을 거다. 또는 새끼를 등에 업고 먹이를 찾으러 다닐 수 있어서 새끼가 포식자와 사고에 노출된 상태로 캠프에 남겨지는 일이 줄었을 거다.

또한 영장류가 이족 보행을 하게 됐다는 건 도구를 들고 다닐 여건을 갖췄다는 뜻이다. 이족 보행이 도구 휴대를 위해 진화했다는 말이 아니다. 그건 우리 뇌가 미적분 문제를 풀기 위해 진화했다고 말하는 것과 같다. 사실 사바나를 걷던 사헬란트로푸스가 도구를 휴대했을 가능성은 거의 없다.

여기서 도구는 석기를 뜻한다. 프랜시스 베이컨 경Sir Francis Bacon(1561~1626)이 말한 '시간의 난파the shipwreck of time'에서 살아남은 것만이 고고학자의 연구재료가 된다. 특히 원시시대 유적지에는 돌과 화석화한 뼈밖에 없다. 이런 생각이 들 수 있다. 뒤지개digging stick(수렵채집 단계 또는 원시농경 단계의 원시인이 땅을 파거나 뒤집는 데 사용했던 도구-옮긴이)처럼 나무로 만든 연장들은? 초기 호미닌이 뾰족하게 깎은 막대기를 들고 사바나를 이동하며 뒤지개나 창으로 썼을 수도 있다. 가능성이 없진 않지만 나는 그 가능성을 낮게 본다. 나무를 도구로 만들기 위해서, 다시 말해 막대기를 뾰족한 막대기로 깎기 위해서 필요했던 게 석기고, 석기는 사헬란트로푸스와 오로린이 지구에서 퇴장하고도 한참 후에야 등장하기 때문이다.

지금까지 발견된 석기 중 가장 오래된 석기는 약 260만 년 전으로 거슬러 올라가는 올두바이 도구Oldowan tools다. 1930년대에 고인류학자들이 탄자니아 올두바이 협곡에서 처음 발견해서 이런 이름이 붙었다. 후대의 인류가 만들어낼 정교하고 아름다운 석제 도구들에 비하면, 구석기 중에서도 초기에 해당하는 올두바이 도구는 투박하기 이를 데 없다. 하지만 나름 효과적이어서 호미닌들이 거의 200만 년이나 사용했다.

석기 제작은 지식과 기량을 필요로 한다. 우선 어떤 돌이 얇게 떼어낼 수 있는 돌인지 알아야 한다. 결이 고운 현무암과 유문암, 규암과 처트('플린트'나 '벽옥'으로 부르기도 한다)가 여기에 해당한다. 올두바이 도구제작자들은 분명 돌을 고를 줄 알았다. 나아가 파쇄 역학에도 조예가 있었다. 올두바이 도구의 제작 방식은 타격 공법이었다. 즉 큰 돌의 가장자리를 다른 돌로 내리쳐 박편을 떼어냈다. 적당한 종류의 돌을 골라 딱 적당한 힘으로, 딱 적당한 각도로, 그리고 딱 적당한 곳을 내리쳐야 날카롭고 유용한 박편을 얻을 수 있다.

또한 올두바이 도구는 계획성을 보여준다. 올두바이 도구의 일부는 재료가 된 돌의 지질학적 원산지에서 수 킬로미터 떨어진 곳에서 발견됐다. 호미닌들은 돌들을 멀리는 20km나 날랐다. 우리의 먼 조상들은 분명히 앞서 생각할 줄 알았다.

이는 올두바이 석기를 만들어 쓰던 호미닌들의 인지능력이 침팬지를 크게 앞서 있었다는 뜻이 된다. 현생 침팬지도 여러 도구를 쓴다. 나뭇잎을 뜯어낸 나뭇가지를 개미굴에 집어넣어 단백질이 풍부한 흰개미를 찍어먹기도 하고(제인 구달이 이것을 최초로 관찰했다), 견과를 돌에 올려놓고 다른 돌로 쳐서 깨뜨려 먹기도 하고, 으깬 나뭇잎으로 나무 구멍에 고인 물을 빨아내기도 한다. 하지만 침팬지는 올두바이 계곡에서 발견된 것 같은 석기는 만들지도 쓰지도 않는다. 고고학자 닉 토스Nick Toth와 캐시 쉬크Kathy Schick가 캔지라는 보노보에게 박편 도구를 만들고 이를 이용해 음식 상자의 끈을 자르는 방법을 가르쳤다.[6] 하지만 캔지는 타격 테크닉을 결코 깨치지 못했다. 대신 캔지는 돌을 땅에 내던져서 깨진 조각을 집어다 끈을 잘랐다. 야생의 침팬지도 여러 종류의 도구를 사용하지만 이들이 돌 박편을 만드는 것을 목격한 사람은 아직 아무도 없다. 그리고 침팬지가 물건을 20~30m 이상 옮기는 일도 좀처럼 없다.

도구의 대가

석기는 무엇에 사용됐을까? 석기가 사냥감으로 추정되는 동물들의 뼈와 함께 발견되는 점으로 미루어 사냥과 관계있다는 추정이 가능하다. 심지어 몇몇 경우는 뼈에서 석기로 찍은 흔적이 발견되기도 했다. 박편 도구가 적어도 때로는 동물의 살을 뼈에서 발라내는 데 사용됐음을 보여준다. 그런데 호미닌들이 해당 동물들을 직접 사냥했을까, 아니면 육식동물이 먹다 남긴 찌꺼기를 뜯어먹은 걸까?

내가 대학원생이었던 1980년대 초에 우리의 석기 사용자 조상들이 사냥꾼이었는지 스캐빈저scavenger(포식자가 잡아먹고 남은 고기를 먹는 동물-옮긴이)였는지를 놓고 학계에서 논쟁이 한창이었다. 당시 루이스 리키가 초기 호미닌들은 몸집이 몇 배나 큰 동물들도 해치우던 만만찮은 사냥꾼이었다고 주장했는데, 내가 수강하던 교수 중에 프랭크 리빙스턴Frank Livingstone 박사가 이 주장의 열혈 지지자였다. 그때 내가 당시 호미닌들이 휘둘렀을 무기는 기껏해야 돌덩어리에 불과했고 그걸 던져봐야 대형동물을 짜증나게 하는 것 이상은 어려우며, 더욱이 그걸 던졌을 호미닌의 키는 고작 120cm에 불과했다는 점을 지적했다. 리빙스턴은 얼굴이 벌게져서 "그들은 정말로 똑똑했어. 상황에 유연하게 대처할 줄 알았다고. 자네는 자네의 조상이 피에 굶주린 살육자였다는 걸 믿기 싫을 뿐이야!"로 끝나는 특유의 열변을 토했다. 나는 오스트랄로피테쿠스가 자식을 잡아먹었다 해도 상관없으며, 다만 근거 있는 정론을 원할 뿐이라고 대꾸했다. (나는 그 강좌에서 좋은 점수를 받지 못했다.)

올두바이 도구의 박편들은 창끝에 꽂을 수 있는 종류는 아니지만, 막대기를 단순한 형태의 창으로 깎을 수는 있었다. 초기 호미닌들이 이 정도의 도구로 작은 동물을 사냥했을 가능성은 있다. 하지만 대형 사냥감은 다른 문제다. 사실 대형동물 사냥의 확실한 증거는 '꽤 최근'의 유적에나 나타난다. 2012년 독일의 이탄습지에서 말을 비롯한 각종 동물 유해와 함께 발견된 30만 년 전의 나무 장창이 아직까지는 인류 최고(最古)의 무기로 알려져 있다.[7]

호미닌이 육식동물이 남긴 고기를 먹는 스캐빈저의 니치를 점했을 가능성도 있다. 이 가능성을 타진하는 고고학자들이 현대의 사바나 지역에서 죽은 동물들을 대상으로 사체에 남은 고기의 양을 조사했다. (여담이지만 대개의 고고학자들은 이런 조사를 '환상적인 일'로 분류한다.) 연구 결과 호미닌이 동물 사체를 일찍 찾거나, 다시 말해 사자와 하이에나와 독수리가 차례로 배를 잔뜩 채우기 전에 도착하거나 또는 도착해서 포식자와 스캐빈저를 쫓아낼 수 있었다면 스캐빈저 생활도 나쁘지 않았을 거라는 결론이 나왔다. 그럼 이때 석기는 어떤 역할을 했을까?

이 질문에 답하려면 이것을 이해해야 한다. 진화의 요체는 생물학적 구조나 거동이 달라지는 데 따른 비용과 편익의 균형이다. 이족 보행 영장류를 예로 들어보자. 두 발로 걷게 된 영장류는 풀타임 나무타기가 어려워진다. 하지만 수상생활의 편익을 잃는 대신 이 숲에서 저 숲으로 이동하는 편익을 얻는다. 그러나 편익이 비용을 당장 보상하는 건 아니다. 이족 보행을 허용한 돌연변이의 편익은 건조한 기후로 숲이 주는 바람에 수상생활 영장류에게 가해지는 선택압selective pressure이 증가하는 마이오세 후반이 되어서야 비용을 넘어섰다. 마찬가지로 석기의 사용에도 비용과 편익이 있었다. 석기를 제작하고, 제작법을 배우고, 돌을 지질학적 원산지에서 사용처로 옮기는 노고가 석기 사용의 비용에 해당한다. 그렇다면 편익은 무엇이었을까?

내가 호미닌이고, 대형동물의 사체를 발견했다고 상상해보자. 육식동물들은 떠난 후거나 내가 몰아냈다. 사자 같은 육식동물은 사체에 고기를 어느 정도 남길 수밖에 없다. 입만으로는 남김없이 먹는 데 한계가 있기 때문이다. 사자는 가장 좋은 부위만 해치우고 나머지는 (독수리와 뼈 먹는 하이에나 같은 잔반처리반의 몫으로) 남긴다. 사체에서 잔반을 발라낼 방법만 있다면 상당량의 음식을 챙겨서 현장을 유유자적 떠날 수 있다. 나아가 다리뼈를 쪼갤 수 있다면 고기보다 열량이 두 배나 높은 골수를 얻을 수 있다.

효율적 식량 확보는 모든 생물체의 최대 과제다. 이 과업에 실패하는 종을 기다리는 것은 멸종뿐이다. 식량 확보 경쟁이 심화하면 생물체는 특화하는 경향이 있다. 특기를 가진 개체들이 그렇지 못한 개체들을 밀어내고, 패자들은 발견과 획득과 처리가 더 어려운 식료로 연명해야 한다. 자연선택은 생물학적 적응을 통해 특정 식료 확보에 유리하게 특화한 생물체들을 만들어낸다. 다윈의 핀치새가 좋은 예다. 1835년 갈라파고스 제도에 도착한 다윈은 여러 종류의 새들을 채집했는데 알고 보니 모두 핀치새였다. 각자 처한 환경이 달라서 어떤 핀치는 특정 씨앗이나 벌레를, 어떤 핀치는 선인장의 특정 부위를, 어떤 핀치는 (나무껍질 틈새 같은) 특정 장소에 있는 먹이를 먹기 좋도록 부리 모양이 각기 달라진 것이다.

자연선택이 영장류에게 대형 사냥감의 뼈를 뜯어 발겨 골수를 빼먹을 수 있는 막강한 턱이나, 동물 사체에서 고기를 싹 벗겨내기 좋은 입과 이빨을 줄 수도 있었다. 하지만 그건 오싹한 상상일 뿐 아니라, 영장류의 두개골 모양, 근육 조직, 치아 형태를 고려할 때 가능성이 매우 희박한 생각이다.

반면, 자연선택에만 기대지 않고 기술을 개발하는 생물체는 생물학적 적응의 기나긴 과정을 건너뛰고 진화의 앞줄로 새치기할 수 있다. 호미닌들이 그렇게 했다. 호미닌들은 석기 사용을 통해 마이오세 후기의 경쟁적 환경에서 경기력을 몰라보게 향상시켰다. 더구나 그 승리는 진화의 스크럼 바닥에 깔려 있다가 그걸 뚫고 이룬 쾌거일 가능성이 높다. 그들은 기술 덕분에 에너지 소모를 최소화하며 획득하기 어려운 식량에 접근할 수 있었다. 호미닌들은 비록 스캐빈저로 시작했을지 몰라도(이 점은 확실치 않다), 결국에는 석기를 이용해 동물을 사냥하기에 이르렀다.

뿌리, 구근, 알줄기, 덩이줄기 등 식료는 땅 밑에도 있다. 꼬리감는원숭이Capuchin monkey는 돌맹이를 이용해 얕은 뿌리를 캔다.[8] 호미닌들도 석기로 날카롭게 깎은 뒤지개로 더 깊은 곳, 50~75cm 아래에 묻혀 있는 덩이줄기를 캐보자는 생각을 해냈을 수 있다.

숲과 숲을 전전하며 살던 작은 체구의 이족 보행 호미닌들은 석기 덕분에 새로운 니치로 옮겨 갔다. 이족 보행으로 두 손이 자유로워진 것이 훗날의 석기 사용을 위한 전적응이 됐다. 그렇게 이족 보행 호미닌들은 돌맹이를 필요한 곳으로 나르고, 대형동물의 사체에서 고기를 잘라 내거나 긁어내고, 뒤지개를 만들어 덩이줄기를 캐고, 간단한 창을 만들어 작은 동물을 사냥하게 됐다. 기술이 그들에게 새로운 생태지위를 부여한 것이다.

그렇다면 궁금해진다. 최초로 석기를 사용한 호미닌은 누굴까? 불행히도 그들이 남긴 도구에는 '지문'이 남아 있지 않다. 〈그림 1〉을 다시 보면, 최초의 도구제작자는 330만 년 전에 살았던 오스트랄로피테쿠스속에 속한 호미닌 종이었을 것 같다.[9] 하지만 확실한 건 없다. 손에 돌 박편을 쥐고 있는 특정 호미닌의 유해가 발견되지 않는 이상 논쟁은 영원히 끝나지 않는다. (불행히도 그런 것이 발견될 가능성은 지극히 희박하다.) 어쨌거나 중요한 건 도구가 일부 호미닌에게 유리한 조건을 제공했다는 것이다. 도구 사용자 호미닌은 주어

막대기와 돌

진 환경에서 더 많은 에너지를 추출할 수 있었고, 도구를 사용하지 않는 호미닌을 능가했다. 결과적으로 그들은 도구 사용의 노고에 대한 보상으로 현생인류가 속한 호모속으로, 명실상부한 도구 사용 사냥꾼으로 진화했다.

기술이 판세를 바꿨다. 기술이 첫 번째 임계점이었고, 없던 종류의 영장류를 낳은 첫 번째 기원이었다.

불을 사용한 증거

약 200만 년 전에 호모 계통이 처음 발생했다. 학계는 우리 조상들이 그 무렵 또는 그 이전부터 고기를 포함해 다양한 음식물을 먹었다고 말한다. 그걸 어떻게 아느냐고? 씨앗, 뿌리, 구근을 먹고 사는 호미닌의 치아는 패인 자국과 긁힌 흔적으로 가득하다. 반면 오스트랄로피테쿠스속과 호모속의 일부 호미닌들, 특히 호모 에렉투스의 치아는 패이고 긁힌 흔적이 심하지 않다. 따라서 이들은 좀 더 다변화한 먹을거리를 가졌던 것으로 추정된다. 또한 호모 에렉투스의 치아는 다소 작아진 반면 씹는 표면은 더 단단하다. 고기를 뜯어먹기 위한 자연선택의 결과라고 할 수 있다. 씨앗을 상식하는 경우는 갈고 빻기 좋게 치아가 크고 평평하다.[10]

게다가 호모속의 몸을 보면 이들이 이족 보행에 적응한 것은 물론, 사냥에도 적응한 것으로 보인다. 1984년 케냐의 고인류학자 카모야 키메우Kamoya Kimeu가 거의 완전한 형태의 호모 에렉투스 유골을 발견했다. 검사 결과 아이의 유골로 밝혀졌다. 케냐 투르카

나 호수 근처의 발굴지 이름을 따서 나리오코톰 소년Nariokotome boy
으로 명명된 이 소년은 사망 당시 여덟 살쯤이었고, 골반은 현생인
류와 비슷했고, 팔다리는 상대적으로 길었다.[11] (소년의 생애는 인간
보다는 침팬지의 그것에 가까웠고, 현생인류보다 이른 나이에 성체가 됐다.)
나리오코톰 소년의 신체 능력을 모두 알 수는 없지만 그의 다리뼈
로 보아 달리기가 가능했다. 달리기 능력과 사냥과는 어떤 관계가
있을까?

치타, 사자, 표범 같은 맹수는 사냥감을 발견하면 몰래 접근해
서 먹잇감과 최대한 가까운 거리를 확보한 다음, 폭발적인 속도로
맹추격한다. 하지만 이들의 추격전이 오래가지는 못한다. 전력 질주
는 에너지 소모가 크기 때문이다. 맹수는 달아나는 먹잇감을 빨리
낚아채지 못하는 경우 쓸데없이 힘을 빼느니 중간에 포기한다.

인류는 다르다. 이족 보행 동물인 우리는 단거리 역주뿐 아니
라 장거리 달리기에도 능하다. 이것이 인류가 마라톤과 울트라마라
톤을 뛸 수 있는 이유다. 한편 먹이동물도 포식자의 거동에 적응하
게 돼 있다. 영양은 사자의 추격은 잠시만 버텨내면 안전하다는 것
을 안다. 하지만 사냥꾼이 호미닌일 때는 이 작전이 통하지 않는다.
현대의 수렵채집 부족도 때로 '지구력 사냥'이라는 것을 한다. 말 그
대로 동물 하나를 찍은 다음 죽을 때까지 계속 쫓아가는 것이다.
달리기와 빨리 걷기와 걷기를 병행하며 동물을 끈덕지게 추적한다.
쉬지 못하고 쫓기는 동물은 결국 탈진해서 죽이기 쉬운 상태가 된
다. (석기 개발 후 오랜 세월이 지나) 사냥꾼들이 독과 발사무기까지 사

용하게 되면서 이런 형태의 사냥이 더욱 용이해졌다. 중독되거나 돌촉 화살에 맞아 피를 흘리는 동물은 더 빨리 쓰러진다. 진화는 생물체에게 이미 있는 속성들과 연대한다. 따라서 이런 짐작이 가능하다. 사바나 환경에서는 육식동물의 지위를 차지해야 유리하다. (더구나 호미닌에게는 풀을 대량으로 먹어치우는 초식동물이 될 적응이 없다.) 그래서 자연선택은 호미닌을 달릴 수 있고 석기를 휴대할 수 있는 이족 보행 영장류 사냥꾼으로 만들었다.

이러한 기술적 적응에 불도 중요한 요소로 작용했을 거다. 불은 밤에 온기와 빛을 제공할 뿐 아니라 맹수를 막는 수단도 된다. 무엇보다 호미닌이 음식을 익혀 먹을 수 있다. 조리는 조직을 분해해서 소화기관의 일을 덜고 고기의 영양 가치를 높인다. 고기를 씹기 편하게 만들어주는 건 물론이다.[12] 또한 덩이줄기의 탄수화물을 소화하기 쉬운 당으로 바꾼다. 조리한 음식을 먹는 호미닌은 큰 위장이 필요 없다. 작은 위장으로도 살 수 있다. 조리가 소화 기능을 일정 부분 대체하기 때문이다.

물론 화석 인류의 위장은 남아 있지 않다. 하지만 남아 있는 유골로 위장을 복원할 수 있다. 위장이 큰 영장류는 흉곽이 종처럼 불룩하고, (우리처럼) 위장이 작은 영장류의 흉곽은 그보다 반듯하다. 위장이 큰 영장류는 풀을 대량으로 먹는다. 채소는 영양가가 낮기 때문이다. 예를 들어 무시무시한 고릴라는 하루에 약 18kg의 잎사귀를 먹어치운다. 파란트로푸스와 오스트랄로피테쿠스는 흉곽이 불룩한 종 모양이지만 호모의 흉곽은 그보다 납작하다. 이는 호모속의 먹거리가 소화에 더 유리한 것들이었음을 말해준다. 이들의 식단에는 아마 고기가 포함됐을 것이고, 바비큐로 먹었을 것이다. 익힌 고기는 두뇌 개발의 공신이 됐다.

익힌 고기가 전체 음식의 10~20%만 차지해도 에너지 효율에 상당한 효과를 낸다. 호미닌이 음식을 조리해 먹으면서 씹기와 소화에 들어가는 에너지는 줄고 섭취하는 열량은 늘었다. 에너지 획득량은 늘고 위장에 쓰는 에너지는 줄면서, 보다 많은 영양분이 더 흥미로운 (그리고 자연선택에도 더 유용한) 기관으로 갔다. 그 기관은 바로 뇌였다.

우리 뇌는 비용이 많이 드는 기관이다. 몸무게의 2.5%에 불과한 뇌가 소비하는 에너지는 전체 소비량의 20%를 잡아먹는다. 호모는 음식을 익혀 먹음으로써 거대한 위장을 유지하는 데 쓰던 에너지를 큰 뇌를 유지하는 데 썼다.[13] 이것이 몸에 비해 큰 뇌라는 인류의 또 다른 특징으로 이어졌다. 초기 호모의 뇌는 오스트랄로피테쿠스의 뇌보다 30% 더 컸고, 후기 호모의 뇌는 초기 호모의 뇌보다 20% 더 컸다. 조리 덕분에 동량의 고기와 덩이줄기에서 보다 많은 에너지를 추출하게 됐고, 석기 사용으로 덩이줄기 채집과 사냥과 죽은 고기 수거가 더 쉬워졌다.

초기 호모가 익힌 고기를 먹었다면 그들이 불을 사용했다는 뜻이다. 불 사용의 증거가 있을까? 원시시대 모닥불 흔적쯤 찾기 쉬울 거라 생각할지 모르지만, 그렇지 않다. 수렵채집민은 보이스카우트처럼 알아보기 쉽게 돌을 원형으로 배치하고 불을 피우지 않는다. 나무를 쪼개는 것은 쉬운 일이 아니다. 특히 돌도끼로는 어렵다. 수렵채집민은 무릎에 대고 부러뜨리기 벅찬 통나무는 그냥 통째로 불에 던져 넣는다. 돌로 불을 둘러막으면 통나무를 통째로 때는 데 방해가 될 뿐이다. 따라서 수렵채집민은 돌을 두르지 않는다. 그보다는 기다란 통나무 세 개를 나란히 포개서 끝부분부터 불 한가운데에 놓는다. 통나무 끝이 다 타면 통나무를 더 당겨서 불을 유지한다. (나도 마다가스카르에 있을 때 이 방법을 배웠다. 우리는 불 옆에서 잠을 자면서 가끔씩 슬리핑백에서 기어 나와 통나무들을 끌어당기는 방식으로 동틀 때까지 계속 불을 땠다. 처음으로 이렇게 밤을 보내고 추운 아침을 맞았을 때, 재를 뒤집어쓴 강아지 두 마리가 깨갱거리며 뛰어오르는 바람에 깜짝 놀랐다. 밤에 강아지들이 따뜻한 재 아래에 들어가 있었던 거다.) 이렇게 불을 피웠던 흔적(불에 탄 흙, 목탄, 재)은 땅을 파는 설치류, 지렁이, 토양의 화학작용 때문에 쉽게 없어진다.

　따라서 옛날에 불을 사용한 물리적 증거가 희박한 것은 어쩌면 당연하다. 고고학자들이 이스라엘에서 거의 80만 년 전의 모닥불 흔적을 찾은 적이 있다. 남아공의 동굴에서도 100만 년 전의 것으로 보이는 흔적이 나왔다. 하지만 지금까지 발견된 불 사용 증거들은 대부분은 40만 년 이전의 것들이다.[14] 처음에는 불이 번갯불에서 '채집'됐을 가능성이 높다. 그리고 불씨가 살아 있는 석탄을 캠프에서 저 캠프로 옮겨가며 불을 유지했을 것이다. (기억하는가? 외치도 생엽을 깐 나무껍질 용기에 이런 석탄을 넣어 다닌 흔적을 남겼다.) 학자들이 계속 찾고 있지만 현재로서는 인류사 초기에 불이 사용됐다는 직접 증거는 제한적이다.

진화 게임의 승리

기술은 이족 보행, 식단 변화 그리고 불의 사용이 상호작용으로 일어난 복합적응adaptive complex의 결과였다. 기술이 특히 중요한 이유는 인간 적응의 결정적인 부분이 됐기 때문이다. 우리에게 필요 충족을 위해 사물을 사용하는 능력이 없었다면, 이후 인류사에 일어난 어떤 일도 가능하지 않았다. 단출하기 짝이 없는 올두바이 도구가 사실상 우주여행선의 시작이었다. 또한 기술은 인간의 사회적 상호작용의 결정적인 부분이다. 예컨대 도구의 제작과 사용에서 교역과 지위 상징과 무기가 비롯됐다.

단순하지만 기술을 장착한 호모속은 경쟁자들보다 환경에서 더 많은 에너지를 추출하게 됐고, 그 결과 호모의 개체수가 증가해 종국에는 다른 호미닌들을 대체해버렸다. '가냘픈 오스트랄로피테쿠스gracile *Australopithecus*'(상대적으로 위장이 작아서 더 많은 에너지를 뇌 성장에 할애한 호미닌-옮긴이)가 약 180만 년 전에 지구상에서 사라졌고, 보다 건장한 사촌들 파란트로푸스 보이세이와 로부스투스는 좀 더 버티다가 120만 년 전까지는 역시 모두 멸종했다. 여기서 기술이 운명을 가르는 역할을 한 것이 틀림없다. 아프리카 사바나에서 최종적으로 살아남은 호미닌들은 바로 손에 석기를 든 호모 계열 호미닌들이었기 때문이다.

호모의 개체수는 점점 늘어나 새로운 땅으로 이동했다.[15] 일부는 아라비아반도를 가로질러 남아시아로 흘러 들어갔다. 고인류학자들이 인도네시아(160~180만 년 전), 조지아공화국(180만 년 전), 중국(75만 년 전)에서 이들의 유해를 발견했다.[16] 약 80만 년 전 아프리카를 출발한 집단이 사하라사막(당시에는 군데군데 호수가 있었다)을 통과해 지브롤터해협을 건너 남유럽으로 들어갔다. 다른 무리들은 아라비아반도와 터키를 경유해 유럽으로 진출했다. 이렇게 유럽에 정착한 호미닌을 호모 하이델베르겐시스*Homo heidelbergensis*라고 부른다. 이들이 네안데르탈인으로 불리는 호모 네안데르탈렌시스*Homo neanderthalensis*의 직계조상으로 추정된다. (이들에 대해서는 다음 장에서 더 자세히 다룬다.)

석기 기술은 330만 년 전에서 150만 년 전까지 별다른 변화가 없었다. 200만 년이나 내리 같은 연장을 썼던 거다. 그러다 드디어 새롭고 멋들어진 석기가 올두바이 석기를 대체했으니 고고학에서는 이를 아슐리안 석기*Acheulian tools*라고 부른다. 1859년에 이 석기가 처음 발견된 프랑스 생 아슐*Saint Acheul* 유적지의 이름을 땄다. 아슐리안 석기는 몇 가지 종류로 구성된다. 대표적인 것이 '주먹도끼'다. 주먹도끼는, 자세히 따지면 각양각색이지만, 대체로 큼직한 달걀 또는 물방울 모양이고 박편 떼어내기로 양면에 날을 냈다. 학계는 이것을 다용도 도구로 본다. 원시시대 판 스위스 아미 나이프다. 아슐리안 석기는 대유행해서 아프리카, 유럽, 아시아로 퍼졌다. 이 기술이 다시 다음 100만 년 동안 거의 변함없이 이어졌다.

호모는 다른 호미닌들을 누르고 진화 게임에서 승리했다. 그런데 그 과정에서 호모 집단들 사이에 경쟁적 이해관계가 발생했다. 이 경쟁에서 이긴 상은 전적으로 다른 무언가가 되는 것이었다.

이족 보행과 불의 사용, 더불어 도구는 호미닌들에게 같은 니치의 경쟁자들보다 유리한 입지를 주었다. 도구 이용자들은 그렇지 않은 개체들보다 자손을 성년까지 길러낼 가능성이 높았고, 따라서 도구의 제작과 사용을 허용한 유전물질(예를 들어 미세 운동 제어 능력)을 후대에 전할 수 있었다. 분명 좋은 일이었지만 변화는 낡은 문제들을 해결함과 동시에 새로운 문제들을 만들기 마련이다. 예를 들어 석기에 의존하는 삶은 호미닌의 하루에 새로운 일을 더했다. 적당한 돌을 고르고 작업 방법을 익히는 일이다. 인간의 번다한 나날이 이미 전기 구석기시대에 시작됐다.

이족 보행은 더 큰 문제를 낳았다.

이족 보행의 요건 중 하나가 골반 구조의 변경이었다. 이는 여성 호미닌의 경우 산도(産道)가 좁아지는 것을 의미했다. 이족 보행 여성 호미닌의 임신 기간이 길면 아기의 머리가 산도가 감당하기 어려울 정도로 커진다. 출산 과정에서 죽는 호미닌 여성과 아기들이 많았을 것이고, 결과적으로 미숙아로 일찍 태어나는 아기들이 생존에 유리해져 해당 유전물질을 후대에 전하게 됐다.[17]

조산이 자연선택 됐다는 것은, 이족 보행 호미닌의 아기는 지극히 미숙한 상태로 태어난다는 것을 뜻했다. 걷지 못하는 것은 물론 기지도 못하는 상태로 태어나는 것이다. 호모 아기는 누군가 안고 다녀야 하고, 수유 기간도 아마 길었을 거다. 현대 수렵채집민은 자식에게 4년 이상 젖을 물린다. 그것이 바람직해서만은 아니다. 고기, 구근, 덩이줄기, 씨앗으로 연명하는 환경에서는 이유식을 마련하기가 어렵다. 아이는 어금니가 나기 전까지 딱딱한 음식을 씹지 못하고, 첫 어금니는 5.5~6.5세가 되어야 난다. 결과적으로 수렵채집민의 아이는 네다섯 살까지 모유를 먹지 못하면 살아남기 어렵다.

모유 수유 중인 아이는 젖을 분비하는 여성과 붙어 있어야 한다. 이 여성이 반드시 엄마일 필요는 없지만 대개는 엄마다. 어린아이는 어른처럼 빨리 걷지 못하기 때문에 주로 엄마의 어깨나 등을 타고 다닌다. 아이 하나도 엄청난 짐이고, 아이 둘은 여성을 과로로 죽일 수도 있다. 아니나 다를까 남아프리카의 부시맨 여자들은 "동물처럼 자식을 연달아 낳다가는 영원히 허리통증에 시달린다"고 토로한다.[18] 이 문제가 호미닌 사회에 중요한 협력 체제를 가져왔다.

내가 현대 수렵채집민에 대한 책을 쓴 후, 동료 교수가 내게 현대 수렵채집민의 삶에서 선사시대를 유추할 만한 것들이 있는지 물었다. 많지는 않지만 한 가지 있다면 그것은 노동 분담이었다. 현대 수렵채집 사회에서 남자들은 큰 사냥감을 사냥하고, 여자들은 식물 식료, 작은 사냥감, 조개류를 채집한다. 하지만 여자가 사냥을 하는 경우도 있다. (유명한 경우가 필리핀의 아그타족 여인들이다.) 이는 사냥이 기운보다는 지식(추적 경로, 흔적, 동물의 거동 등), 인내심, 잠행 능력과 상관있다는 것을 말해주며, 이중 어느 것도 남자의 전유물은 아니다. 그런데 왜 현대 수렵채집 사회의 여자들은 사냥을 전업으로 하지 않는 걸까?

여자에게는 모유 수유 중인 어린 자식이 딸려 있는 경우가 많고, 어린아이들은 사냥과 양립할 수 없다는 것이 그 이유다. 실제로 내가 마다가스카르의 미케아족 남자들에게 사냥에 따라다녀도 좋을지 물었을 때 대개는 난색을 표했다. 그들이 (내 마다가스카르인 동료에게 정중히) 설명한 바는 이렇다. "바자하vazaha(이방인)는 쉽게 지쳐서 캠프로 돌아가려 하고, 쉽게 배고파하고, 쉽게 뒤처지고, 소리를 많이 내기" 때문이었다. 짧게 말하면 내가 어린아이처럼 행동할 거란 뜻이었다. 사실 심각한 문제가 아닐 수 없다. 일단 사냥감을 포착하면 그때부터는 사냥감이 상황을 좌우한다. 사냥감이 움직이면 사냥꾼도 움직인다. 사냥감이 모래언덕을 넘어 달리면, 사냥꾼은 몰래 따라가거나 몸을 숨겨가며 잽싸게 동물을 앞질러야 한다. 어린아이를 데리고는 할 수 없는 일들이다. 현대 수렵채집 사회에서 남자아이들도 10~12세가 되기 전에는 사냥에 따라 나가지 않는다.

이에 반해 씨앗과 열매와 덩이줄기를 채집하거나 돌 밑에서 도마뱀을 낚아채거나 조개를 잡는 일은 어린아이를 데리고도 할 수 있다. 움직이지 않는 식료 채집에는 조무래기들도 꽤 능숙하게 손을 보탠다. 미케아족 어린들은 덩이줄기를 파고, 아프리카 하드자족 아이들은 딸기를 딴다. 호주 원주민 아이들은 왕도마뱀 잡이와 조개 줍기에 능하다.

하지만 으뜸 식료는 역시 고기다. 덩이줄기와 열매로도 배를 채울 수 있지만, 고기가 없으면 수렵채집민은 굶주림을 호소한다.

초기 호미닌들도 아마 수단방법을 가리지 않고 고기를 얻으려 했을 거다. 그런데 여자들은 수유기의 아이들이 딸려 있어서 사냥을 나갈 수 없다면, 여자들에게 남은 고기 획득 방법은 무엇일까?

일부 고인류학자들은 그 해법으로 발생한 것이 남녀 한 쌍이 연대하는 암수 결합pair-bonding이라고 주장한다. (혹자는 이것을 '결혼'으로 부르기도 하는데 나는 거기에 반대한다. 결혼은 문화적 의미가 다량 함유된 개념이기 때문이다. 다음 장을 보면 알겠지만 나는 진화 과정에서 이 시점의 호미닌들이 문화적 동물이었다고 생각하지 않는다.) 학자들은 암수 결합을 하는 동물 종들에서 나타나는 성별이형sexual dimorphis의 감소에 주목한다. 성별이형이 감소한다는 것은 암수 결합의 영향으로 암수의 몸 크기 차이가 줄어든다는 뜻이다. 수컷이 더는 짝짓기 때마다 암컷을 차지하기 위한 싸움을 하지 않아도 되면서, 짝짓기에 유리하게 건장하고 억센 수컷들만이 후대에 유전자를 전할 수 있었던 상황에 변화가 왔기 때문이다. 초기 호모도 사실 성별이형이 강하지 않다.

인류 진화의 초창기 사회조직을 복원하는 것은 우리의 과학적 역량을 넘는 일이다. 다만 수렵채집 환경과 도구를 이용한 사냥, 이족 보행, 출산과 장기 수유의 영향을 종합적으로 고려해서 나는 이런 결론을 내린다. 결과적으로 호미닌 남녀가 모종의 협력 체제를 개발했고, 이 체제는 식료 공유를 포함했을 것이며, 이 협력 체제는 결합 관계의 남녀 사이뿐 아니라 전체 호미닌 무리 내부에서도 작동했을 것이다. 남자들이 고기 공급을 맡았을 수도 있고, 여자들이 돌아가면서 어린 것들에게 수유하면서 교대로 사냥에 나갔을 수도 있다.

이야기가 자꾸 앞서 나간다. (공유는 사실상 매우 복합한 행동이다. 이는 다음 장에서 논한다.) 요점은 이것이다. 멀리 우주에서 지구의 시공을 관람할 때, 150만 년 전 무렵 나무를 타며 도구 없이 과실과 잎을 따먹고 살던 우리의 영장류 조상들이 그때까지와는 판이하게 다른 동물로 변하는 것이 보인다. 그들은 나무에서 내려와 두 발로 걸으며 땅에서 살고, 도구를 만들어 사용하고, 아마도 사냥으로 얻은 고기를, 아마도 불에 익혀 먹고, 아마도 암수 결합을 하는 호미닌이 된다. 진화는 수상생활 영장류를 환경에 최대한 적합하게 만드는 과정에서 그들을 완전히 다른 것으로 바꿔놓았다. 마이오세 호미닌들에게 일어났던 일이 또 일어날 수도 있을까? 없다. 그들이 처했던 상황은 지구상에 두 번 다시 재현될 수 없다.

4장

목걸이와 이야기

문화의 기원

Beads and Stories; The Beginning of Culture

—

과거는 낯선 나라다. 거기 사람들은 다르게 산다.

— **레슬리 폴 하틀리**Lesley Poles Hartley(1895~1972), 《**중매자**The Go-Between》**중에서**

—

내 아들 매트는 어렸을 때 텃밭에서 일하는 나를 돕곤 했다. 하루는 매트가 잡초를 뽑는 내 옆에서 무릎을 꿇고 장난감 트럭을 가지고 놀다가 잡초 더미에 막 떨어진 잡초를 보고 갑자기 머리를 치켜들었다. "백조다!" 녀석이 외쳤다. 나는 그 소리에 혹시 물새가 길을 잃고 우리 뒷마당에 들어왔나 해서 사방을 둘러봤다. 하지만 있는 건 매트뿐이었다. 매트는 해당 잡초를 집어 들며 다시 말했다. "백조." 그제야 내 눈에 우아하게 휘어진 백조의 목이 보였다. 사람들이 세상을 보는 방식은 각자 다르다. 누군가는 잡초만 볼 때 다른 누군가는 거기서 백조를 보기도 한다.

세상을 다르게 보는 것, 이것이 우리의 문화능력이다. 이 능력이 인간을 다른 영장류와 구분한다. 인류가 이 능력을 확보한 시점에 대해서는 인류학자들 사이에 논쟁이 뜨겁다. 우주의 관람석에서 호미닌 세계의 흐름을 지켜보면, 20만 년 전에서 5만 년 전 사이에 뭔가가 일어났다는 것을 알게 된다. 호미닌들이 어느 시점엔가 문화적 존재, 즉 우리가 아는 인류가 됐다. 이때를 기점으로 우리는 종교적 생각을 하게 됐고, 이야기를 만들고 은유와 비유를 사용하게 됐으며, 과학과 예술과 음악과 시를 창조하게 됐고, 연설이나 노래에 정서 반응을 하게 됐다.

유전자 데이터와 골격 데이터 모두 아프리카를 현생인류의 기원지로 지목한다. 약 40만 년 전 아프리카에 고인류학자들이 '옛 호모 사피엔스archaic *Homo sapiens*'라고 부르는 현생인류의 조상이 출현했다.[1] 생물학적 현생인류가 아프리카에 출현한 시기는 약 20만 년 전이다. 유전자 데이터에 따르면, 이 현생인류는 아프리카를 벗어나 유럽과 아시아 전역으로 퍼졌다. 그 과정에서 이미 곳곳에 정착해 살던 호미닌 집단들(예를 들어 네안데르탈인)과 적어도 간간히 이종교배가 일어났고, 그러다 마침내 현생인류가 호미닌들을 완전히 대체했다. 우리는 한 가족이라는 말이 괜한 말이 아니다. 인류는 유전적으로 하나다. 이 사실은 인종주의에 대한 멋진 반증이 될 뿐 아니라 문화적 호미닌, 즉 현생인류가 진화 게임에서 압승을 거뒀음을 증명한다. 우리를 승자로 만든 건 문화능력이었다.

일부 인류학자들은 문화능력의 기원을 옛 호모 사피엔스까지, 심지어 호모속 계보의 시작까지 올려 잡는다. 하지만 나는 문화능력이 그보다 훨씬 후대에 생겼다고 본다. 이 역량은 단일 능력이 아니다. 여러 정신 능력이 복합적으로 합쳐진 결과다. 나는 인류의 진화에서 100만 년 전에서 20만 년 전까지의 시기를 일종의 심포니

오케스트라 결성기로 본다. 여러 다양한 악기들이 각기 다른 시점에 무대에 등장했지만 서로 전혀 조율이 되어 있지 못했다. 그러다 고고학적 증거에 따르면 20만 년 전을 고비로 어느 시점엔가 오케스트라가 착석했고, 그들의 악기를 조율해서 베토벤 5번 교향곡을 연주할 준비를 갖췄다.

세상을 해석하는 능력, 문화

'문화' 하면 오페라, 고급 와인, 셰익스피어를 떠올리는 사람들이 많다. 이런 사람들은 바흐를 듣고 프랑스 소설을 읽는 사람이 저스틴 비버를 듣고 리얼리티 TV쇼를 보는 사람보다 문화적이라고 생각할지 모른다. 하지만 고고학적 견지에서는 사람과 사람, 사회와 사회 사이에 어떠한 문화적 수준 차이가 존재하지 않는다. 정치적 중립을 취하는 것이 아니다. 다만 이런 뜻이다. 인간 집단들은 모두 동일한 문화능력을 가지며, 이때의 문화란 인간의 창의활동 모두를 말한다.

인류학에서는 상징symbol을 사용하는 능력을 곧 인간문화의 본질로 본다. 상징은 관념을 그것과 직접 관련이 없는 시각적, 청각적, 촉각적 정보로 구상화한 것을 말한다. 예를 들어 빨간 동그라미 안에 대각선으로 그은 빨간 선은 동그라미 안에 있는 것을 금지한다는 뜻이다. 가령 동그라미 안에 담배가 있으면 금연을 뜻한다. 하지만 이 상징을 사용하지 않는 문화권에서 온 사람은 이 표지를 보고 '흡연 허용 구역'이라는 반대의 해석을 할 수도 있다.

윙크를 생각해보자. 미국 문화에서 윙크는 추파를 의미하거나, 장난스러운 음모를 표시한다. 하지만 다른 문화권에서는 눈에 먼지가 들어갔다는 것 외에 다른 의미는 없다. 우리는 쉴 새 없이 상징을 사용한다. 옷, 집, 자동차가 소유자에 대해 말하는 바를 한 번 생각해보라.

상징은 중요하다. '문화능력이 있다'는 것은 '인류가 상징적 해석을 통해 세상을 이해한다'는 뜻이기 때문이다. 무슨 말인지 예를 들어 설명해보자. 1983년에 〈최초의 접촉First Contact〉이라는 다큐멘터리 영화가 나왔다. 이 다큐멘터리는 1930년대에 금을 찾기 위해 뉴기니섬의 내지로 들어간 호주사람 다니엘, 제임스, 마이클 리히Daniel, James, Michael Leahy 형제의 탐험을 다룬다. 삼형제는 뉴기니의 산악지방에 발을 들여놓은 최초의 백인이었다. 형제는 그곳에서 인구 100만 명의 원주민 사회와 만났다. 당시는 뉴기니 원주민도 호주인들도 상대의 존재를 몰랐기에 서로 상대의 정체 파악에 난관을 겪었다. 삼형제가 스틸 카메라와 무비 카메라를 가져간 덕분에 두 문화 간 최초의 조우가 사진과 영상으로 남았다. 그게 다가 아니다. 다큐멘터리 제작자는 리히 삼형제 중 생존해 있는 두 사람은 물론이고, 그 당시 청년이었던 뉴기니인들도 인터뷰했다. 각자는 서로를 무엇으로 생각했을까?

금이 목적이었던 호주 형제는 어느 마을 근처의 강바닥을 파서 사금 채취에 착수했다. 그러자 마을 남자들이 와서 열심히 돕는 게 아닌가. 삼형제는 이 상황을 자신들의 문화가 허용하는 유일한 방식으로 해석했다. '이 뉴기니 남자들은 돈(조개껍데기)을 벌 수 있는 일자리를 원한다.' 뉴기니인들이 노린 것이 과연 아르바이트 자리였을까?

상당수 뉴기니 부족들은 인류학자들이 조상숭배ancestor worship라고 부르는 유형의 종교를 가지고 있다. 죽은 조상의 영혼이 현세에도 영향을 미치므로 복을 받으려면 조상의 영혼을 경건히 받들어야 한다는 믿음이다. 삼형제가 만난 뉴기니인들에게는 망자의 화장한 뼈를 강에 던지는 제사의식이 있었다. 뉴기니인들은 호주인들을 보고 조상의 혼령들이 강에 내려와 자신들의 뼈를 찾고 있다고 생각했다. 어찌 조상님을 돕지 않을 수 있겠는가!

서로는 상대의 행동을 각자 할 수 있는 유일한 방식으로 해석했고, 결과적으로 양쪽 다 상대를 오해했다. 세상에 대한 상징적 해석이 달랐기 때문이다. 자본주의자 호주인에게는 돈과 고용관계가 세상을 움직이고, 조상숭배자 뉴기니인에게는 죽은 조상이 주도권을 가진다. 세상에 대한 서로의 상징적 해석이 달랐다. 뉴기니인들과 호주인들은 각자의 문화를 이용해서 (우리가 상징을 해석하듯) 상대의 행동을 해석했다. 이 경우 그럴싸한 해석은 될지 몰라도 맞는 해석이 되리란 보장이 없다.

문화란 결국 세상을 이해하는 능력인데, 우리는 특정 렌즈를 통해 경험을 해석하는 방식으로 세상을 이해한다. 여기서 렌즈는 각자가 일관적이고 체계적으로 내면화한 관념체계를 말한다. 일몰과 일출, 달, 물결, 나무, 새, 돌, 산, 강, 남자, 여자, 아이, 옷, 음식, 건물, 노래, 깃발 등 세상 모든 것이 인간에게 의미를 갖는 것은 그런 이유다. 다만 의미가 언제 어디서나 같지 않다는 게 문제다.

학계는 인간의 문화능력을 생물학적, 구체적으로 말해서 뇌신경학적 능력으로 본다. 특히 영국 고고학자 스티븐 미슨Steven Mithen이 문화능력을 생물학적으로 해명하려 노력했다.[2] 미슨의 주장에 따르면 사람의 마음은 두 가지 종류의 지능으로 작동한다. 하나는 일반 지능이다. 이 능력은 뇌의 크기에 비례한다. 구체적으로 말해 신피질(대뇌 피질 중 최근에 진화한 부분)의 크기에 비례한다. 대뇌 신피질에는 작업기억working memory 영역이 있다. 작업기억은 감각기관을 통해 들어온 정보들을 단기적으로 저장하면서 언어, 분석, 판단 등의 인지 과제를 수행한다. 작업기억이 큰 생물체는 마음에 두 가지 이상의 생각을 간직하고, 그것들을 결합해 '종합적 사고'를 할 수 있다.

미슨이 주장하는 또 다른 종류의 지능은 보다 구체적이어서, 네 가지 '모듈module'로 나뉘며 각기 다른 정보를 저장하고 처리한다. (1) 타인의 행동 의미를 파악하게 해주는 사회성 모듈, (2) 운동, 작용, 반작용을 이해해서 도구와 기술을 쓰게 해주는 물리 모듈, (3) 다양한 소리와 다양한 추상적 매개물을 통해 의사소통을 하게 하는 언어 모듈, (4) 식물, 동물, 무생물의 행동과 거동, 속성을 목록화하는 자연사 모듈이 그것이다. 미슨은 침팬지에게는 언어 모듈을 제외한 모든 모듈이 있다고 말한다.

미슨에 의하면 인류가 만물의 영장으로 발돋움한 이른바 '대

'약진'의 비결은 인지적 유동성cognitive fluidity이었다. 이는 여러 지능 모듈이 신경학적으로 연결돼 있음을 뜻한다. 인간의 뇌는 약 860억 개의 뉴런으로 이루어져 있고, 각각의 뉴런에는 다른 뉴런들로 연결되는 평균 7천 개의 시냅스가 있다. 비교해보자. 침팬지의 뉴런은 약 70억 개다. 뇌가 우리보다 큰 코끼리도 뉴런의 수는 230억 개에 불과하다. 정보의 저장과 연결이야말로 인간 뇌의 본질이다.

지능모듈들이 신경학적으로 연결된 덕분에 인간은 자연사 모듈의 생각들을 이용해 사회적 관계를 궁리할 수도 있고, 특정 목적을 위해 자연을 조작할 궁리를 할 수도 있다. 언어 모듈은 다른 모듈에서 들어온 지식과 개념을 말하게 해준다. 다시 말해 인간은 비유와 은유를 사용할 수 있다. 자연사 모듈, 사회성 모듈, 언어 모듈이 연결되면서 우리가 '놈은 여우처럼 교활하다'라고 말하는 것이 가능해졌다. 이 진술은 여우를 교활하게 여기는 문화의 사람들에게는 말이 된다. 여우가 교활하다고 생각한 적이 없는 문화의 사람들에게는 어색한 표현이 된다. 은유 자체를 이해하지 못하는 이들은 무슨 소리인지 감도 없다.

여러 지식 영역을 연결하는 생물학적 능력이 있었기에 뉴기니 사람들은 생전 처음 본 백인을 자신의 뼈를 수습하러 온 조상의 혼령으로 생각한 것이다. 이 능력이 우리를 문화적 동물로 만들었다.

일부 인류학자들과 다수의 영장류 동물학자들은 침팬지와 보노보에게도 문화가 있다고 말한다. 주장의 근거는 이렇다. 침팬지는 사회적으로 터득한 행동, 그러나 기능적, 환경적 차이는 반영하지 않은 행동을 보인다. 예를 들어 침팬지는 저녁마다 나무에 둥지를 트는데, 둥지 짓는 방식은 침팬지 무리마다 다르다. 일부 침팬지가 무슨 이유에선지 특정 방식으로 둥지를 짓기 시작하고, 이 방식이 무리에 전파된다.

문화가 사회적으로 습득되는 것은 맞다. 하지만 그게 다는 아니다. 인간의 사회적 학습 행동은 세계관, 즉 사고방식을 생성한다. 사고방식은 세상에 대한 상징적 해석에 의존하고, 상징적 해석은 인지적 유동성이 있어야 가능하다. 일부 침팬지는 훈련을 통해 상징 사용을 포함한 듯한 행동을 보이기도 한다. 하지만 그것은 실제 상징 사용이 아니라 색인학습indexical learning의 결과에 불과할 가능성이 높다. 색인학습은 특정 행위나 사물을 원하는 결과(예를 들어 간식이 생기는 상황)에 색인을 달 듯 결부시키는 것을 말한다. 인류학자 레슬리 화이트Leslie White(1900~1975)의 표현처럼, 침팬지는 성수(聖水)와 증류수의 차이를 알지 못한다. 둘 사이에 물질적 차이가 없기 때문이다. 있다면 상징적 차이가 있을 뿐이다. 이런 의미에서 침팬지는 문화적 동물이 아니다.

세상을 상징적으로 해석하는 능력이 인간을 문화적 존재로 만들었다. 그렇다면 이 능력은 언제 생겼을까? 여기에 답하려면 또 다른 정신 능력에 대해 알아야 한다. 타인에게도 생각이 있다는 것을 인식하는 능력이다. 독심술과 비슷한데, 문화능력을 갖추려면 이 능력이 필수다. 이 능력이 있어야 남이 나와 같은 방식으로 생각하는지 아닌지 알 수 있기 때문이다.

우리가 안다고 당신이 생각한다는 것을 내가 안다

옛날 만담에 자주 등장하던 말장난이 있다. 한 사람이 다른 사람에게 말한다. "내가 안다는 걸 당신이 안다는 걸 내가 안다는 걸 당신이 아니까…" 결국 청중이 따라가는 것을 포기하고 웃고 만다. 그런데 알고 보면 이 개그는 의도성 수준levels of intentionality이라고 부르는 중요한 인지 작용을 다루고 있다. 앞서 설명했듯, 문화는 세상의 작동 방식과 사람들의 행동 규범에 대한 아이디어들을 수반한다. 하지만 상대도 같은 신념을 공유한다는 것을 알아야만 문화가 성립한다. 이 만담이 시사하듯, 의도성 수준은 무한히 확장될 수 있다.

(1) 내가 안다….

(2) 당신이 생각한다는 것을 내가 안다….

(3) 우리가 안다고 당신이 생각한다는 것을 내가 안다….

(4) 그녀가 생각한다는 것을 우리가 안다고 당신이 생각한다는 것을 내가 안다….

(5) 우리가 안다고 그녀가 생각한다는 것을 우리가 안다고 당신이 생각한다는 것을 내가 안다….

현실적으로 우리의 작업기억은 5단 이상을 넘지 못한다. (내 작업기억은 3단만 넘어가도 삐걱댄다.) 대개의 동물은 오로지 1단만 가능하다. 즉 자신의 의사만 알 뿐이다. 그리고 그들 입장에서는 남들도 마찬가지다. (다시 말해 남의 마음을 안다는 것이 뭔지 모르고, 또 그걸 모른다는 것 자체도 모른다.) 침팬지는 2단, 어쩌면 3단까지 가능하다는데 아직 분명히 밝혀진 것은 없다.[3] 의도성 수준이 높지 않으면 문화 전달에 필수인 스토리텔링 능력이 있기는 어렵다. 특히 스토리텔링의 최고봉인 속임수와 음모는 불가능하다.

생물체의 의도성이 최소 2단은 돼야 마음이론theory of mind이 있다고 할 수 있다. 마음이론은 자신의 마음과 타인의 마음, 마음과 행동의 연관성을 이해하는 능력을 말한다. 남들도 나름의 생각이 있고, 그 생각이 내 생각과 다를 수 있다는 것을 아는 능력이 여기서 나온다. 사회적 생물체에게 '마음을 읽는' 능력은 분명 이득이다. 3단 의도성(조상이 내려와 자신의 뼈를 찾고 있다는 것을 우리 둘 다 알고, 그것을 당신이 안다는 것을 내가 안다)이 문화의 전조다.

그럼, 우리의 호미닌 조상들은 의도성이 몇 단이나 됐을까?

인류학자 로빈 던바Robin Dunbar가 현생인류와 영장류의 뇌와 심리에 대한 연구들을 참고하고 고생물학적 두개골 표본 측정치들을 이용해서, 여러 호미닌 종의 전두엽 회백질 크기를 추산하고 이를 기반으로 호미닌들의 의도성 단수를 추정했다.[4] 그랬더니 (약 10만 년 전의) 옛 호모 사피엔스와 네안데르탈인이 4단으로 나타났다. 호모 에렉투스는 3단 정도, 호모 하빌리스와 오스트랄로피테쿠스 속이 2단으로 나타난다. 이 추정이 맞는다면, 호모 에렉투스에게 문화능력이 있었을 가능성 높다.

하지만 나는 호모 에렉투스가 최초의 문화적 호미닌이었다고는 생각하지 않는다. 문화적 존재가 되기 위한 두 번째 필수 조건이 언어이기 때문이다. 언어 능력 없이는 "동물이 사람이었던 시절, 흑 멧돼지와 영양이 달을 놓고 싸우던 시절에 언덕들이 생겨났다" 같은 추상적 아이디어를 전달하기는 어렵다. 언어는 문화의 전제조건이다. 그렇다면 호미닌이 언제부터 말을 시작했는지 알아야 한다.

오늘날 세계에서 쓰이는 언어는 7천여 가지에 이른다. 과거에는 더 많았다. 각각의 언어에는 소리를 모아 단어를 만들고, 단어를 모아 문장을 만드는 저마다의 규칙이 있다. 각각의 언어는 인류에게 복잡한 문제, 새로운 경험, 존재하지 않는 것들, 어쩌면 존재하는 것들(가령, 사후세계, 영적 존재, 신)에 대해 말할 수 있는 능력을 부여한다. (이 능력 때문에 인간이 거짓말을 밥 먹듯이 하지만, 덕분에 공상과학 소설과 판타지 소설도 쓰게 됐다.)

언어 습득 능력도 생물학적 능력이다. 문화권을 막론하고 아이들은 명시적 교육 없이도 비슷비슷한 습득 과정을 거쳐 언어를 배운다. 그리고 약 12세 이전에 언어를 자연스럽게 습득할 기회를 박탈당하면 영원히 언어를 유창하게 구사하지 못할 수도 있다. (덧붙이자면 12세 이전에는 제2외국어도 상대적으로 쉽게 배운다. 필요하다면 외국어 교육을 고등학교나 대학이 아니라 중등학교에서 일찍 시작하는 것이 좋다.) 심지어 지적 장애가 있는 사람들도 한계는 있을지언정 언어를 구사한다. 인간의 마음은 분명히 언어를 배우도록 설계돼 있다. 이 능력이 언제 발생한 걸까?

답하기 쉽지 않은 문제다. 말은 화석으로 남지 않기 때문이다. 이집트 상형문자와 설형문자처럼 (가장 오래됐다 싶은) 문자 언어도 불과 5천 년 전에나 나타났다. 다만 말을 하기 위해서는, 물리적으로 소리를 생성하고 정신적으로 언어를 생성할 수 있는 생물학적 구조가 먼저 구비돼야 한다. 이 점에 입각한 생물학적 증거를 찾을 수 있지 않을까?

인간은 물리적으로 아주 다양한 소리를 낼 수 있다. 후두의 위치 덕분이다. 여기에도 이족 보행이 중요한 역할을 했다. 이족 보행을 하면 두개골이 척수 꼭대기에 올라앉게 된다. 그 결과 척추가 구강과 가까워지고 후두의 위치도 이동해 구강의 내부 공간이 넓어지고 혀의 운동 반경이 커지면서, 가령 침팬지보다 다양한 소리를 낼 수 있는 신체 조건이 형성된다. 인류가 직립보행하게 되면서 언어 능력을 위한 생물학적 장치까지 장착했을 거라는 추론이 가능하다. 하지만 이것은 인류에게 폭넓은 발성이 가능해졌다는 뜻이지, 지금의 우리처럼 언어를 구사하게 됐다는 뜻은 아니다.

뇌 크기의 증가도 중요한 단서로 보인다. 인간의 뇌는 오랜 기간에 걸쳐 꾸준히 커졌다. 초기 호모의 뇌 용량은 650cc였지만 나리오코톰 소년은 900cc였고, 현생인류는 1,350cc에 달한다. 뇌 크기 증가세가 두드러진 것은 50만 년 전이었다. 이때가 언어의 태동기일까?

뇌에서도 특히 대뇌 신피질, 특히 전두엽 회백질의 팽창이 두드러졌다. 전두엽에 있는 작업기억은 혁신적 문제 해결, 유추적 사고, 장기 계획 같은 소위 실행기능executive functions에 관여할 뿐 아니라, 언어적 과제들도 수행한다. 하지만 신피질의 크기는 사회적 행동(예컨대 그루밍, 놀이, 공격적 과시, 성적 과시)의 강도와도 상관있다. 따라서 신피질 증가가 사회적 정보 처리의 증가를 반영할 수는 있어도 딱히 언어 능력의 증가를 의미하지는 않는다. 전반적 두뇌 크기보다 더 직접적인 언어 능력 지표는 없을까?

언어의 생성과 이해에는 우리 뇌의 여러 부위가 관여한다. 특히 전두엽의 하부전뇌이랑inferior frontal gyrus, IFG이 중요하다. (언어 구사와 실어증과 관련해 자주 언급되는 브로카 영역broca's area이 바로 IFG의 왼쪽 부분이다.) IFG는 언어의 생성과 이해에만 중요하게 작용하는 게 아니라, 사물 조작, 탐색, 수학, 음악 능력에도 중요하다.

IFG는 석기 제조에도 관련 있다.[5] 인지과학자들이 첨단 의료 장비를 활용해서 피험자가 말하기, 듣기, 석기 제작 등을 수행할 때 뇌의 어느 부위가 활성화되는지 측정했다. 현대인 피험자들이 올두바이 석기를 복제할 때는 IFG의 일부를 포함한 몇몇 영역에 불이 들어왔다. 그런데 아슐리안 주먹도끼를 복제할 때는 앞의 영역들은 물론이고 다른 영역들에도 불이 들어왔다. 특히 IFG의 삼각부가 현저히 활성화됐다. 올두바이 박편 석기를 만들 때는 사전 숙고가 별로 필요하지 않은 반면, 아슐리안 주먹도끼 제작은 언어활동과 좀더 비슷한 양상을 띤다. 좌우대칭 물방울 형태의 완성품을 얻기 위해서는, 박편을 한 점씩 떼어낼 때마다 그것이 다음 박편들의 모양과 위치에 어떻게 영향을 미칠지 미리미리 따져가며 작업해야 하기 때문이다. 언어도 사용자에게 같은 활동을 요구한다. 단어와 문법은 다음에 이어질 문장 요소들의 영향을 받는다.

이 실험은 언어 구사와 도구 제작이 공진화했을 가능성을 시사한다. 만약 그렇다면 언어는 아슐리안 기술이 등장한 약 170만 년 전에 시작됐을 거다. 하지만 다른 가능성도 있다. 처음에는 석기 제작을 위해 특정 뇌 구조가 자연 선택됐다가 나중에 해당 구조가 언어활동에도 동원됐을 가능성이다.

어쨌든 그 일이 언제 일어났을까? 일부 고고학자들은 복잡한 기술과 언어를 모두 지원하는 정신 구조의 증거를 석기 자체보다는 다(多)성분 도구에서 찾는다. 이를테면 나무창에 부착한 뾰족돌. 고고학자 로렌스 바함Lawrence Barham은 손잡이 달린 연장은 아무리 단순한 것도 정교한 사고를 요한다고 말한다.[6] 예를 들어 뾰족돌을 나무 장대에 단단히 붙들어 매려면 다음의 것들이 요구된다.

(1) 적당한 종류의 돌을 구해서 미래의 창 자루에 적당한 크기와 모양으로 다듬기.

(2) 적당한 종류의 나무를 구해서 적당한 길이와 무게와 균형감의 창 자루 만들기.

(3) 가죽 줄이나 동물의 인대나 힘줄 등 묶을 끈 마련하기.

(4) 송진과 광물질을 혼합해서 접착제를 만들고, 열을 가해 딱 좋은 온도일 때 바르기.

이런 기술은 사전 숙고를 수반한다. 머릿속에서 이질적 아이템들을 조립하고, 정연하고 연속적인 행동 계획을 짜는 정신 능력을 요한다. 이 프로세스는 구조상 언어와 비슷하다. 적합한 단어들을 적합한 문법으로 엮어서 문장을 형성하는 것이 언어이기 때문이다. 지금까지 발견된 가장 오래된 다성분 도구는 50만 년도 되지 않았다.

유전학도 인간에게 언어를 위한 생물학적 능력이 처음 생긴 시기에 대한 단서를 제공한다. FOXP2라는 유전자가 있다. 언어 능력의 정상적 발달에 필수적인 유전자다. 2000년대 초 영국의 연구자들이 심각한 언어 장애를 공유한 가족구성원들을 연구하면서 이 유전자를 발견했다. 피검자들은 안면 근육 이상을 보였고, 발성과 소리 구별과 문법 구사에 어려움을 겪었다. 이들의 청력과 뇌 크기는 정상이었지만 전두엽이 작았다. 가계유전자 분석 결과 이들은 FOXP2 유전자의 돌연변이를 공유하고 있었다. 유전학 연구에 따르면 네안데르탈인에게도 FOXP2 유전자가 있었다. 종합하면 인간의 언어 구사에 중요한 역할을 하는 FOXP2 유전자가 80만 년 이전에 호모 계통에 발현한 것으로 보인다. (약 80만 년 전에 아프리카에서 네안데르탈인의 조상이 나머지 호모 계통에서 분기해 나와 유럽으로 이동했다.)

우리 조상이 말을 시작한 시점을 추정할 만한 지표는 이밖에도 많다. 지표에 따라 추정 시점도 다르다. 하지만 설사 언어 발생 시점을 정확히 짚어낼 수 있다 해도, 과연 그것이 상징적 사고 능력의 시작을 뜻한다고 할 수 있을까? 언어는 상징들로 이루어진다. '개'만 꼭 개를 의미하지는 않는다. 다른 언어권에서는 도그^{dog}(영어), 쉬앙chien(프랑스어), 코이라koira(핀란드어), 알리카alika(마다가스카르어)가 개다. 하지만 앞서 말했듯 색인학습을 상징의 사용으로 혼동해서는 안 된다. 문제는 관찰 대상이 고도의 학습 능력을 가진 생물체일 경우 두 가지를 구분하기가 쉽지 않다는 거다.

예를 들어보자. 수십 년 전에 영장류 학자들이 침팬지들에게 말을 가르치는 실험을 했다. 침팬지는 말을 가능하게 하는 생물학적 발성기관을 갖추지 못했기에, 연구원들은 수정된 형태의 미국 수화를 가르쳤다. 수년 전 나는 이 수화를 최초로 배운 침팬지를 만났다. 침팬지의 이름은 워쇼Washoe였다. 워쇼는 약 350개의 수화 단어를 습득했다. 워쇼를 만나러 들어가기 전 직원이 내게 간단한 수화 인사를 하나 가르쳐주었다. 내가 무엇을 기대했는지 몰라도, 워쇼가 내 인사에 반응해서 손을 움직였을 때 나는 적잖이 충격을 받았다. 이종 간 의사소통! 나는 워쇼가 뭔가 심오한 말을 했을 거라는 희망에 부풀었다. 가령 "걱정하지 말아요, 다 괜찮아질 거예요" 같은 말. 하지만 아니었다. 직원이 약간 민망한 얼굴로 통역을 해줬다. "워쇼가 선생님 구두가 예쁘대요." (몇 년 전 워쇼가 세상을 떠났다는 소식을 접했다. 사망 기사에서 나는 워쇼가 생전에 신발만 보면 좋아했다는 것을 알게 됐다. 그날 워쇼의 반응이 딱히 내 검정 노코나 부츠에 대한 반응은 아니었다.)

지금까지의 침팬지 언어 연구는 침팬지에게 놀라운 언어 학습 능력이 있다는 것을 보여준다. 침팬지는 실제로 수백 개의 수화 단어를 습득할 수 있고, 일부 학자들은 해당 연구들이 침팬지에게 언어 습득에 필요한 인지능력이 있음을 증명한다고 주장한다. 침팬지가 (새로운 단어를 만들어내는) 생산성과 (눈앞에 있지 않은 것들에 대해 말하는) 대치성을 보여주기 때문이다. 그럴 수도 있지만, 침팬지가 보여준 능력은 그저 고도의 색인학습 능력에 불과할 수도 있다. 판결은 아직 나오지 않았다.

언어는 인간 문화의 결정적 요소다. 언어 없이는 문화지식을 형성하는 복잡하고 추상적인 정보의 전파가 불가능하다. 그렇다고 고강도 언어 소통이 문화의 직접 지표는 아니다. 적어도 20만 년 전에는 호미닌들도 언어와 유사한 수단으로 의사소통했을 가능성이 매우 높다. 하지만 우리가 언제 말하게 됐느냐와 언제 문화적 문제를 말하게 됐느냐는 별개의 사안이다.

그렇다면 능력보다는 구체적인 행동의 증거를, 문화의 존재를 보다 직접적으로 반영하는 행동들의 증거를 찾아야 한다. 그런 행동 중의 하나가 먹을거리 공유다.

공유와 문화

인류학자 엘리너 리콕Eleanor Leacock(1922~1987)이 1950년대에 캐나다 삼림지대에서 원주민 미스타시니 크리족에 대한 현장연구를 수행할 때였다. 리콕은 크리족 남자 토머스의 사냥 여행에 동행했다. 캠프를 떠난 지 며칠 후 그들은 다른 사냥꾼 두 명과 마주쳤다. 허기져 있던 상대 사냥꾼들이 먹을 것을 요청했고, 토머스는 그들에게 마지막 남은 밀가루와 돼지비계를 내줬다. 이제 토머스는 기대 수확량에 못 미치는 모피를 들고 예정보다 빨리 캠프로 돌아갈 수밖에 없었다. 리콕은 그에게 계획이 틀어진 데 대해 기분이 어떤지, 음식을 내주는 대가로 모종의 보상을 기대하지는 않았는지 물었다. 토마스는 예상 밖의 반응을 보였다. 이에 놀란 리콕은 그날의 일을 일지에 이렇게 적었다. "토머스가 내게 참을성을 잃은 건 이때가 거의 유일했다. 그는 화를 억누르는 굵고 낮은 소리로 말했다. '밀가루와 돼지비계를 주지 않는 건—영혼이 없는 짓입니다.' 사건 자체보다 더 흥미로운 것은, 그의 말투에서 느껴지는 단호함과 그의 행동에 의문을 제기한 나를 비인간적으로 여기는 태도였다."[7]

이런 일들은 수렵채집 생활방식의 중심에 물자 공유가 있다는 생각을 갖게 한다. 수렵채집자들이 공유하는 것은 많지만, 그들의 주요 관심사는 역시 고기 분배다. 인류는 지방이 많은 고기에 환장하도록 진화했다. 열량과 영양분이 출중하기 때문이다. 심장병 걱정을 잠시 접어두면 지방이 풍부한 고기를 따라올 것이 없다. 따라서 수렵채집 무리의 구성원이 사슴이나 영양을 잡아서 캠프에 가져오면 모두가 관심을 보이며 지분을 기대한다.

이때 사냥꾼은 고기를 독차지하지 않고 분배한다. 이 행동이 순전히 선심이라면 참 좋겠지만, 유감스럽게도 고기 분배는 종종 그래야 마땅하다는 당위에 의해 이루어진다. 남아프리카의 주호안시족을 연구한 인류학자 겸 인구통계학자 낸시 하웰Nancy Howell에 따르면 "공유를 강화하는 것은 이타심이나 성덕이 아니라 [⋯] 끝없이 이어지는 '내놔, 내놔, 내놔'의 합창이다."[8] 사냥꾼은 사회적 처벌을 피하기 위해 이 소리 없는 아우성에 항복하는 것뿐이다.

현대의 수렵채집 부족들은 나름의 문화 수칙에 따라 고기를 나눈다. 예를 들어 호주 군윙구족의 경우, 캥거루나 왈라비를 잡아온 사냥꾼이 머리와 상반신의 반쪽을 차지하고, 상반신의 다른 반쪽은 사냥꾼의 동행자나 남동생에게 간다. 엉덩이와 꼬리는 사냥꾼의 외삼촌의 아들이나 외삼촌의 딸의 아들에게 간다(그들 문화에서 이 정도 친척 관계는 복잡한 것도 아니다). 하반신 양쪽은 각각 남자 원로에게 가고, 심장, 간, 창자 등의 내장은 사냥꾼과 남자 원로들, 또는 사냥의 결정적 순간에 현장에 있었던 다른 남자들에게 배분된다.[9]

침팬지들도 고기를 나눠 먹는다. 하지만 방식이 다르다. 침팬지는 작은 동물들을, 특히 붉은 콜로부스 원숭이를 사냥한다. 겉보기에 침팬지의 사냥은 공동으로 이루어진다. 일부가 나무를 타고 올라가 원숭이를 나무꼭대기로 모는 동안, 다른 놈들은 땅에 흩어져 자리를 잡는다. 먹잇감이 떨어지기를 기다리는 모습이다. 그런가 하면 또 다른 놈들은 추격자 무리를 앞질러서 나무를 탄다. 짐작건대 퇴로를 차단하는 것 같다. 사냥감을 죽인 침팬지가 가장 먼저 배를 채우는데, 그동안 다른 놈들은 주위에 몰려들어 두 손을 앞으로 뻗고 애걸한다. 녀석들의 고기 분배에 꿍꿍이짓이 전혀 없지는 않아 보인다. 침팬지는 장래의 짝짓기 기회나 수컷들과의 유대를 위해서, 또는 고기 쪼가리를 두고 서로 싸우다가 화를 입을 위험을 피하기 위해 공유한다. 이 행동을 용인된 절도tolerated theft라고 한다. 어떤 점에서 수렵채집인의 고기 분배와 비슷해 보인다.

하지만 크리족 남자 토머스를 다시 생각해보자. 그는 자신의 행동이 자신의 이익에 반한다는 것을 알지만 동시에 인색하게 구는 것을 '영혼 없는' 작태로 여긴다. 인간의 고기 분배는 침팬지의 그것과는 다르다.

인간의 행동은 문화 훈련을 통해 깊이 뿌리내린 습관이라서 몸담은 문화의 수칙을 어기면 타락한 기분을 안긴다. 이것은 딜레마의 고통을 피하기 위한 적응 행동이다. 고기를 내주지 않으면 나와 내 친족의 몫은 늘어나겠지만 대신 나는 쩨쩨한 놈으로 낙인찍히고, 내가 도움이 필요할 때 아무도 내게 먹을 것을 나눠주지 않을 거다. 문화 수칙은 우리가 마음대로 행동하지 못하게 한다. 우리는 문화 수칙을 어기는 구성원을 위반의 경중에 따라 째려보기부터 살인까지 각종 방법으로 처벌한다. 인간의 공유는 단순한 '받은 대로 갚기' 계산법 그 이상의 것이다. 공유는 우리에게 주입된 문화가치관에서 나온다. 따라서 계산은 '항상 맞는다'. 다만 공유는 문화—세상에 대한 상징적 해석—에 연동한다. 따라서 문화마다 다른 공유 '수칙'이 생긴다. 앞서 말한 군윙구족의 고기 배분법이 좋은 예다. 다시 말해 인간의 공유는 (이기적 행동은 나중에 화를 부른다는) 단순하고 즉각적인 셈법보다 복잡하게 일어난다.

그럼 호미닌은 언제부터 인류처럼 공유하기 시작했을까? 이 역시 답하기 쉽지 않은 문제지만, 고고학자 메리 스티너Mary Stiner의 연구에 단서가 보인다.[10] 석기를 이용해 동물을 해체할 때 도구가 동물 뼈에 찍히면서 그 흔적이 남는다. 뼈의 보존 상태가 좋으면 이런 흔적들을 육안으로도 확인이 가능하다. (석기 자국은 맹수의 이빨 자국이나 나무뿌리에 패인 자국과 확연히 다르다.) 스티너가 이스라엘의 케셈 동굴Qesem Cave에서 나온 70만~40만 년 전의 동물 뼈를 조사 했더니 석기 자국들이 뼈에 무작위한 각도로 흩어져 있었다. 훨씬 후대의 현생인류 유적지들에서 나온 동물 뼈에 있는 타격 흔적들 과는 달랐다. 현생인류 유적지의 타격흔들은 뼈의 특정 부위들, 고 기를 발라내기 용이한 지점들에 집중되어 있다. 거기다 타격 각도도 일정한 편이다. 한 사람이 동물 사체를 앞에 놓고 같은 자리에 앉아 서 고기를 잘라냈다는 뜻이다.

스티너는 전기 구석기시대의 뼈는 여러 손을 거쳤다고 말한다. 누군가 뼈에서 살을 일부 발라낸 후 남에게 넘기거나 포기하고, 받 은 이가 다시 일정량을 발라낸 후 다시 남에게 넘기는 식이었다. 무 질서한 난투극은 아니었지만 그렇다고 분배가 일련의 수칙에 의해 조직적으로 가동됐다는 증거도 없다. 또한 뼈에 있는 무계획적 타격 흔들은 인간보다는 침팬지를 떠오르게 한다. 이때의 사회적 관계는 누가 무슨 자원(고깃덩이, 짝짓기 기회, 동맹)을 쥐고 있는지의 차원에 서 형성됐을 뿐, 나이 들거나 불구가 되어 캠프에 남아 있는 이들도 자기 몫을 받을 수 있는 일련의 규칙으로 운영되지는 않았다. 문화 의 유무는 분업에도 차이를 만든다. 현재로서는 전기 구석기시대에 문화적 분배 수칙이 있었거나 문화능력이 있었다는 증거는 어디에 도 없다.

슈퍼심볼러의 등장

이제 우리에게 남은 방법은 문화의 가장 구체적이고 물리적인 표명, 즉 상징의 사용이 있었다는 증거를 찾는 것이다.

상징이 문화능력의 출현 시점을 추적하는 방법이 될 수 있다. 어떻게? 이를 이해하려면 먼저 사람들 각자 잘하는 것이 다르다는 것을 기억해야 한다. 어떤 사람은 기계에 밝고, 어떤 사람은 운동 능력이 뛰어나다. 우리 중에는 수학자도, 과학자도, 예술가도, 음악가도 있다. 운 좋은 소수는 두 가지 이상의 분야에서 발군의 실력을 보이고, 일부는 무엇을 해도 보통이고, 다른 일부는 어느 것 하나 특별히 잘하는 게 없다.

상징의 사용도 마찬가지다. 상징의 사용과 조작에 유난히 탁월한 사람들이 있다. 나는 이런 이들을 슈퍼심볼러supersymboler라고 부른다. 슈퍼심볼러는 세상을 오로지 상징으로만 바라보는 사람들이다. 잡초에서 백조를 봤던 내 꼬맹이 아들처럼, 이들은 남들에게는 보이지 않거나 들리지 않는 것들을 보고 듣는다.

예를 들어 미국 음악가 듀크 엘링턴Duke Ellington(1899~1974)은 택시를 타고 뉴욕시를 누비며 곡을 썼다. 그는 도시의 소음에서 음악을 들었다. 베토벤이 숲속을 거닐며 교향악을 들었던 것처럼 말이다. 밥 딜런의 가사는 가사만 보면 무슨 말인지 알아먹기 힘들 때가 많다. 하지만 거기에 곡조를 붙이면, 특정 감정을 완벽하게 전달한다. 모차르트, 다빈치, 피카소, 오키프, 달리 같은 아티스트들은 상징적 사고 능력의 정규분포곡선에서 맨 끝에 자리한 이들이다. 알

다시피 위대한 예술가들은 극도로 창의적인 사람들이고, 병적인 행동을 보일 때가 많다. 이들은 '예사롭지' 않다. 하지만 유용한 결과물을 만들어낸다. 그래서 사회적으로 배척당하지 않는다. (종형 정규분포곡선의 반대편 꼬리는 중증 자폐스펙트럼장애를 가진 사람들을 포함한다. 이런 사람들은 상징의 사용과 해석에 심각한 어려움을 겪고, 타인의 행동을 그저 보이는 그대로만 이해한다.)

요점은 이거다. 일단 개체군이 상징적으로 생각하는 능력을 갖게 되면, 그중에는 몇몇 슈퍼심볼러가 있기 마련이고, 그들은 필시 예술의 형태로 상징을 생산할 것이다. 슈퍼심볼러는 그러지 않고는 배기지 못하는 사람들이다.

조지 버나드 쇼George Bernard Shaw(1856~1950)가 이런 말을 남겼다. "예술이 없다면 현실의 조악함 때문에 세상은 견딜 수 없는 곳이 된다." 예술은 세상을 이해하고, 현실의 조악함을 세상의 문화적 버전과 화해시키려는 노력이다. 일러스트레이터 노먼 록웰Norman Rockwell(1894~1978)은 20세기 중반 미국인의 삶을 지나치게 말랑한 장밋빛으로 묘사했다는 조롱을 받는다. 하지만 그는 자기 삶의 장면들을 그린 것이 아니다. 대신 그는 자신이 체험한 현실(이혼, 우울증, 두 번째 아내의 죽음, 예술계의 배척)과 자신이 배운 삶의 해석을 화해시키기 위해 그렸다. 이런 이유로 때로 예술은 혁명의 도구가 된다. 그것이 마오쩌둥(毛澤東, 1893~1976)이 중국 인민에게 애국심을 고취하는 노래만 부를 것을 명하고, 미국 가수 피트 시거Pete Seeger(1919~2014)가 매카시즘McCarthyism의 마녀사냥 시대에 블랙리스트에 오르고, 러시아 대통령 블라디미르 푸틴Vladimir Putin이 여성 록 밴드 푸시 라이엇Pussy Riot을 감옥에 넣은 이유다.

따라서 인류사에 예술이 처음 등장한 시기는 우리 조상들이 현실과 이상 사이에 화해를 원했을 때였을 것이다. 이는 그들에게 삶의 이상이, 그들 세계를 상징적으로 해석한 비전이 있었다는 의미다. 그들이 의도성 단수가 높은 사고를 했다는 뜻이다. 그들 중 적어도 일부는 인생이 기대대로 흘러가지 않는다는 것을 자신들이 안다는 것을 남들도 알아주길 바랐다. 그렇다. 예술은 문화의 출현을 신호한다.

문화능력은 우리 뇌에 뿌리내린 생물학적 능력이라는 것을 기억하자. 이 능력은 유전자 돌연변이를 통해 자연 발생했다. 어떤 돌연변이였는지는 모른다. 다만 돌연변이기 때문에 개체군 중에 딱 한 사람에게 우연히 발생했을 거다. 내가 그 사람이라고 상상해보자. 나는 바람에서 음악을 듣고, 풀줄기에서 백조를 보고, 바구니와 조개껍데기 교차무늬 사이의 유사성이 궁금한 유일한 사람이다. 나는 누구에게도, 심지어 내게도 나를 설명할 수 없다. 십대들이 말하는 최악의 악몽이다. 나만 남들과 다르고 아무도 나를 이해해주지 않는 상황이다.

앞서 말했듯 약 20만 년 전 호미닌들은 기술을 구사했다. 잔석기(작은 돌날)를 아마도 아카시아나무 진으로 만든 접착제를 이용해 나무나 뼈로 만든 손잡이에 붙였다. 이런 수준의 기술을 쓸 재간이 있고, 슈퍼심볼러, 즉 예술가로 태어난 호미닌이라면 당연히 물질적인 것들을 조작해서 머릿속의 이상세계와 실제 체험세계를 접목하려고 시도했을 것이다.

자기 표명 의지에서 비롯됐기 때문인지, 인류 최초의 '상징적' 행동의 증거 중에는 (문신이나 바디페인트로 썼을 법한) 물감과 조개 비즈가 많다. 남아공에서 최소 7만 년 전에 오커(산화철을 함유한 황토)를 빻아 만든 붉은 가루를 사용한 흔적이 나왔다. 물론 나무 진과 섞어서 석기를 나무 손잡이에 붙이는 용도로 썼을 수도 있다. 하지만 남아공 남해안의 블롬보스 동굴Blombos Cave에서 나온 오커 파편에는 신기한 기하학적 문양이 새겨져 있다. X를 나란히 연속 배치하고, X들의 위와 중간과 아래를 평행선으로 연결한 모양이다.[11] 비슷한 시기에 남아공에 살았던 다른 이들은 타조 알껍데기에 사다리 모양 도안을 새겼다.[12] 생성 시기는 블롬보스 동굴의 오커 파편과 얼추 비슷하다. 조개 비즈도 있다. 알제리와 모로코에서 발견된 비즈는 약 8만 년 전, 남아공에서 나온 것은 약 7만 5000년 전, 근동에서 발견된 것은 약 10만 년 전으로 거슬러 올라간다.[13]

처음으로 조개 비즈 목걸이를 걸고 다니고, 얼굴이나 가슴에 붉은 물감으로 줄을 긋고 다니는 호미닌을 보고 다른 호미닌들은 어떻게 반응했을까? 어리둥절? 혼비백산? 아니면 호기심이 동했을까? 나는 호기심에 한 표 던진다. 두 가지 이유에서다. 일단은 내가 이야기의 결말을 이미 알기 때문이고, 둘째는 침팬지와 보노보가 기이함에 반응하는 방식을 알기 때문이다. 영장류 동물학자들은 침팬지의 행동을 은밀히 관찰하기 위해 나무에 소형 동작 감지 카메라들을 부착하곤 한다. 하지만 침팬지들은 카메라를 당장에 알아보고 신기해한다. 동영상 속 침팬지들은 카메라를 쿵쿵대고, 쿡쿡 찔러보고, 바싹 들여다보고, 카메라에 대고 '인상을 쓴다'. 침팬지들은 연구자가 표식을 달거나 옷을 입힐 때도 같은 반응을 보인다. 중기 구석기시대 호미닌들은 지능적으로 침팬지를 훨씬 앞서 있었다. 나는 그들이 새로운 것을 접했을 때 설사 기술적 이유에 그쳤다 해도 당연히 호기심을 가졌을 것으로 생각한다.

이 호기심을 연료 삼아 비즈와 물감은 진화론에서 볼드윈 효과Baldwin effect라고 부르는 프로세스를 타고 널리 퍼졌을 것이다. 중기 구석기시대 호미닌들은 이미 사회적 학습에 능숙했다. 그들 사이에 대유행한 석기 기술만 봐도 분명히 알 수 있다. 만약 호미닌들이 비즈와 바디페인트가 이목을 끈다는 것을 인지했다면, 나아가 그것이 짝짓기 기회나 식료 배분에 유리하게 작용했다면, 다른 호미닌들도 따라했을 것이다. 모방하는 것은 그것을 처음 야기한 유전형질, 즉 예술가 유전자가 없어도 가능하다. 이런 식으로, '상징적' 행동의 최초 출현을 야기한 유전자가 유지될 수 있었다. 비록 처음에는 세대를 거치며 낮은 빈도로 발현하겠지만 말이다. 자연선택이 해당 형질에 대단히 유리하게는 작용하지 않겠지만 그렇다고 불리하게 작용하지도 않았을 거다.

실제로 프랑스와 에스파냐에서 발견된 후기 구석기시대(5만~1만 2000년 전)의 동굴 벽화들—오로크스(야생 소), 말, 들소 그림들—은 지금 봐도 입이 떡 벌어진다. 물론 내가 말하는 '예술'이 대

수롭지 않게 들릴 수도 있다. 예술적 능력을 타고난 사람이 예술을 하는 것이 그렇게 대단한 일이야? 하지만 인류 최초의 예술가 입장을 상상해보자. 발을 디딜 기존의 예술적 전통이 전무한 데다 그 노력을 알아줄 공동체도 전무하고, 창작 활동에 필요한 도구와 재료도 전무하거나 막 태동기에 있었다. 블롬보스 동굴에서 작은 오커 평판에 무늬를 새기던 이는 미켈란젤로에 다름 아니었다. 다만 단순한 무늬 새기기만이 당시의 전통과 기술로 해낼 수 있는 최대였을 뿐이다.

20만 년 전 이후 어느 시점에 적어도 일부 호미닌들에게 문화—삶의 상징적 해석—가 가능한 정신능력이 생겼다. 그런데 이상한 점이 있다. 비즈와 물감이 약 8만 년 전에 출현한 것을 빼면, 상징적 활동의 증거들이 시간의 경과에 따라 점점 흔해지기는커녕 오히려 반대로 6만 5000년 전쯤 사라지다시피 했다가 5만 년 전 이후에야 다시 나타난다. 무슨 일이 있었던 걸까?

알 수 없다. 가설만 있다. 가설의 내용은 이렇다. 약 7만 4000년 전 인도네시아 수마트라섬의 토바 화산이 엄청난 위력의 폭발을 일으켰고, 이 분화의 여파로 화산재와 유황가스가 대기를 뒤덮어 심각한 수준의 지구 냉각화가 일어났으며, 이 원시시대 판 '핵겨울'에 직면한 인류가 지구에서 아예 사라질 위기에 몰렸다.[14] 유전학자들도 지구에 분포한 인간 유전자 정보를 토대로 7만 년 전 무렵 인류 개체수가 심각한 수준으로 급감했다고 추정한다.[15] 번식 가능 개체수가 정말로 추정치만큼 적었다면, 인류가 그야말로 멸종 직전까지 갔다는 얘기다. 인구가 급감하면 새로운 아이디어를 창조할 슈퍼 심볼러나 새로운 형질을 전파할 개체들은 더더욱 씨가 마른다. 개체군이 일정 규모를 갖추지 못하면 설사 우연의 산물로 좋은 아이디어가 발생하더라도 후대에 전달되지 못할 가능성이 높다.

하지만 인류는 용케 개체수 회복에 성공했고, 계속 늘어나 아프리카, 유럽, 아시아로 퍼져나갔고, 결국 신대륙까지 접수했다. 이 과정에서 현생인류, 즉 호모 사피엔스가 오래전 아프리카를 떠났던 호미닌들의 후손을 모두 대체했다. (그중 적어도 네안데르탈인은 대체했다기보다 부분적으로 동화시켰다.) 적어도 4만 년 전의 호미닌은 더 이상 똑똑한 유인원이 아니었다. 그들은 이제 인류였다.

암각화의 비밀

호미닌이 드디어 인류가 됐다는 가장 극적인 표명은 앞서 언급한 구석기시대 암각화들이다. 유럽의 여러 동굴 유적지에서 발견된 암각화들은 4만 년 전을 기점으로 등장했다. 이 시대 예술가들은 주로 그들 세상의 동물(오로크스, 곰, 사자, 매머드, 코뿔소, 말 등)과 추상적 도안(점, 격자선, 무지개 모양 도형 등)을 그렸다. (신기하게도 정작 사람을 그린 경우는 드물다.) 이들의 예술은 동굴 깊숙이, 접근하기 어려운 곳에서 발견될 때가 많다. 돌 등잔이나 갈대 횃불 외에는 길을 밝힐 방법이 없었던 당시는 닿기가 더 어려웠을 거다. 예술품에는 뼈, 뿔, 상아로 만든 조각상도 있다. (당연히 나무 조각상도 많겠지만, 나무는 오래 남지 못한다.)

인류학자 데이비드 루이스-윌리엄스David Lewis-Williams는 동굴 암각화를 샤머니즘 측면에서 설명한다. 동굴 그림들이 샤먼이 꿈과 트랜스(무아지경) 상태에서 본 이미지라는 것이다.[16] 샤먼에게는 꿈과 트랜스가 망자나 정령과 소통하는 방법이고, 트랜스 상태가 되기 위해 향정신성 약물, 단식, (춤 등을 통한) 육체적 탈진 등 다양한 방법을 동원한다. 흥미로운 점은, 사용하는 방법과 속한 문화에 상관없이 샤먼들은 공통으로 세 단계를 거친다는 것이다. 샤먼들에 따르면 트랜스 초기에는 특정 형태들, 이를테면 무지개 형태, 점무늬, 격자선, 사각형 등을 본다. 두 번째 단계에서는 이런 추상적인 요소들이 동물 같은 일상의 것들과 겹쳐 보인다. 가장 깊은 단계인 세 번째 단계에서는 시커먼 소용돌이 속으로 빨려 들어가는 느낌이 들면서 자신과 자신이 보는 것을 구분할 수 없게 된다. 다시 말해 샤먼 자신이 환각의 일부가 된다.

문화권을 막론하고 현대의 샤먼들은 트랜스의 마지막 단계를 '죽음' 또는 '저승'으로의 이동이라고 말한다. 깊은 동굴 속은 후기 구석기시대 샤먼들이 트랜스 경험을 복제하고, 존재의 저편과 접촉하는 의식의 장소였을지 모른다. 그렇다면 그들이 현실 세계 너머 다른 세계에 대해 생각했다는 뜻이다. 어쩌면 그들은 일상의 삶은 그저 '진짜' 세계의 그림자에 지나지 않는다고 생각했을 수 있다. 진짜 세계는 꿈이나 트랜스를 통해 일시적으로 닿을 수 있고, 죽어서 영원히 거할 수 있는 곳이다. 구석기시대 암각화는 동굴 벽에 들소, 사자, 매머드를 그린 당시 예술가들의 세상이 단지 의식주와 번식만 존재하는 세상이 아니라, 영혼과 조상과 '다른 세계'도 존재하는 세상이었다는 것을 말해준다. 요컨대 그들의 암각화는 상징적으로 해석된 세계였다.

더 옛날의 호미닌들은 기술, 비즈 제작, 사냥감 추적, 덩이줄기 캐기에 대해서는 능숙하게 말했을 거다. 하지만 그들이 사후 세계와 삶의 목적을 논하고, 곰이 실은 사람인지, 죽은 조상이 특정 행동을 어떻게 여길지, 하늘의 별은 망자들이 내세로 가는 여정에 피운 모닥불인지를 궁금해 했을 것 같지는 않다. 하지만 후기 구석기시대 암각화들은 적어도 4만 년 전 사람들이 은유와 비유까지 써가며 눈에 띄게 '인간다운' 방식으로 소통하게 됐다는 것을 말해준다. 이는 명백한 문화의 증거다.

문화능력에 대한 다른 증거는 없을까? 문화는 특정 집단이 공유하는 일련의 생각이나 믿음이라는 것을 기억하자. 거기에는 남녀의 역할, 자녀 양육 방식, 조상의 의미, 삶의 합당한 목표, 고령자 처우, 범법자 처벌 방법, 옆 계곡 사람들이 이상한 이유 등에 대한 생각들도 포함된다. 이런 생각들이 서로 맞물려 있다는 것을 알려면 적어도 3단, 종종 4단의 의도성 수준을 요한다. 다시 말해, 무엇이 적절한 행동인지에 대해 너와 내가 합의를 봤음을 네가 안다는 것을, 그리고 저기 제삼자도 그것을 알고 있음을 우리가 안다는 것을 내가 알아야 한다. 이 능력을 가장 분명하게 드러내는 것이 우리가 '종교'로 부르는 행동이다. 인류의 진화에서 종교의 증거가 나타난 때는 언제인가?

종교는 어떻게 생겨났을까?

종교의 기원도 인류학의 난제 중 하나다. 학계 일각은 진화적 관점을 빌어 이 문제에 접근한다.[17] 어째서 종교를 진화적 관점에서 고려해야 하나? 언어를 진화의 산물로 보는 이유와 같다. 보편적으로 존재하기 때문이다. 개인 차원에서는 종교를 거부할 수 있지만, 종교 사상을 포함하지 않은 문화는 없다. (통치체제가 종교를 금지한 곳도 마찬가지다.) 종교는 적어도 4단 이상의 의도성 수준을 요한다. 신령이 우리에게 바라는 행동방식이 있다는 것을 우리 둘 다 안다는 것을 네가 안다는 것을 내가 알아야 하니까. 종교는 어떻게 생겨났을까?

학자들은 이번에도 침팬지에서 단서를 찾는다. 침팬지를 관찰하다 보면, 수컷 침팬지가 천둥소리를 듣거나 노호하는 폭포를 보고 '발광'하는 보기 드문 장면을 목격하기도 한다. 수컷이 혼자 있을 때도 일어나는 일이므로 이 반응을 동족에게 용맹함을 드러내기 위한 과시 행동으로 보기는 어렵다. 그보다는 엄청난 '존재감'을 가진 무언가에 대한 반응이다. 사람의 종교를 침팬지가 폭포에 대고 나뭇가지를 휘두르는 행동에 견주려는 건 아니다. 침팬지의 이 행동이 의미심장한 이유는 원시시대 호미닌 집단에 일어났음직한 종류의 인지 변이에 대한 단서가 되기 때문이다. 알다시피 진화는 이런 변이를 통해 일어난다.

인지능력 중에 동인탐지장치agent detection device라는 것이 있다. 타인의 행동에 의도가 있음을 인식하는 능력이다. 사회적 동물로서 우리의 목표는 바로 남의 의도를 파악하는 것이다. 우리에게 우호적인가? 화가 났나? 슬픈가? 아니면 위험한 존재인가? 무리 지어 사는 동물들에 없어서는 안 될 능력이다.

그런데 인지능력에 변이가 일어나 동인탐지장치가 도를 넘어 작용하는 개체들이 생겨날 수 있다. 이런 개체들은 폭포, 천둥, 나무 같은 것들에까지 동인주체성agency, 즉 의도를 가지고 행동하는 능력을 부여한다. 움직이는 것처럼 보이면(산사태 때문에 미끄러지는 산), 또는 유용한 도구가 되기 위해 '자신을 희생'하면(규질암 조약돌), 사물도 동인주체로 인식한다. 폭포나 번개에 감동하는 침팬지는 아마도, 폭도나 번개에 의도가 있어서 굉음을 낸다고 생각하는 희귀 개체들인 것이다.

일부 심리학자는 어린아이는 '타고난 유신론자'라고 말한다. 3단 수준의 의도성을 습득한 아이는 남들도 행동을 취하고, 그 행동의 이면에는 먹은 마음이 있다는 것을 인식한다. 아이는 마음과 몸을 별개로 여기기 때문에 몸이 더는 없을 때 마음은 어디로 가는지 궁금해한다. 할머니의 마음이 할머니의 몸과 별개라면, 할머니의 몸이 존재를 멈췄을 때 할머니의 마음은 어디로 갔을까? 아이는 '할머니의 정말로 중요한 부분은 소멸하지 않았고 다만 다른 곳으로 갔다'는 말을 타당하게 여기고, 실제로 안도한다.

인류의 진화에서 종교 발생 시점을 알려면, 고고학 자료에서 그걸 탐지해낼 방법이 필요하다. 무엇으로 방법을 삼는 게 좋을까? 언어처럼 종교도 표층 구조는 제각기 다르지만 공통의 구성 요소들을 가진다. 그중 하나가 이승의 삶 너머에 다른 세상이 존재하고, 죽음은 그리 통하는 관문이라는 믿음이다. 이 믿음이 매장 의식을 낳는다. 망자를 다음 세상으로 떠나보내는 의식은 종교의식 중에서도 핵심적인 부분이다. 그리고 의식의 좋은 점은 종종 물리적 흔적을 남겨서 고고학자들을 기쁘게 한다는 것이다.

그럼 매장 의식이 처음 등장한 때는 언제일까? 초기 호미닌들—가령 오스트랄로피테쿠스속 호미닌들—의 유해는 고고학자들이 2차 광상secondary deposit이라고 부르는 곳에서 주로 발견된다. 2차 광상은 물질이 강물이나 화산 등의 작용에 의해 원래 있던 곳에서 이동해 다른 곳에 다시 쌓인 것을 말하는데, 하천 퇴적물이 대표적이다. 2차 광상은 유해가 원래 놓였던 곳이 아니므로 거기서 매장 의식의 증거를 기대할 수는 없다.

이번에도 진화 계보에서 인간과 가장 가까운 친척인 침팬지가 모종의 단서를 제공하지는 않을까?[18] 동족이 죽었을 때 침팬지는 넋을 잃고, 혼란스러워하고, 속상해하는 모습을 자주 보인다. 침팬지는 나무를 타는 동료 침팬지에게서는 놀이의 의도를 읽을 거다. 그럼 동료 침팬지가 땅에 떨어져서 가만히 누워만 있다면? 이때 동료 침팬지의 의도는 무엇일까? 어떤 암컷 침팬지는 새끼가 죽으면 사체가 썩어서 허물어질 때까지 죽은 새끼를 몇 주씩 업고 다닌다. 침팬지들은 때로 죽은 친구를 쿡쿡 찌르고, 킁킁대며 냄새 맡고, 움직이지 않는 손을 들어본다. 때로는 사체를 풀숲으로 끌고 가기도 한다. 어쩌면 그것이 그들의 매장 '의식'일 수도 있고, 아니면 그저 혼란의 근원을 치우고 싶은 것일 수도 있다. 어느 경우든 상관없다. 어쨌든 오스트랄로피테쿠스속과 초기 호모속에 대한 고고학 자료에는 그들이 망자를 대했던 방식이 오늘날의 침팬지와 다르다는 어떠한 증거도 없다.

네안데르탈인 자료에 좀 더 나은 증거가 있다. (네안데르탈인은 동굴을 이용했고, 동굴은 보존이 잘 된다.) 네안데르탈인이 시체를 얕은 구덩이에 묻은 것은 분명하지만 매장 의식에 대한 증거는 약하다.[19] 이라크 샤니다르 동굴Shanidar Cave의 무덤에서 다양한 꽃들의 꽃가루 덩어리들이 발견됐다. 꽃송이들이 통째로 무덤에 놓여 있었다는 뜻이다. 하지만 과연 꽃들을 거기에 놓은 것이 애도하는 네안데르탈인의 손이었을까? 그랬을 수도 있지만 다른 가능성을 배제할 수는 없다. 설치류 동물(페르시아 모래쥐)이 흙이 헐거워 굴을 파기 쉬운 무덤에 와서 먹이(꽃송이)를 숨겨놓는 장소로 삼았을 수도 있다. 고고학자는 그저 좌절할 뿐이다.

하지만 4만~5만 년 전의 유적에는 매장 의식의 증거가 뚜렷하다. 호모 사피엔스는 일관적이고도 명백히 문화적 처방에 따른 방식(태아 자세)으로 사체를 안치했다. 때로는 사체에 붉은 오커 가루를 뿌리고, 연장과 개인 물품과 음식을 껴묻었다. 부장품이 전혀 없는 무덤들도 있지만, 부장품이 세월을 버텨내지 못했거나 무덤 주인이 부장품을 기대할 위치에 있지 않았을 거라는 추측이 가능하다. 매장 의식은 내세에 대한 믿음과 종교와 문화의 징후이며, 지금까지의 증거에 의하면 인류의 매장 의식은 최소 5만 년 전에 등장했다.

이는 예술이 지구에 널리 퍼지던 것과 때를 같이 한다.

인류의 문화능력은 여러 역량을 복합적으로 요하고, 그 역량들은 모두 20만 년 전과 5만 년 전 사이에 한꺼번에 생겨났다. 진화의 시간에서는 그 정도면 한꺼번에다. 어째서 문화능력은 그렇게 빨리 퍼진 걸까?

문화의 유리함

학자들은 문화를 적응으로 본다. 세계의 '의미'에 대한 이해를 공유하는 것이 번식에 적합한 행동들을 유발했다는 뜻이다. 다시 말해 문화능력을 가진 호미닌이 그렇지 못한 호미닌보다 번식에 유리했다는 뜻이다.

아마도 이때의 작용 인자는 개체 단위가 아니라 집단 단위로 작동하는 자연선택 과정이다. 문화는 집단을 낳는다. 사람들은 세상에 대한 믿음을 공유한 남들에게 동질감을 느끼기 때문이다. 이 믿음은 상대의 세계관이 나와 같은지, 결과적으로 믿을 만한 사람인지를 판단하는 지름길이다. 나와 같은 언어를 쓰고, 같은 방식으로 고기를 분배하고, 같은 음악을 즐기고, 같은 종교를 가진 사람이라면, 인생의 상호양보 원칙을 내가 공평하게 여기는 방식으로 (즉 내게 이로운 방식으로) 수행할 거라고 여기는 것이 인지상정이다. 다시 말해 문화는 협력 관계 형성에 결정적인 도구다.

협력의 도구로서 문화의 이점은 무엇일까?

이게 참 묘하다. 문화는 타인과의 관계를 사적(私的)으로 만드는 동시에 비(非)사적으로 만들기도 한다. 외국을 여행해본 사람이라면 외국의 동포사회에 존재하는 동지애에 대해 알 것이다. 심지어 처음 만난 사이에도 동포애가 즉각 발동한다. 외국 문화에서 외국어로 일하는 것은 사람의 진을 뺀다. 이때 동포와 만나면 속이 뚫린다. 그 사람과는 쉽고 빠르게 말을 나눌 수 있고, 그 사람의 모든 동작과 몸짓이 친숙해서 정확한 해석에 문제가 없기 때문이다.

하지만 문화는 인간관계를 공적으로 만들기도 한다. 잡은 캥거루를 해체하는 군웡구족 남자를 떠올려보자. 그가 자기 몫으로 과다하게 챙기고 대신 장모에게는 부족하게 준다고 치자. 이때 장모는 몸소 나설 필요가 없다. 다른 사람이 사냥꾼의 장모가 받은 부당한 대우를 지적하고 나설 테니까. 사실 그 제삼자는 장모를 위해서 항의하는 것이 아니다. 그는 다만 누군가 규칙을 어겼다는 것을, 그것은 군웡구족의 방식이 아니므로 그것은 옳지 않은 행동이라는 것을 지적할 뿐이다. 한 사람이 다른 사람에게 반기를 드는 것이라기보다, 한 사람이 좌중의 모두에게 올바른 군웡구 방식, 올바른 사람의 방식을 상기시키는 것에 가깝다. 그런데도 계속 고기 분배에 인색하게 구는 사람은 그에 따른 사회적 대가를 치르게 된다. 당시에는 말없이 지켜봤던 사람들도 이제 그가 참된 군웡구 사람이 아니고, 따라서 신뢰할 수 없는 사람이며, 공유할 필요가 없는 사람이란 걸 알게 됐기 때문이다.

골수에 단단히 뿌리박은 문화 규범은 자체적으로 경찰 기능을 한다. 누구나 잘못된 행동을 하고 싶은 유혹을 받지만 마음 한구석에서 들리는 경고 때문에 생각을 접는 경우가 다반사다. 우리는 문화 규범을 위반하는 일을 피한다. 그랬다가는 크리족 사냥꾼 토머스의 말처럼 '영혼 없는' 인간이 된다. 전쟁터의 군인들은 때로 동료들을 구하기 위해 자기 목숨을 건다. 전쟁 영웅들에게 왜 그랬는지 물으면, 그러지 않았으면 자신도 자책감 때문에 살지 못했을 거라는 답이 돌아온다. 어차피 잃을 게 없었다는 논리다. 문화의 작용이다. 그리고 언어가 문화를 지원한다. 군웡구족 사냥꾼의 인색한 소행을 굳이 눈으로 볼 필요도 없다. 어차피 소문이 돌아서 나중에는 그가 인색하고 상종 못할 인간이라는 것을 모두 알게 된다. 언어와 결합한 문화는 협동을 강제하는 저비용 방법이다.

　벌만 있는 건 아니다. 협조적인 사람에게는 보상이 따른다. 앞서 나왔던 공유에 대한 논의를 되돌아보자. 고기를 놓고 맞붙어 싸울 수도 있고, '너그러이' 양도할 수도 있다. 두 번째 방법은 받는 쪽은 물론이고 주는 쪽에도 유익하다. 현대의 수렵채집사회 여섯 곳을 비교 분석한 인류학자 에릭 스미스Eric Smith에 따르면, 훌륭한 사냥꾼이면서 인심이 후한 남자들이 사냥 실적이 나쁘고 따라서 베풀 게 별로 없는 남자들보다 자녀를 많이 두었다.[20] 사냥 솜씨가 좋은 사람들이 자식을 잘 먹이는 건 당연하다. 하지만 거기서 끝이 아니다. 인심이 후한 사냥꾼들이 일찍 결혼하고 식료 확보 능력이 출중한 아내를 맞는 경향을 보였다. 관대함은 부채의식과 동맹을 낳고, 채무감이 있는 이들이 수혜자의 자녀를 돌봤다. 관대한 사냥꾼은 나이가 들어도 주변에 기꺼이 돕는 가족과 친구가 넘쳐난다.[21]

관대한 사냥꾼은 결국 득을 보고, 그의 주변 사람들도 아울러 득을 본다. 우리가 이기적 욕망과 이타적 욕망의 줄다리기를 경험하는 것은 우리가 양자의 편익을 놓고 계산기를 두드린다는 뜻이다. 이기적 행동에는 이익이 따르지만, 문화적 환경에서는 이타적 행동도 이익을 가져온다.

문화능력이 경험 세계의 상징적 해석을 만든다면, 그리고 인류가 관대함을 유용한 것으로 인식한다면, 관대함이 문화를 타고 강화되고 만연해진다. 좋은 사냥꾼일수록 자식을 많이 낳아 건강하게 길러내고, 그의 주위로 모이는 사람들도 비슷한 번식 적합성을 누린다. 결국 문화적으로 관대함을 시행하고 전수하는 사회가 번성하게 된다. 이런 방식으로 문화적인 호미닌 집단이 비문화적인 호미닌 집단을 능가한다.

기술과 스타일

아프리카 어디에선가 아마도 아프리카 남해안의 어느 동굴에서 아마도 20만 년 전과 5만 년 전 사이에 인류의 두 번째 기원, 즉 문화의 발현이 일어났다. 이때쯤 우리는 우주의 관람석에서 크게 두 가지를 본다. 첫째, 더는 동일한 기술이 광대한 시공을 지배하지 않는다. 이제 기술의 변화가 급격해지며 다양한 환경에서 다양한 스타일과 다양한 유형의 도구들이 우후죽순 생겨난다. 올두바이 도구나 아슐리안 도구처럼 단일 기술이 광대한 시간과 공간에 걸쳐 대유행하던 시기는 지났다. 도구는 환경별 니즈에 맞춰 다양하게 개발

된다. 기능적 차이만이 아니다. 스타일의 차이까지 생긴다. 둘째, 지역 단위의 문화들이 태동해서 각각 나름의 도구 제작, 이야기 전달, 식료 분배, 남녀 결합, 숭배, 망자 매장의 방식들을 개발하며 성장해간다. 이 현상이 호모 사피엔스가 발을 들여놓는 곳마다 일어난다. 이는 다양한 문화가 존재했다는 증거고, 문화능력 없이는 불가능한 일이다.

호미닌들은 불타는 노을을 잠자리에 들 시간이 됐다는 신호로밖에 생각하지 못하는 동물로서 플라이스토세 세계에 들어섰다. 이때의 호미닌은 에드워드 호퍼Edward Hopper(1882~1967)의 그림 〈나이트호크Nighthawks〉에서 어떠한 외로움도, 밥 딜런이나 피트 시거의 노래에서 어떠한 의분도 느끼지 못할 존재였다. 그런데 20만 년 전과 5만 년 전 사이 어느 시점에선가 그들이 우리가 됐다. 앞의 모두를 할 수 있는 능력을 장착한 인류가 됐다. 5만 년 전의 생활은 300만 년 전의 생활과는 판이하게 달라졌다. 변화가 더 많은 변화를 추동했다. 그리고 그 프로세스는 멈출 기미를 보이지 않았다.

5장

빵과 맥주

농경의 기원

Bread and Beer; The Beginning of Agriculture

—

현재가 담고 있는 것은 과거에 지나지 않는다.
그리고 결과에 있는 것은 이미 원인에 있었다.

— 앙리 L. 베르그송Henri L. Bergson(1859~1941)

—

우주의 관람석에서 볼 때, 6만 년 전 이후의 지구에는 눈에 띄는 변화가 없다. 그러다 기원전 1만 년경에 이르자 상황이 달라진다. 다시 집중할 때다. 이때 제3의 기원을 부른 식물의 작물화가 일어난다. 근동에서 밀과 보리, 중국 북부에서 기장, 중국 남부와 동남아시아에서 벼, 멕시코에서 옥수수와 호박, 안데스 산지에서 감자와 퀴노아, 중앙아프리카에서 수수와 기장을 최초로 재배하기 시작했다. 하지만 이건 시작에 불과했다. 시차를 두고 완두콩과 렌즈콩, 토마토, 과일나무들, 포도, 바나나, 참마 등도 줄줄이 인간의 작물이 됐다.

눈길을 끄는 것이 또 있다. 바로 길들인 동물, 가축의 등장이다. 일단 개가 일찌감치 길들여졌다. 사실 개는 적어도 기원전 1만 3000년, 어쩌면 기원전 3만 3000년부터 이미 수렵채집자들의 캠프 주변에서 살았다.[1] 그러다 기원전 1만 년 직후에는 인간의 절친으로 길들여진 소, 양, 염소, 돼지, 라마, 말, 칠면조 떼와 함께 다녔다.[2] 최

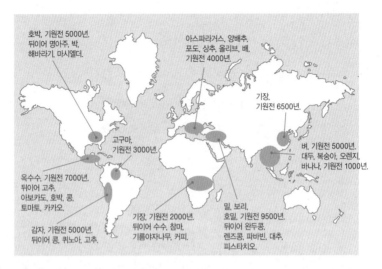

호박, 기원전 5000년.
뒤이어 명아주, 박,
해바라기, 마시엘더.

아스파라거스, 양배추,
포도, 상추, 올리브, 배,
기원전 4000년.

기장,
기원전 6500년.

고구마,
기원전 3000년.

벼, 기원전 5000년.
대두, 복숭아, 오렌지,
바나나, 기원전 1000년.

옥수수, 기원전 7000년.
뒤이어 고추,
아보카도, 호박, 콩,
토마토, 카카오.

감자, 기원전 5000년.
뒤이어 콩, 퀴노아, 고추.

기장, 기원전 2000년.
뒤이어 수수, 참마,
기름야자나무, 커피.

밀, 보리,
호밀, 기원전 9500년.
뒤이어 완두콩,
렌즈콩, 파바빈, 대추,
피스타치오.

〈그림 2〉 세계 주요 작물들이 최초로 길들여진 곳과 시기

초의 가축은 대부분 구대륙의 동물 종들이다. (유럽인의 침략 이전) 신세계에는 동물의 가축화가 드물었다. 남아메리카 산지에서 라마를 길들여 짐 운반용과 털과 고기 공급용으로 썼고, 기니피그를 식용으로 키웠고, 북부 멕시코와 미국 남서부에서 칠면조를 기르는 정도였다. 하지만 사슴, 가지뿔영양, 들소 같은 신세계 토종 대형 사냥감들은 길들이기에 적당치 않다. 무슨 이유에선지 신세계의 사냥감들에는 고분고분한 가축을 만드는 유전적 변종들이 나타나지 않는다. 앞으로도 신대륙의 목장 주인이 시골길을 따라 들소 떼를 몰고 가는 광경은 보기 힘들 듯하다.

　이때를 즈음해서 공동체의 모습도 이전 수만 년 동안 고만고만했던 수렵채집 캠프들과 확연히 달라진다. 공동체의 수와 규모의 팽

128

창이 빠르게 증가하는 인구를 반영한다. 집들이 보다 견고해지고, 공동체는 영구 정착을 시사하는 특징들—취사장, 창고, 우물, 광장, 묘지 등—로 가득하다. 전에는 특정 지역에만 살던 동식물들이 다른 대륙들로 퍼진다. 가령 옥수수는 남부 멕시코가 원산지지만(《그림 2》 참고), 유럽인이 신세계에 상륙하던 때에는 이미 남쪽으로는 안데스 산지와 아마존 분지까지, 북쪽으로는 캐나다 동남부까지 퍼져 있었다.

수만 년을 수렵채집민으로 살아온 사람들의 상당수가 이때에 이르러 농경민이 됐다. 농사가 세상을 먹여 살리는 현상은 현재까지 이어진다. 오늘날 세계 인구 75억 명이 매년 옥수수 10억 미터톤, 쌀 7억 3,800만 미터톤, 밀 7억 1,100만 미터톤, 감자 3억 7,500만 미터톤, 보리 1억 4,300만 미터톤, 기장 2,500만 미터톤, 귀리 2,400만 미터톤, 호밀 1,700만 미터톤을 먹어치운다.[3] 인류는 수만 년 동안이나 아무 문제 없이 수렵채집자로 살아왔다. 그런데 오늘날은 세계 인구 중 극소수만이 수렵채집 생활방식을 영위한다. 어째서 이런 변화가 생겼을까? 이 질문은 고고학의 오랜 수수께끼였다.

농경의 발생

영화 〈인디애나 존스: 크리스털 해골의 왕국Indiana Jones and the Kingdom of the Crystal Skull〉에 인디애나 존스 박사가 소비에트 특수부대의 추격을 피해 아들과 함께 오토바이를 타고 대학 도서관 안을 질주하는 장면이 나온다. (정확히 말하면 예일 대학교의 스털링 메모

리얼 도서관이다.) 두 사람을 태운 오토바이가 거꾸러지고, 두 사람이 급하게 오토바이를 일으켜 세우는데, 그때까지 독서에 열중해 무슨 일이 있는지도 모르던 한 학생이 존스에게 질문을 던진다. 숨 가쁜 액션의 와중이었지만 인디애나는 본분을 잃지 않는다. 시나리오작가가 대학교수에 대해 뭘 좀 아는 사람인 듯하다. 우리는 학생의 질문을 절대 그냥 지나치지 않는다. 시나리오작가는 고고학에 대해서도 뭘 좀 하는 사람이었다. 인디애나는 다시 오토바이에 올라 도서관을 떠나며 학생에게 비어 고든 차일드를 읽어보라고 한다.

비어 고든 차일드Vere Gordon Childe(1892~1957)는 실존 인물이다. 차일드는 1892년 호주에서 태어나 옥스퍼드 대학교에서 고고학을 공부했다. 당시 고고학은 보수가 좋은 직업이 아니었기에 그는 귀국 후 호주 노동당에서 정치 활동에 몸담았다. 정치 활동 경험은 그의 사회주의 정치관을 더욱 굳혔고, 이는 그의 선사시대 연구 접근법에도 영향을 미쳤다. 드디어 그는 영국 에든버러 대학교의 고고학 교수로 부임했고, 1947년에는 유니버시티 칼리지 런던의 고고학연구소 소장이 됐다. 하지만 1957년 은퇴한 후, 안타깝게도 같은 해에 호주 블루마운틴의 절벽에서 몸을 던져 자살했다.[4]

차일드는 뛰어난 사상가이자 이론가였다. 또한 각지의 방대한 고고학 자료를 집대성해 인류사의 전개 과정에 대한 독창적인 구상을 전개했다. 그의 저술은 유럽과 서남아시아의 고고학 자료에 나타난 문화 변화를 구분할 기준을 제공했다. 특히 《인간은 인간이 만든다Man Makes Himself》에서 농경의 발생에 대한 설명을 최초로 제시

했다.[5]

당대의 많은 사상가처럼 차일드도 역사를 진전의 과정으로 보았다. 역사를 보다 문명적이고 보다 도덕적인 삶을 향한, 즉 진보를 위한 인류의 투쟁으로 보았다. 또한 사회주의자로서 그는 변화가 혁명을 통해 일어난다고 믿었다. 하지만 그가 말하는 혁명은 프랑스혁명 같은 폭력적인 혁명이 아니었다. (실제로 그는 매우 온화한 사람이었다.) 대신 그는 새로운 발상을 통한 혁명을 믿었다. 상황이 적당히 무르익었을 때 전구에 불 들어오듯 태동하고 시행되어 최대 다수를 위한 최대 선을 창출할 발상 말이다.

차일드는 농경을 바로 그런 발상으로 믿었다. 그에게 남은 질문은 '어디서, 언제 그리고 어떻게'였다. 차일드는 농경이 빙하시대가 끝나가며 건조해지는 기후 환경에서, 그리고 야생 밀과 야생 보리가 자라던 근동에서 발생했다는 결론을 내렸다. 그는 식물과 인간이 긴밀히 연계할 수밖에 없었던 곳에서 농경의 발상이 터졌다고 생각했고, 그곳은 날로 건조해지는 기후 때문에 오아시스처럼 일정 지역으로 인간과 동물이 모여들어 경쟁이 심화되는 곳이었을 거라고 생각했다. 가장 유력한 지역은 몇 걸음 차이로 푸른 들판과 황량한 사막이 붙어 있는 나일강 계곡이었다.

차일드의 논리는 이러했다. 나일강 유역은 사람들과 식물들이 밀집해 살았기 때문에 '일부 천재들'이 급기야 식물이 씨앗에서 비롯된다는 것을 알아냈다. 마찬가지로 누군가가 동물들을 잡아서 부리고 싶다는 생각을 했다. 이렇게 몇몇 식물과 동물이 길들여져 인간의 개입을 통해 증식하는 작물과 가축이 됐다.

차일드 이론의 일부는 사실로 밝혀졌다. 근동은 세계 농경의 요람이고, 실제로 사람들이 빙하시대 끝 무렵 거기서 식료를 생산하기 시작했다. 하지만 최초의 발상지는 틀렸다. 농경의 발상지는 나일강 유역이 아니었다. 거기가 아니라 야생 밀과 야생 보리가 무리 지어 자라던 지금의 시리아, 터키, 이라크의 산악지대였다.

차일드는 농경의 발생 원인도 틀렸다. 식물의 시작이 씨앗이라는 것을 알게 된다고 해서 사람들이 농경민이 되는 건 아니다. 현대의 많은 사냥채집 부족들이 농민과 거래한다. 그들은 농업에 대해 알면서도 논밭을 일구지 않는다. 농경민이 되었다가 수렵채집 생활로 '회귀'한 사람들도 있다. 예를 들어 북아메리카 원주민 라코타족은 한때 오대호 서부에서 농경생활을 하던 사람들이었다. 그러다 프랑스인 모피 장사꾼들에게서 총을 획득한 오지브와족에게 밀려 17세기 후반 평원으로 이동했다. 비슷한 시기에 에스파냐 침략자들이 멕시코에서 말을 타고 미국 남서부로 들어왔다. 라코타족은 패주하는 백인 침입자 일부를 생포했고, 18세기 중반에는 말을 탄 들소 사냥꾼으로 변모했다. 많은 사람이 라코타족을 원래부터 북아메리카 평원을 달리던 전사들로 생각하는데, 그렇지 않다.

차일드의 이론이 틀렸다면, 동식물 길들이기 지식이 농경의 시작이 되지 못한다면, 농경을 촉발한 것은 과연 무엇일까? 이 질문에 답하려면 시간을 조금 뒤로 물려야 한다.

앞서 4장에서 말했듯, 호모 사피엔스는 7만 년 이후 어느 시점엔가 아프리카를 떠나, 호미닌 종들이 이미 차지하고 사는 지역들에 들어가 호미닌들을 대체했다. 유럽의 네안데르탈인도 이렇게 밀려나 없어진 호미닌 종들 중 하나다. 네안데르탈인은 1856년 독일 네안데르 계곡에서 처음 발견된 이래 부당한 조롱과 악평의 대상이 되어왔다.[6] 네안데르탈인은 구부정한 몸과 텁수룩한 눈두덩에 침을 흘리는 아둔한 혈거 원시인의 대명사가 됐다.

이는 착오와 편견이었다. 네안데르탈인의 몸은 추위에 적응한 것뿐이고, 사실상 그들은 멍청한 것과는 거리가 멀었다. 그들은 동굴곰 같은 살벌한 동물들이 우글대는 척박한 빙하시대 환경에서 살아남았다. 그러던 그들이 대략 4만 년 전 자취를 감추고 말았다. 수상쩍게도 호모 사피엔스와 함께 살기 시작한 지 5000년쯤 됐을 때였다. 현생인류가 어떻게 네안데르탈인을 대체했는지는 아직도 미스터리다. 네안데르탈인과 호모 사피엔스 사이에 이종 교배가 일어난 건 확실하다. 현대 유럽인이 네안데르탈인의 유전자를 얼마간 (1~4%) 보유하고 있기 때문이다. 아시아에서도 호모 사피엔스가 데니소바인Denisovan이라고 부르는 또 다른 초기 인류를 대체했다. (데니소바인에 대해서는 알려진 바가 많지 않다. 시베리아 알타이산맥의 데니소바 동굴Denisova Cave에서 발견된 콩알만 한 뼛조각—여자 어린이의 새끼손가락 뼈로 밝혀졌다—에서 추출한 유전자 데이터가 우리가 데니소바인에 대해 아는 전부다.)[7]

중요한 건 5만 년 전 이후에는 문화능력을 가진 호미닌들이 마침내 세계를 장악했다는 거다. 그들은 스칸디나비아와 러시아 북부를 뒤덮었던 빙하가 후퇴하던 시기에만 주춤했을 뿐 계속해서 유럽과 아시아로 퍼져나갔다. 그들은 시베리아와 몽골의 광활한 스텝지대와 삼림지대에서 살아남았고, 3만 년 전에는 이미 러시아의 북안까지 진출했다. (이후 다시 혹독한 빙하기가 닥치면서 내륙으로 들어갔다가 마지막 빙하기가 저물던 1만 8000년 전쯤 돌아왔다.)

러시아 동쪽 끝까지 다다른 인류는 빙하기로 해수면이 낮아져 두 대륙이 연결됐을 때 얼어붙은 베링해협을 건너서 적어도 기원전 1만 3000년까지는 북아메리카에 도착했다.[8] 그들은 북아메리카 서해안을 따라서, 또는 캐나다 로키산맥과 허드슨만을 뒤덮은 두 거대 대륙빙상 사이로 계속 남하했다. 일단 빙하 이남으로 빠져나온 다음에는 미국 전역으로 흩어졌고, 기원전 1만 1000년까지는 드디어 중앙아메리카와 남아메리카에 들어갔다. 인류는 구세계에 비하면 신세계—알래스카에서 남아메리카 남단의 티에라델푸에고 제도까지—는 눈 깜박할 사이에 접수했다.

아시아의 인류도 열대림들을 통과해 남쪽으로 이동해서 인도네시아 군도까지 내려갔다. 거기서 배를 만들어 타고 이 섬 저 섬 옮겨가며 바다를 건너 뉴기니섬까지 내려갔고, 약 5만 년 전 마침내 호주에 상륙했다.

간단히 말해서, 우주의 관람석에서 봤을 때, 서서히 늘어나는 인구 때문에 인류의 대이동이 일어나 기원전 1만 년까지는 인간 수렵채집자들이 거의 온 세계에 퍼져 살게 됐다. 호모 사피엔스는 이주 개척의 동물이었고, 수렵채집 생활에 이동은 필수였다. 그렇다면 이동할 곳이 더 이상 남지 않았을 때 무슨 일이 생겼을까?[9]

수렵채집민의 메뉴 선택

수렵채집민은 농경민이 되고 싶어서 된 게 아니었다. 농경민이 될 의도는 전혀 없었다. 어느 날 아침 잠자리에서 일어나 "이제부터 농사를 좀 지어볼까. 밀과 루콜라부터 시작해볼까." 이렇게 생각한 사냥꾼은 한 명도 없었다. 오히려 반대다. 수렵채집민은 이미 능숙하게 하고 있던 것, 즉 수렵채집을 더 잘하려 노력하는 과정에서 농군이 됐다. 모순처럼 들리는가?

재배종 식물의 시작은 물론 야생 식물이었다. 일부는 조상 식물이 무엇인지 알려져 있는데, 솔직히 시작은 참으로 미미했다. 예를 들어 옥수수는 멕시코 남부에 야생하는 테오신테*teocinte*라는 기다란 열대 잡초에서 유래했다. 테오신테의 '속대'는 새끼손가락만 하고 알맹이도 너무 잘고 단단해서 먹을 게 없다. 오늘날 네브래스카의 광활한 밭에서 대량 생산되는 유전자변형 옥수수와는 비슷하지도 않다. 테오신테를 보면서 '언젠가 이 식물이 세계 인구의 대부분을 먹이고 바이오연료까지 만들 것'이라는 상상을 하기란 쉽지 않다. 그런데 옛날 멕시코 남부의 수렵채집민이 실제로 테오신테를 거둬들여 먹었고, 결국 이것을 개량해서 오늘날 우리가 아는 옥수수로 바꿨다. 그렇게 하게 된 이유는 방랑하는 수렵채집민이 식료와 이동 시기를 결정하는 방식과 관계있다.

수렵채집민이라고 우리와 크게 다르지 않다. 그들도 세상 사람

모두와 같은 마음을 가졌고, 우리와 같은 능력으로 같은 원칙을 이용해서 의사결정을 한다. 다만 처한 상황이 다를 뿐이다. 그들도 특정 목표 달성에 동원 가능한 여러 방법의 득실을 따져보고, 원칙적으로 가성비가 가장 높은 방법을 선택한다. 식료의 경우는 가장 적은 품을 들여 가장 많은 열량을 얻을 수 있은 것이 가성비 높은 선택에 해당한다. 이것이 최적채집모델optimal foraging model로 불리는 이론모형의 기본이다. 이 이론모형 중 가장 널리 활용되는 것이 섭이너비모형Diet Breadth Model, DBM이다. 원리는 간단하지만 적용 범위는 지대하다.

숲을 걷는 수렵채집자를 상상해보자. 딸기나 덩이줄기 같은 식료를 봤거나 사슴이 막 지나간 발자국 같은 식료의 전조를 발견했을 때, 그는 눈앞의 식료를 도모할지 아니면 무시하고 탐색을 계속할지 결정한다. 눈앞의 것을 도모하기로, 즉 딸기를 따거나 사슴을 뒤쫓기로 결정하면, 다른 식료, 어쩌면 더 좋은 식료를 찾을 기회가 날아간다. 하지만 눈앞의 것을 무시하면, 집에 빈손으로 가지 않을 기회를 날리는 꼴이 될 수도 있다. 이들은 어떤 선택을 할까?

DBM은 수렵채집민이 식료 조합의 평균 회수율 극대화를 목표한다고 전제한다. 이때 다양한 변수가 있다. 온종일 최대한 많은 식료를 모으거나(예를 들어 겨울에 대비해 식료를 미리 쟁여놓을 때), 필요한 최소만 모으고 나머지 시간은 다른 중요한 일(예를 들어 교역, 사교, 자녀교육, 종교활동)에 할애하거나, 맹수의 위험을 피해 가능한 한 일찍 캠프로 귀환하거나 등이다.

DBM을 시행하기 위해서는 수렵채집민의 식료에 대해 다음의 세 가지를 알아야 한다. (1) 각각의 식료는 얼마의 열량을 제공하는가? 수렵채집민의 식료 중에는 정부가 표준영양정보를 제공하지 않는 것들도 많다. 야생 나비나리 구근, 크레이피쉬, 곰고기, 고슴도치, 메뚜기, 백송 잣, 위체티 애벌레(호주 원주민이 먹는데 맛이 꽤 괜찮다) 등등, 이런 먹을거리들의 영양정보를 얻으려면 포장식품의 영양성분표를 작성하는 연구소에 샘플을 보내야 한다. (2) 해당 지역에 각각의 식료가 얼마나 풍부한지도 알아야 한다. 식료의 습득 난이도에 직결되기 때문이다. (3) 마지막으로, 식료별로 거둬들이는 데 걸리는 시간과 먹을 수 있는 상태로 바꾸는 데 걸리는 시간을 알아야 한다. 딸기처럼 쉽게 따서 바로 먹을 수 있는 식료도 있지만, 도토리처럼 손이 많이 가야 먹을 수 있는 식료도 있다. 우리는 이 세 번째 정보를 식료의 회수율return rate이라고 부른다.

　　인류학자들과 고고학자들은 실제로 식재료 회수율 계산을 많이 한다. 때로는 민족지학적 조사를 벌인다. 즉 현대의 수렵채집민을 직접 관찰하고, 그들의 행동을 자세히 기록한다. 또 때로는 실험을 통해 필요 정보를 수집한다.

　　고고학자 스티븐 심스Steven Simms는 회수율 파악을 위해 처음으로 직접 채집생활에 뛰어든 학자 중 한 명이다.[10] 심스는 미국 서부의 그레이트베이슨Great Basin(미국 서부의 6개 주에 걸쳐 있는 광대한 분지-옮긴이)에서 최적채집모델을 적용하고자 했다. 하지만 오늘날 거기서 원주민 기술로 야생 식료를 채집하며 사는 사람은 아무도 없다. 그래서 고고학자 본인이 직접 나서야 했다. 그는 사료를 뒤져 종류별로 식물 식재를 채취하는 방법을 알아냈고, 안정된 회수율을 내는 실력이 될 때까지 기술을 연습했다.

심스가 채집한 식료 중 하나가 라이스그라스였다. 그는 그레이트베이슨에 살았던 아메리카 원주민 쇼쇼니족과 파이우트족의 채집 방식을 본떠서 탁구채 모양의 도구와 촘촘하게 짠 바구니를 이용했다. 그는 7월에 라이스그라스 군락을 누비며, 패들로 이삭을 후려쳐서 다른 손에 든 바구니에 씨앗을 모았고, 다음에는 전통적인 맷돌로 씨앗을 가루로 빻았다. 41분 후 그는 96g의 라이스그라스 씨앗 가루를 얻었다. 라이스그라스는 g당 약 2.74cal를 내므로 회수율은 2.74cal/g×96g/41분=분당 6.41cal 또는 시간당 385cal다. 회수율은 기술과 계절의 영향을 크게 받아서, 최저 시간당 100cal부터 드물지만 최고 시간당 수십만 칼로리까지 다양하게 나온다.

이렇게 해당 지역의 식료별 밀도, 영양, 회수율 정보를 입력하면 DBM은 채집자가 이익 극대화를 위해 어떤 조합의 식료들을 선택할지 예측한다. 짧게 말하면 이렇다. DBM은 채집자에게 이렇게 말한다. 식료를 발견했을 때, 그 식료의 회수율이 해당 환경의 기대 평균회수율보다 높으면 그 식료를 취하라. 이때 자원의 수색과 채취에 드는 모든 비용을 고려하라. 당장 이런 생각이 들 거다. '대체 그걸 어떻게 계산해?' 인간 마음의 경이로움 중 하나는 우리가 수학을 전혀 모르고도 온갖 종류의 수학적 계산을 해낸다는 거다. 실제 채집자는 경험을 바탕으로 눈앞의 자원을 취하는 것이 시간을 잘

쓰는 일인지 아닌지 단박에 결정한다. DBM은 이 과정을 그저 수학적으로 모델링한 것일 뿐이다. 이 수학모델을 남아메리카의 아체족과 아프리카의 하드자족 같은 현대 수렵채집민의 실제 식료 채집 활동과 비교해본 결과, 상당히 맞아떨어지는 것으로 나타났다. 즉 상당한 현실 예측 효과가 있었다. 시간 효율성을 따지는 것은 우리나 수렵채집민이나 마찬가지다.

이제는 신기한 이야기로 넘어가 보자. 세계 주요 곡물의 야생종 조상들—테오신테, 야생 벼, 야생 밀, 야생 보리, 야생 기장—의 씨앗은 매우 변변찮다. 씨앗이 작으면 일반적으로 회수율이 낮다. 이렇게 회수율이 낮은 식료들이 어떻게 오늘날 70억 명이 넘는 사람들을 먹여 살리게 됐을까?

도토리보다 밀을 선택한 이유

이 질문에 답하기 위해 세계의 주식 반열에 오르지 못한 저회수율 식료를 하나 짚어보자. 바로 도토리다.

도토리를 한 번도 먹어본 적이 없다면 언제 한 번 주워서(적참나무 도토리를 추천한다), 바깥 껍데기를 까고 견과육을 꺼내서 입에 넣고 씹어보자. 미리 경고한다. 도토리를 날로 먹으면 떫은 맛 때문에 괴롭고, 한 움큼 먹으면 실제로 탈이 난다. 궁금하지 않을 수 없다. 옛날 캘리포니아에 살던 수렵채집민은 겨울 내내 도토리로 연명했을 가능성이 높다. 어떻게 그랬을까? 누군가 우연히 또는 시행착오를 통해서 타닌산을 제거하면 도토리도 먹을 만하다는 것을 알아냈다. 그렇게 하려면 도토리를 모아 껍데기를 까고 견과육을 꺼내야 한다. 견과육을 짓찧어 매시트포테이토처럼 뭉글뭉글한 상태로 만들어서 생엽 위에 넓게 편다. 그다음 물을 끓여서 으깬 도토리 위에 몇 번씩 들이붓는다. 이렇게 물에 우리면 도토리의 타닌 성분이 빠진다. 이것을 말리면 월동 식량으로 쓸 수 있다. 굉장히 맛있지는 않지만 먹을 수는 있다.

도토리는 가공에 상당한 시간을 요하기 때문에 회수율이 낮다. 그런데도 16세기에 유럽인들이 아메리카에 처음 상륙할 무렵 도토리는 캘리포니아 원주민 식단에서 꽤 중요한 부분을 차지하고 있었다. 이유가 뭘까?

고고학 자료에 따르면 캘리포니아 원주민이 처음부터 도토리에 의지했던 건 아니다. 도토리가 그들의 식단에서 중요해진 건 선사시대 말이었다. 도토리는 그들이 살던 샌퍼낸도 계곡에 널린 식료 가운데 특별히 각광받던 식료가 아니었다. 캘리포니아의 기후는 상대적으로 온화해서 수렵하고 채집할 식료가 풍부했고, 결과적으로 인구가 불었다. 이게 문제였다. 불고 또 불었다. 방랑하는 수렵채집민에게 인구 증가는 심각한 문제다.

수렵채집민은 캠프 주위에서 식료를 모으기 때문에 얼마 후면 주변 식재가 격감하거나 고갈된다. 같은 장소에 오래 머물수록 캠프에서 더 멀리까지 먹을 것을 찾으러 다녀야 한다. 하루에 왕복 20km 이상 걷는 건 무리고, 하는 일도 많기 때문에 한뎃잠을 자지 않으려면 캠프에서 사방 10km 밖으로는 나가기 힘들다. 남자들은 사냥 중에는 노숙을 하기도 하지만, 아이들을 데리고 다녀야 하는 여자들은 해가 지면 캠프로 돌아간다. (이 때문에 여자들의 채집활동이 캠프 이동 시기를 결정한다.) 어쨌든 수렵채집민이 한곳에 오래 머무르면 식료를 찾아다니는 시간이 늘어나고, 그러면 회수율이 전반적으로 낮아진다.

수렵채집민은 날로 줄어드는 편익과 캠프를 옮기는 비용을 견준다. 여러 가지가 캠프 이동 비용에 영향을 미친다. 다음 캠프까지의 거리(식수와 땔감을 얻는 곳에서 너무 떨어지면 안 된다), 지형, 기후는 물론이고, (살충제가 없던 시대에는) 벌레도 심각한 문제다. 예를 들어 북극 지방 사냥꾼들은 땔감을 제공하는 숲과 멀어지는 경우 차라리 현재 캠프에 머물며 멀리까지 사냥 나가는 불편을 감수한다.[11]

무엇보다 수렵채집민은 남들이 이미 차지하지 않은 곳으로만 옮겨 다닐 수 있다. 인구밀도가 높아지면 해당 지역의 다음 캠프 후보지를 누군가 점유하고 있을 가능성도 높아진다. 그 경우 두 가지 선택이 가능하다. 원하는 땅을 선점한 사람들을 내쫓거나, 지금 있는 곳에 그냥 눌러살면서 식단 다양화를 꾀하거나. 첫 번째 옵션은 위험 부담이 크다. 싸움에 질 수도 있으니까. 두 번째가 DBM이 제시하는 옵션이다. 우선순위 식료들이 고갈됐다면 후순위 식료들을 식단에 추가해야 한다. 후순위 식료들은 사방에 넘쳐나지만 처리 비용이 많이 드는 식료들일 때가 많다. 도토리처럼.

선사시대 캘리포니아의 인구가 증가하면서 수렵채집민 일부는 살던 곳에 정착해서 도토리를 식료로 삼았다. 그런데 왜 도토리는 밀이나 옥수수나 쌀 같은 주곡이 되는 영광을 얻지 못한 걸까? 낮은 회수율을 극복하는 한 가지 방법은 식물 식료의 생산성이나 분포도를 높이는 것이다. 밀을 더 빽빽하게 자라게 하거나, 옥수수 알갱이를 실한 놈으로 골라 심어 옥수숫대의 크기를 키우거나 하는 것이다. 하지만 캘리포니아의 언덕에 자라는 참나무의 개체수를 늘리거나 나무에 달리는 도토리 수를 늘리는 건 어렵다. 캘리포니아 원주민이 나무를 심었을 수도 있지만, 나무는 심은 후 몇 년 동안 얻는 게 없다. 거기다 사람은 오늘 먹는 것이 중요하지 미래는 무시하는 경향이 있다. 현대인의 일용양식이 된 곡물들은 대개 한해살이 식물이었다. 파종부터 수확까지의 기간이 상대적으로 짧고(옥수수의 경우 90일), 인간의 의도적인 개입으로 생산성이 늘어날 수 있는 식물들이었다. 이것이 오늘날 우리가 도토리보다는 밀 빵과 쌀 떡과 옥수수 머핀을 주로 먹는 이유다.

수렵채집에서 농경으로의 이행 과정이 궁금하다면 근동을 들여다보자. 근동은 농경의 발상지 중에서 가장 연구가 많이 이루어진 지역이다.[12]

만 년 전의 기후변화

내가 처음 만난 근동은 이집트 카이로였다. 아직 카이로에 가보지 않았다면 꼭 버킷리스트에 올리기 바란다. 파리처럼 아름답거나 런던처럼 국제적이지는 않을지 몰라도, 넘치는 에너지로는 타의 추종을 불허하는 곳이다. 거리는 트랙터 트레일러부터 당나귀 수레까지 온갖 것들로 넘쳐난다. 시장마다 향신료, 생선, 갓 잡은 염소고기, 농작물로 가득하고, 가지각색의 모조 유물들과 상형문자 장식품들이 관광객을 맞는다. 무엇보다 도시가 사람들로 꽉 차 있다. 행상들이 보따리를 들고 거리를 누비고, 가게주인들이 행인에게 차를 권하고(호객행위다), 남자들이 예배용 깔개에 무릎을 꿇고 기도를 올린다. 시골 출신인 나는 그렇게 복작대고 소란스러운 환경에서 돌아버리지 않고 멀쩡히 사는 사람들에게 늘 감탄을 금치 못한다.

근동이 항상 이렇게 붐볐던 건 아니다. 불과 1만 5000년 전만해도 사람이 드문드문 있었다. 모두 수렵채집자로, 방랑하며 '비옥한 초승달 지대fertile crescent'에 흩어져 살았다. 비옥한 초승달 지대는 지금의 팔레스타인, 이스라엘, 요르단, 레바논, 시리아에서 터키남부와 이라크 북부와 이란으로 이어지는 초승달 모양의 지역을 말한다. 이곳이 야생 밀과 야생 보리의 원산지고, 야생 염소, 야생 양, 야생 소의 고향이다.

차일드가 옳게 짚은 것 중 하나가 기후를 농경 기원의 열쇠로 본 것이다. 그는 플라이스토세를 끝낸 기후 변화에 주목했다. 흔히 빙하시대로 불리는 플라이스토세는 약 260만 년 전부터 약 1만2000년 전까지 길게 이어졌다.[13] 빙하기와 간빙기가 주기적으로 반복되기는 했지만 세계적으로 한랭한 기후가 이어져서 두께가 심하게는 약 3.2km나 되는 거대한 빙상이 고위도 지방과 산악 지역을 뒤덮었던 시기였다.[14]

빙상은 플라이스토세 동안 전진과 후퇴를 백 번 이상 반복했다. 빙상이 확장세일 때는 엄청난 양의 해수가 얼음으로 흡수돼, 해수면이 현재 대비 최대 150m나 내려갈 정도였다. 플라이스토세 중에서도 빙하가 전진하는 빙하기에는 세계가 더 추웠을 뿐 아니라 더 건조했다.

플라이스토세 말에 지구가 따뜻해지고 빙하가 후퇴하면서 얼었던 물이 풀려 건조했던 지역들이 해갈됐다. 그리고 아직도 불분명한 이유들로 대기 중 이산화탄소 농도가 증가했다. 학창시절 생물시간에 배운 것을 떠올려 보자. 식물은 이산화탄소를 흡수해서 광합성 작용을 통해 생장에 필요한 탄소만 챙기고 산소를 배출한다. 다시 말한다. 플라이스토세 말에 물과 이산화탄소가 풍부해졌다. 식물이 번성하기에 더할 수 없는 조건이었다. 어쩌면 인류는 플라이스토세 끝 무렵보다 훨씬 전에 농경 능력을 확보했을 수도 있다. 하지만 그 능력이 빛을 볼 지구 환경이 준비된 건 플라이스토세 말에 이르러서였다. 이때쯤 수렵채집민이 지구에 그득해져 더는 이리저리 이동하는 것으로는 식량 문제를 해결할 수 없었는데, 마침 환경이 새로운 해법을 낳을 조건을 갖추게 된 것이다.

대략 기원전 1만 4500년부터 근동에 물이 돌기 시작했고, 햇빛과 이산화탄소까지 풍부했다. 생물이 빛에너지를 이용해 물과 이산화탄소로 유기물을 합성하기에 최적의 조건이었다. 환경의 생산성이 증가했고, 인구도 증가했다. 사실 인구는 그전부터 증가하고 있었다. 대략 5만 년 전부터 시작해서 추정컨대 연간 0.04%의 속도로 꾸준히 늘었다. 매우 느린 속도지만, 어쨌든 그 속도로 인류는 작은 개체군에서 19세기 초까지 세계 인구 10억 규모로 성장했다.[15] 인류는 그 속도로 결국 지구상에서 수렵채집이 가능한 모든 곳을 채웠다.

기원전 1만 3000년경 근동 지역에 괄목할 물질문화가 일어났다. 고고학계는 기원전 1만 2500년에서 기원전 9500년에 해당하는 근동의 시기를 최초 발굴 유적지 이름을 따서 나투프 문화기 Natufian period라고 부른다. 나투프 유적은 돌로 벽을 두른 반지하식 집터, 곡물 저장 용기, 대형 갈판과 갈돌 등을 포함한다. 방랑하는 수렵채집민의 유물로는 어울리지 않는 것들이다.

나투프인은 경쟁자들로 붐비는 환경에 직면한 수렵채집인이 마땅히 밟을 것으로 예상되는 경로를 밟았다. 이동 비용이 끝없이 남의 영역을 침범해야 하는 거라면? 어쩌면 그에 대한 첫 번째 반응은 해당 지역 내에서 좋은 자리를 선점하고 거기 눌러앉는 것이다. 음악에 맞춰 돌다가 의자에 먼저 앉기 게임과 비슷하다. 다만 더 편한 의자가 있고 더 불편한 의자가 있을 뿐이다. 가장 좋은 자리들이 가장 먼저 점유되는 법이다. 비옥한 초승달 지대의 명당은 야생 곡류가 자라는 근처였다. 그랬다. 거기가 나투프 수렵채집인들이 정착한 곳이었다.

이 적응은 한동안 잘 작동하다가 얼마 후, 전문용어로 표현하자면, 헬게이트가 열렸다.

나투프인은 따뜻한 환경에서 살았다. 그런데 기원전 1만 900년경, 지구가 갑자기 다시 냉랭해졌다. 냉랭 정도가 아니라 빙하기 수준으로 돌아갔고, 이 상태가 1천 년 넘게 지속됐다. 이때의 기후 변동기를 영거 드라이아스Younger Dryas라고 부른다.[16] 온난화 기후가 갑자기 얼어붙은 이유는 무엇일까?

해류가 원인이었다. 거대한 순환 컨베이어벨트처럼 해수는 표층 해류를 타고 세계를 돈다. 표층 해류 중 하나인 멕시코만류는 열대의 바다에서 북상하며 북대서양으로 따뜻한 바닷물을 실어 나른다. 이때 서풍이 이 만류와 교차하면서 해류의 열기를 운반해 결과적으로 유럽을 덥힌다. 스코틀랜드는 캐나다 동북쪽의 허드슨만과 같은 위도에 있지만 이곳 사람들은 이누이트족과 달리 귀리를 경작할 수 있다. 해류가 온난한 기후를 만들어준 덕분이다. 유럽이 얼마나 따뜻해질 수 있는지는 난류가 북대서양 어디까지 올라올 수 있느냐에 달려 있는데, 난류의 북상 정도는 북대서양으로 유입되는 담수의 양에 영향을 받는다. 적도에서 출발한 해수는 북상하면서 염도가 높아진다. 해빙이 형성되었기 때문이다. (해수가 얼면 염분은 바다로 빠져나간다.) 염수는 담수보다 무겁기 때문에 염수가 담수를 만나면 바다 아래 쪽으로 가라앉는다. 이렇게 가라앉은 해수는 아메리카 대륙을 따라 남하해서 남극을 돌고 적도에서 다시 바다 표층으로 올라와 대서양으로 돌아가는 여정을 반복한다.[17] 그런데 이 현상이 영거 드라이아스와 무슨 상관이 있다는 걸까?

플라이스토세 말의 온난화로 북아메리카의 빙하가 서서히 후퇴했고, 빙하가 녹은 차가운 물이 캐나다 서부에 거대한 호수를 형성했다. 캐나다 매니토바주 대부분과 서스캐처원주와 온타리오주 일부까지 뒤덮었던 선사시대의 이 거대한 호수를 애거시호Lake Agassiz라고 부른다. 애거시호는 오늘날의 흑해만큼 컸고, 오대호를 모두 합쳐놓은 것보다도 컸다. 유력한 가설은 이렇다. 이 호수의 얼음 제방이 불어나는 해빙수를 견디지 못해 터졌고, 그 결과 차가운 담수가 매켄지강을 타고 북쪽으로 빠져 북극해로 향했다. 거기서 담수는 그린란드 동쪽 프람해협을 지나 결국 북대서양으로 쏟아졌다. 심해 퇴적 코어에 남은 흔적으로 판단컨대 애거시호의 범람이 수십 년간 이어진 것으로 보인다. 스칸디나비아 빙상도 때를 같이해 녹으며 담수 유입이 가중됐다.

갑작스럽고 엄청난 담수 유입이 북대서양의 염분을 희석했고, 이것이 해류의 순환을 교란했다. 남쪽에서 올라오던 해류가 애거시호 범람 전보다 저위도에서 방향을 바꿔버린 것이다. 그 결과 서풍은 온기 대신 냉기를 운반하게 돼 유럽과 북아시아를 얼어붙게 했다. 빙하가 다시 진전하면서 물을 가뒀고, 근동은 메말랐다. 역설적이게도 기후 온난화가 기후 한랭화를 부른 것이다. (SF영화 〈투모로우 The Day after Tomorrow〉는 바로 여기서 영감을 받아 지구온난화로 인해 빙하가 녹으며 해류의 흐름을 바꿔 지구가 다시 얼어붙는 과정을 그린다. 다만 전개가 비현실적, 비과학적으로 빠르고, 할리우드 영화답게 폭력적이다.)

근동의 경우 영거 드라이아스의 영향으로 인구 증가세가 꺾이면서 보다 변화무쌍한 기후를 맞았다. 몇 년은 따뜻하고 건조했다가 또 몇 년은 선선하고 다습했다. 나투프인은 환경의 생산성을 높여야 했고, 그에 따라 비옥한 초승달 지대 서부에서 수렵채집과 야생 곡류 경작을 병행하는 사람들이 생겼다. 호밀로 시작했다가 차차 밀과 보리도 재배했을 것으로 보인다. 다른 무리들, 즉 의자 게임의 패자들은 수렵채집민으로 남아 방랑을 계속하다가 정착촌 사이사이 빈 곳들로 들어갔다.

지금까지 알려진 최초의 신석기 문화가 성경에도 나오는 팔레스타인의 예리코에서 기원전 9500년과 8500년 사이에 시작됐다. 이 시기를 근동의 고고학자들은 토기 없는 신석기시대 A^{Pre-Pottery} Neolithic A라고 부른다. 이 시기에 사람들은 큰 촌락을 형성하고 살면서 호밀, 엠머밀, 보리, 귀리를 경작하고, 베치, 완두콩, 렌즈콩을 재배했다(〈그림 2〉 참고). 식물의 재배종이 처음으로 출현한 시기였다. 이어지는 토기 없는 신석기시대 B(기원전 8500~6500년)에는 본격적 농경 정착촌이 등장하고, 외알밀, 병아리콩, 베치, 렌즈콩, 잠두가 메뉴에 추가된다. 이 시기 마을주민은 양과 염소를 길들였고, 나중에는 소와 돼지도 사육했다. 근동에서 농경과 목축이 최초로 일어난 것은 빙하시대 말의 인구 증가와 기후 변화가 이 지역에 가져온 경제적 변화 때문이었다.

농경이 가능하려면 식물 군락들의 유전자 구성에 특정 변화들이 일어나야 한다. 때로는 인간이 이 변화를 주도했다. 밀이 좋은 예다. 씨앗을 거둘 때 사람들은 이왕이면 씨가 여러 줄로 난 밀을 노린다. (야생 밀은 씨가 보통 두 줄이고, 재배종은 여섯 줄이다.) 일부러 생산성이 좋은 밀을 선택하는 것이다. 반면 무심결에 일어나는 선택도 있었다. 예를 들어 야생 밀은 씨앗을 줄기에 연결하는 부분인 이삭가지가 약해서 씨앗이 쉽게 떨어진다. 그런데 소수지만 이삭가지가 튼튼해서 씨앗이 잘 붙어 있는 밀들이 있다. 인간이 밀을 뽑거나 베는 과정에서 약한 이삭가지에 달린 씨앗들은 쉽게 흩어진다. 즉 약한 이삭가지의 유전자를 가진 씨앗들은 수확에서 탈락하기 쉽다. 결과적으로 경작지에는 튼튼한 이삭가지를 가진 밀이 점점 많아지게 된다.

밀의 씨앗은 단단한 겉겨로 싸여 있다. 이 외피를 벗겨내고 먹어야지 그렇지 않으면 소화가 불가능하다. 초기 재배종 밀은 생산성은 좋았지만 타작을 해야 먹을 수 있었기에 처리 비용이 높았다. 1천 년에서 2천 년이 걸렸지만 결국 인류는 오늘날의 밀과 비슷한 것을 만들어냈다. 이 일은 터키 남동부에서 최초로 발생한 것으로 보인다.[18]

최초의 농작물 중 하나가 보리였다는 점도 농경의 발생 배경에 대해 시사하는 바가 있다. 작물화한 보리는 토기 없는 신석기시대 A에 처음 등장한다. 맥주를 만들어 먹기 위해서였다고 생각하고 싶겠지만, 실제로 맥주가 보리로 만든 최초의 음식 중 하나였던 것도 사실이지만, 진짜 이유는 따로 있다. 보리는 따뜻하고 건조한 기후에 강하고, 척박하고 염분이 좀 있는 토양에서도 잘 자란다. 의자 게임에서 내 차지가 된 의자가 그다지 편한 의자가 아니라면 어떻게 할까? 그럴 때 사람은 주어진 땅에서 소출을 높일 방도를 궁리하게 되고, 그 답이 보리 재배일 수 있다.

비슷한 과정이 세계의 다른 지역에서도 일어났다. 멕시코 남부에서는 야생종 테오신테가 재배종 옥수수로 변모했다(〈그림 2〉 참고). 진화유전학자 존 도블리John Doebley에 따르면 옥수수가 처음으로 작물로 재배된 곳은 기원전 7000년경의 멕시코 남서부 센트럴 발사스강 계곡Central Balsas River Valley이다.[19] 말했다시피 옥수수의 조상인 야생종 테오신테는 곡물보다는 잡초에 가까워서 문명의 태동을 지원할 만한 먹을거리가 아니다. 이것이 오늘날 우리가 아는 옥수수로 변모하는 데는 수렵채집민의 수천 년에 걸친 선택 과정이 필요했다. 옥수수는 씨앗 크기와 씨줄 수를 늘리기 위한 인간의 꾸준하고 의도적인 개입이 만들어낸 작품이다. 하지만 근동과 달리 이 일이 정착촌 맥락에서 일어나지는 않았다. 중앙아메리카의 경우 정착촌이 더 나중에 형성됐다. 이 지역에서는 재배 식료들이 기존 식단에 보다 점진적이고 느리게 추가된 것으로 보인다. 이 지역 수렵채집민은 옥수수 경작을 부수적 식료 조달 방식으로 시작했다. 그들은 강기슭을 따라 씨앗을 심기는 했지만 풍작과 흉작에 크게 연연하지 않았다.

중앙아메리카 수렵채집민은 이런 방식으로 여러 식물을 작물화했다. 멕시코와 페루에서는 호박과 호리병박(식용이 아니라 그릇용이었다. 씨는 먹을 수 있지만 과육은 부실하고 써서 먹을 수 없다)을 기원전 8000년부터 재배했다. (유전자 데이터에 의하면 이들의 조상 식물은 아시아에서 해류를 타고 흘러든 것 같다.) 한편 미국 동부의 수렵채집민/농경민은 기원전 5000년경에는 호박을, 기원전 3000년경에는 해바라기, 웅덩이풀(마시엘더), 명아주 같은 습지 식물을, 이후에는 마디풀과 메이그라스maygrass를 길들였다. 이중 일부는 불안정한 서식지에서도 잘 자라는 '잡초성' 식물이다. 사람들이 건물을 짓거나 땔감으로 쓰기 위해 강가의 나무들을 베어내면서 강기슭에 이 잡초성 식물들이 무성해졌다. 분포가 조밀해지면서 회수율이 증가해서 결국 상시 활용 가치가 생겼다. 보다 실한 씨앗을 얻기 위한 의도적 선택과 의도적 파종도 그 과정에 가세했다.

하지만 청함을 받는 자는 많아도 택함을 입는 자는 적은 법이다. 미국 동부에서 재배된 식물들 모두가 명예의 전당에 입성한 건 아니었다. (슈퍼마켓에서 웅덩이풀 본 적 있는 사람?) 그중 일부—가령 테오신테와 야생 밀과 야생 보리 등—만이 '배고픈 인간' 같은 지능적 선택인자와 만났을 때 생산성과 회수율 높은 식료로 환골탈태할 수 있는 유전적 '가소성'을 보유하고 있었다.

이렇게 우연히 잠재력을 보유한 식물들에 우연히 가해진 인간의 조작이 해당 식물들의 유전적 변이와 진화를 촉진하고 매개했다.[20] 원시 농경민은 옥수수, 쌀, 감자 등등의 품종 개량에 나섰고, 그들의 방법은 현대 농부들의 방법과 많이 다르지 않았다. 그들은 씨앗 크기와 식물 밀도를 인위적으로 늘려서 작물 회수율을 높이고 마침내 자급용 농작물을 만들어냈다. 선택적 육종을 통해서, 그리고 낫, 쟁기, 관개, 계단식 재배, 비료 같은 기술 혁신을 통해서 이룬 결과였다. 이때쯤 농경 공동체가 탄생했다. 뒤이어 인구가 팽창하면서 농경민이 사방으로 퍼졌고, 그들과 함께 작물이 퍼졌다.

옥수수가 기원전 5500년까지 멕시코 전역으로 퍼졌고, 오래지 않아 호박, 콩, 토마토가 그 뒤를 이었다. 기원전 4000년경 이미 정착촌락들이 생겼다. 옥수수 경작은 남북으로도 확장됐다. 옥수수가 700~1000년에 미국 동부에서 작은 습지 식물들을 대체했고, 기원전 3000년 이후에는 중앙안데스에서 감자와 더불어 주요 작물로 자리매김했다.

한편 중국에서는 기원전 8000년경 재배종 기장과 벼가 출현했다. 사하라 이남 아프리카에서는 기원전 2000년경에 기장 재배가 이루어졌는데(《그림 2》 참고), 여기서는 식물의 작물화에 앞서 기원전 4000년경에 소, 염소, 양의 가축화가 진행됐다. 세계적으로 시기는 다르지만 대략 1만 년 전을 기점으로 결국에는 많은 사람이 수렵채집에서 농경으로 이행했다. 우주의 관람석에서 보면 수렵채집민의 입지가 좁아지며 지구가 빠르게 농경민의 세상으로 변해간다.

그리고 이것이 모든 것을 바꿨다.

포틀래치, 선물 전쟁

'누구도 외딴 섬이 아니다'라는 말이 있다. 세상을 혼자 살 수는 없다는 말이다. 수렵채집인도 예외는 아니었다. 플라이스토세 동안은 수렵채집 무리들이 공식적으로 가족 수준 이상의 공동체를 조직하는 일이 드물었다. 사람들은 개인 단위로 또는 가족 단위로 움직였다. 어디에도 공식적인 경계는 없었고, 관문을 지키며 비자를 검사하는 세관원도 없었다.

그렇다고 수렵채집민이 원하는 대로 어디나 갈 수 있었던 건 아니다. 현대의 수렵채집민은 경계를 인식한다. 다만 그들에게 경계 선은 고정불변의 것이 아니다. 침투와 타협이 가능한 것이다. 내가 마다가스카르 남서부의 숲을 도보로 가로지를 때였다. 미케아족 안 내인이 갑자기 걸음을 멈추고 우리가 방금 벨로족 영토에 들어섰음 을 알렸다. 그곳에는 경계를 표시하는 어떤 것도 없었지만 우리의 안내인은 우리가 타인(벨로라는 작은 마을에 사는 사람들)에게 '속한' 땅에 있다는 것을 알고 있었다.

하지만 '속한'은 틀린 표현이다. 방랑 수렵채집민에게는 땅을 소 유한다는 개념이 없다. (적어도 정부가 그들에게 그 개념을 강제하기 전까 지는 그랬다.) 다만 자원 이용을 허가할 권리는 있다고 여긴다. 일반 적으로 방랑 수렵채집민은 요청만 하면 허락한다. 그들은 무단침입 하지 않는다. 모닥불 연기나 발자국으로 발각될 게 뻔하기 때문이 다. 역시 마다가스카르에서 있었던 일이다. 아내와 함께 사막을 가로 질러 25km를 걸은 뒤 한 오두막에서 쉬고 있는데, 낯선 사람이 와 서 말했다. "왕발의 주인이 당신이군요." 그는 나와 아내를 추적해서 사막을 건너온 거다. 구두 발자국 때문에 우리가 이방인 게 들통났 고, 그는 우리의 용건을 알고자 했다. (이방인은 주로 국가 공무원, 즉 문젯거리를 의미했다.)

수렵채집인은 거의 언제나 남들에게 '자기들의' 땅을 이용할 권리를 허락한다. 나중에 언제든 입장이 바뀔 수 있기 때문이다. 지 금 호의를 베풀어야 나중에 방문객에게 같은 호의를 기대할 수 있다. 그런데 방랑하던 수렵채집민이 한곳에 정주(定住)하기 시작하면서 상황이 달라진다. 정착민이 되는 과정이 의자에 먼저 앉기 게임과 비슷하다는 것을 기억하자. 모두가 의자를 하나씩, 즉 해당 지역의 장소를 하나씩 차지하고 깔고 앉는다. 어떤 장소는 다른 장소보다 입지 조건이 좋다. 다른 곳보다 양질의 야생 식료가 많고, 농경 잠재성이 크다. 이런 상황에서 지역에 흉년이 닥치면 어떻게 될까?

불리한 땅에 나앉은 사람들이 유리한 땅을 차고앉은 사람들에게 도움을 청한다. 하지만 좋은 땅에 사는 사람들은 나중에라도 나쁜 땅에 사는 사람들의 도움을 받을 일이 별로 없다. 좋은 땅의 사람들마저 굶주릴 정도의 흉년이 온다면 그저 그런 곳의 사람들은 죽어 나갈 판일 테니까. 그렇지만 잘사는 마을이 도움을 구하는 사람들을 문전박대하면 보복당할 위험이 있다. 야박한 마을에 폭력을 행사하다가 죽음을 맞을 수도 있지만, 굶어죽을 위기에 처한 사람에게는 이렇게 죽나 저렇게 죽나 마찬가지다.

북아메리카 북서 연안의 수렵채집어로 사회들이 그 경우 일어났을 일의 단서를 제공한다. 이 지역 원주민 사회들, 가령 콰키우틀족에게는 탄생, 결혼, 장례 등 기념할 일이 있을 때 사람들을 초대해 성대한 잔치를 열고 손님들에게 재물과 음식을 나눠주는 풍습이 있었다. 이 잔치를 포틀래치potlatch라고 한다. 포틀래치는 치누크족의 통상어로 '주다'라는 뜻이다.[21] 하지만 콰키우틀족은 이 잔치를 '납작하게 만들다'라는 뜻의 파사pasa로 부른다. 깔려 죽을 만큼 선물이 후했으니 어쩌면 이게 더 정확한 표현이다. 용어에서 느껴지다시피 포틀래치는 체면을 잃지 않으려고 경쟁적으로 이루어졌다.

포틀래치를 짧게 묘사하자면, 의상, 춤, 마술묘기, 음식, 음식, 또 음식이었다. 즉 사람들에게 과시하는 게 목적이었다. 잔치의 하이라이트는 선물 증정이었다. 대개는 주인—마을 실세—이 재물을 늘어놓고 지극히 과시적인 방식으로 손님들에게 선물했다. 선물 중에는 담요, 카누, 심지어 노예도 있었다. 그중에서도 가장 값나가는 것은 그림과 돋을새김으로 장식한 '방패'였다. 때로는 주인이 멀쩡한 물건들을 바다에 던지거나 모닥불에 태우는 방법으로 모두가 보는 데서 재물을 파괴하기도 했다. 이 잔치들은 사회학자 소스타인 베블런Thorstein Veblen(1857~1929)이 1899년에 과시소비conspicuous consumption로 명명한 유한계급의 개츠비 스타일 파티와 다를 바가 없었다.

포틀래치에 초대받은 마을의 대표는 같은 방식으로 답례해야 했다. 그러기 전까지는 초대했던 마을과 자기 마을 양쪽에서 눈총을 받고 위신을 잃었다. 그 이유는 주인이 잔치에서 뿌릴 재물을 확보하는 방식과 관계있다. 그는 일단 자기 마을 내에서 작은 규모의 포틀래치를 여러 번 연다. 마을 사람들은 거기서 받은 것보다 조금 많은 양으로 답례해야 한다. 그러지 않는 개인은 체면을 구긴다. 어떤 면에서 투자금융과 비슷하다. 야심가가 다른 마을을 상대로 포틀래치를 성대하게 열어서 하객들에게 자기편이 얼마나 많은지 과시했다. 그가 모은 재물이 많을수록 그만한 권력을 쥐고 있다는 뜻이었다. 포틀래치의 노골적인 메시지는 이거였다. "우리가 얼마나 뿌

려낼 수 있는지 잘 봐. 우리는 이렇게 뿌리고도 까딱없어. 우리와 엉길 생각은 하지도 마. 그랬다간 밟아 뭉개줄 테니까. 자, 이제 친하게 지내보자고."[22]

비옥한 초승달 지대 초창기 마을 공동체들에도 이런 잔치가 필수적이었을 것이다. 잔치에 필요한 음식을 생산해야 하는 부담이 농경 촉진 요인 중 하나였을 수도 있다. 음식이 많아야 상대의 기를 죽일 수 있으니까. 수확물의 일부는, 특히 보리는 맥주처럼 오로지 잔치 음식을 만드는 데만 쓰였다. (기원전 7000년경 중국 황허강 유역에서 처음 술을 빚었고, 보리 맥주는 기원전 3400년경 지금의 이란에서 양조했고, 포도주는 이보다 앞서 기원전 5400년경 시작됐다.) 마을들 사이에 끝없이 서열 다툼이 있었을 것이고, 잔치들이 서로의 힘을 판단하는 장으로 기능했다. 이것이 새로운 차원의 협력을 낳았다. 물론 저변에 경쟁과 뒷셈이 깔린 협력이기는 했지만, 협력과 경쟁은 원래 함께 가는 법이다.

넓게 봤을 때 이 모든 것—정주 공동체, 농경, 경쟁적 축제—을 야기한 것은 인구와 식량의 불균형이었다. 농경이 이 문제를 해결했고, 동시에 새로운 문제를 창조했다.

농경과 생식력

앞서 말했듯이 과거 수렵채집 집단들의 인구는 연간 약 0.04%의 성장률로 매우 느리게 증가했다. 오늘날의 세계 인구 증가율 1.14%와 비교된다. (인구 증가율은 1960년대 초 2.2%로 정점을 찍고 하락했다.)

학계는 인류가 수렵채집을 포기하고 농경민이 되면서 인구 증가율이 상승하기 시작됐다고 본다. 사실일 가능성이 높다. 이유는 명백하다. 식량 증가는 다산으로 이어진다. 이 현상을 신석기시대 인구 변천Neolithic Demographic Transition이라고 한다. 프랑스 인구통계학자 장-피엘 보케-아펠Jean-Pierre Bocquet-Appel은 선사시대 수렵채집민 매장지 유적과 선사시대 농경민 매장지 유적을 비교했을 때, 수렵채집민 매장지에는 어른 대비 어린이와 청소년의 유해가 적다고 주장한다.[23] 이 주장을 달리 표현하면, 수렵채집민 아이들은 대부분 무사히 커서 어른이 된 반면, 농경 공동체에서는 아동 사망률이 상대적으로 높았다는 거다. 하지만 민족지학 연구에 따르면, 수렵채집 사회에서 태어나는 아이 중 50~60%가 성년에 이르지 못하고 죽는다. 더구나 이 슬픈 추세는 19세기까지 꾸준히 이어진 것으로 보인다. 그렇다면 어째서 선사시대 수렵채집민의 묘지에는 아이들과 십대가 적은 걸까?

수렵채집민 여자들은 일반적으로 아이를 많이 낳지 않기 때문이다. 이것이 수렵채집민의 인구 성장이 그토록 느린 이유이자 세계 인구가 19세기 중반에야 10억에 이를 수 있었던 이유다. 한때 인류학계는 수렵채집민이 약초 피임약, 낙태, 출산 후 성관계 기피 등의 방법을 통해 의도적으로 인구를 낮은 수준으로, 심지어 환경 수용력 미만으로 유지했다고 생각했다. 하지만 약초로 만든 피임약이나 낙태약은 대부분 실효가 없고, 출산 후 성관계 금기도 자연적인 산후 무월경 기간 이후까지는 이어지지 않는다. 따라서 그런 방법들은 쓴다 해도 효과가 없다.

수렵채집민 여자들이 자식을 적게 낳는 것은 주로 작업량과 섭식 때문이다. 여성의 몸에 저장되는 에너지양, 여성의 음식 섭취량, 여성의 노동량 등이 관여하는 복잡한 생리작용이 여성의 생식 능력을 좌우한다. 간단히 말해서 몸이 말랐고, 하는 일이 많고, 에너지를 모유 수유에 쓰고, 많이 먹지 않는 여성—이것이 수렵채집민 여성의 전형적인 모습이다—은 규칙적으로 배란하지 못하거나 수정이 되더라도 수정란이 자궁에 착상하지 못할 가능성이 높다. 수렵채집민 여자 한 명이 가임 기간 동안 4~6명의 아이를 낳는다고 쳐도, 그중 절반이 생식 가능 연령에 이르기 전에 죽는다면, 결과는 느리기 짝이 없는 인구 성장과 어린이와 성인이 거의 반반씩 누운 묘지다.

농경이 이 상황을 바꿨다. 농경으로 여자의 에너지 수급이 달라졌기 때문이다. 이유식으로 사용 가능한 식료(쌀, 감자, 옥수수, 빵)가 등장하면서 농경민 여자들은 아기에게서 젖을 일찍 뗄 수 있게 됐고, 수유기가 짧아지면서 출산 후 배란이 전보다 빨라졌다.[24] 수렵채집 생활에서 여자들은 주로 식물 식재를 모으는 일을 맡았기 때문에 아마도 작물화 과정 초기에는 심고 돌보고 수확하는 일을 대부분 여자가 했을 것이다. 그러다가 원시농경 사회에 대한 민족지학 연구에 따르면, 남획으로 점점 줄어드는 사냥감을 쫓아다니는 것보다는 들에서 일하는 것의 시간 효율이 높아지자 결국에는 남자들도 농사일에 가세했다. 따라서 처음에는 여자들의 작업량이 증가했을지 몰라도 나중에는 줄었고, 일의 강도가 점차 계절 주기를 타게 됐을 것이다. 노동의 완화 또는 계절화가 여성의 생리기능을 바꾸고 임신 능력을 높였고, 결과적으로 농경 공동체의 여자들이 수렵채집 공동체의 여자들보다 가임 기간 동안 더 많은 자녀를 낳았다. 사망률은 50~60%로 여전히 높았지만 생식력 증대(이를테면 여성 한 명당 4~6명에서 8~9명)가 단기 인구 증가율을 높였다. 단기적으로 늘어난 인구는 가뭄, 서리, 해충 피해, 질병, 농지 과용 등에 의해 주기적으로 붕괴하면서 과한 인구 증가가 억제됐다. 그럼에도 인구압population pressure을 감지한 초기 농경민은 토지 생산성을 높일 필요에 처했다. 인구 감소가 간간히 일어났지만, 전체 성장세가 유지되면서 세계 인구가 기하급수적으로 늘었다.

인류는 수만 년 동안 방랑 수렵채집인으로 살았다. 하지만 인구 증가로 세상이 사람들로 붐비고, 이동이 어려워지면서 국지 환경들은 부양 능력의 한계를 드러냈다. 이때 기후 변화와 우연한 식물 개량이 몇몇 지역에서 농경의 실현을 촉진했다. 새로운 삶의 방편이 생긴 것이다. 수렵채집민은 이 기회를 잡았다. 수렵채집민은 지질학적 타임라인에서는 거의 하룻밤에 가까운 짧은 시간에 농경민으로 변모해 곳곳에 정주 마을을 세웠다. 식량 문제가 해결되면서 인구가 꾸준히 늘어나 거주지 확보를 위한 경쟁이 심화됐다. 그리고 또 다시 과거와는 전혀 다른 그리고 누구도 예상치 못한 미래가 닥쳤다.

6장

왕과 사슬

국가의 기원

Kings and Chains; The Beginning of the State

—

항상 지나고 나면 과거가 좋아 보인다. 여기 없으니까 좋은 것뿐이다.

— 핀리 피터 던Finley Peter Dunne(1867~1936)

—

런던에 왔는데 딱 한 군데만 둘러볼 시간이 있다면, 나는 영국 박물관British Museum을 추천한다. 정문으로 입장해서(입장료는 없다) 거대한 아트리움에 들어선다. 곧장 직진한다. 아트리움의 중앙부는 원래 도서관의 원형 열람실이었다(영국박물관 부속 도서관은 1973년에 영국도서관British Library으로 개명하고 독립했으며, 1998년에는 유스턴가로 이전했다-옮긴이). 이곳에서 칼 마르크스가 《자본론Das Kapital》을 썼다. 도서관을 빙 돌아 왼쪽으로 이동해 의외로 수수한 문을 통과한다. 그러면 눈앞에 로제타스톤Rosetta Stone이 모습을 드러낸다. 로제타스톤은 세계적으로 가장 의미 있는 고고학 유물 중 하나이자 인류사상 네 번째 기원의 상징이다.

로제타스톤의 발견이 어느 고고학자의 열정적 연구와 지난한 현장작업의 결과였다고 말할 수 있다면 얼마나 좋을까. 하지만 그렇지 않았다. 로제타스톤은 1799년 이집트에 원정한 나폴레옹의 군대가 나일강 하류의 로제타에서 방어기지를 구축하던 중에 피에르-프랑수아 부샤르Pierre-François Bouchard라는 군인에 의해 우연히 발견됐다. 다행히 부샤르가 역사적 가치가 있는 물건일지 모른다고 여겨 상부에 보고한 덕분에 로제타스톤은 연구소로 옮겨져 프랑스 학자들에게 고대 유물로 확인받았다. 그런데 1801년 프랑스와 영국의 전쟁에서 프랑스가 패하면서 영국의 수중에 들어갔다. 그게 로제타스톤이 오늘날 파리 루브르가 아니라 런던 영국박물관에서 관람객을 맞는 이유다.

로제타스톤의 발굴은 고고학자 브라이언 페이건Brian Fagan이 '나일강의 약탈the rape of the Nile'로 부른 것의 시작에 불과했다.[1] 19세기 중반까지 이집트는 그리스, 이탈리아, 근동과 더불어 고고학 장터였다. 어마어마한 돌덩이들을 멀리까지 옮길 배짱이 있는 인간이라면 누구나 거의 노략질에 가까운 문화재 반출 각축에 끼었다. 약탈자들은 나일강 유역에 특히 눈독을 들였는데, 이곳의 고고학적 유산이 엄청났기 때문이다. 피라미드, 무덤, 조각상, 왕궁, 하늘을 찌르는 원주들… 유럽 유명 박물관들의 더럽고 공공연한 비밀을 말하겠다. 그들의 대표적 전시물의 상당수는 제국주의 시절 피정복 국가들에서 강탈했거나 현금에 목마른 통치자들로부터 헐값에 사들인 것들이다.[2] 이왕 폭로하는 김에 더 털어놓자면 고고학은 이들 약탈자들의 이해관계가 만들어낸 학문이다. 예의상 우리는 그들을 골동품 수집가로 불러주고, 집안의 괴짜 삼촌 대하듯 한다. 한마디로 그들에 대해 별로 얘기하고 싶어 하지 않는다.

우주의 관람석에서 세계사의 전개를 구경한다 치면 지금이 슬슬 엉덩이가 아파오는 시점이다. 하지만 불편함은 이내 잊힌다. 일단 농경이 등장한 이후에는 변화가 정신을 못 차리게 빨라지기 때문이다. 최근 1만 년 동안, 특히 최근 5000년 동안 일어난 변화가 앞서 600만 년 동안 일어난 변화보다 많다. 이제 도시들, 검과 창, 금과 은, 신전과 궁전, 대로와 교각, 보석, 향신료, 전차, 돈 그리고 사슬에 묶인 남녀의 시대가 온 것이다. 바로 국가state들의 시대다.

고고학에서 국가는 최소 세 단계의 정치적 계층을 가진 사회를 지칭한다. 가장 간단하게는 지배계급, 관료계급, 노동계급으로 구성된다. 더 중요한 것은, 이 계층들이 이전 수만 년 동안 세상을 지배했던 수렵채집 사회와 원시농경 사회들의 그것과는 전혀 다른 성격의 사회적 관계를 수반한다는 점이다. 극소수의 사람만이 수천 명의 노동으로 수십 년 들여 건설한 피라미드에 안장됐다. 무역, 예술, 과학의 발달에 따른 이득도 사실상 선택받은 소수가 독점하다시피 했다. 대다수 민중은 문명의 혜택에서 상당히 소외됐다. 소수가 다수를 지배했다. 구석기시대 수렵채집인들이 보면 기절초풍할 일이었다.

피라미드, 국가를 상징하다

우주의 관람석에서 볼 때 1만~5천 년 전에 대단히 두드러진 변화가 일어났다. 이때 지구 전역에 자잘하게 흩어져 조용하고 나른하게 움직이던 수많은 농경 공동체들이 거대한 공공 건축물을 거느린 대도시들로 대체됐다. 공공 건축의 대부분은 특정 기능—주거, 예배, 장례, 비즈니스, 통치와 행정—을 수행하기 위한 것들이지만, 개중에는 인류학자 폴 로스코Paul Roscoe의 말처럼, 사회구성원과 방문자에게 '충격과 공포'를 주기 위한 것들도 있다.[3] 어떤 면에서 공공 건축은 초기 농경시대의 경쟁적 잔치의 확장판이다. 방문자들에게 너희들이 누구를 상대하고 있는지 똑똑히 알라는 메시지를 보낸다. 충격과 공포 요법으로 치면 파라오 시대의 이집트를 따라갈 것이 없다.

　이집트 카이로 교외의 기자 고원을 방문할 기회가 있다면 쿠푸 왕Khufu(이집트 고왕국 제4왕조 제2대 파라오, 재위: 기원전 2589?~2566)의 피라미드 밑에서 위를 한 번 올려다보라. 꼭대기가 보이지 않게 높다. 쿠푸 왕 피라미드는 이집트에 현존하는 70여 개의 피라미드 가운데 가장 규모가 커서 대(大)피라미드로 불린다. 사실 기자에 있는 세 개의 피라미드 모두 이렇게 스핑크스와 신전을 거느리고 압도적인 규모를 자랑한다. 기원전 2550~2475년에 지은 기자의 피라미드들은 건설 당시에는 외부가 매끈한 백색 석회석으로 덮여 있었다. 해를 받아 번쩍이는 모습이 몇 킬로미터 밖에서도 장관이었을 거다. (피라미드 외장재는 풍화와 도굴로 떨어져 나가기도 했지만 후대 왕들이 떼어서 다른 곳의 건축 자재로 쓰기도 했다. 그 탓에 지금은 거친 돌들이 드러나 있다.) 거기다 피라미드의 대담한 직선들이 보는 사람의 간담을 서늘하게 했을 거다. 생김새는 단순할지 몰라도 피라미드는 단순한 건축물이 아니다. 피라미드 설계자들은 돌무더기의 복잡한 역학적 거동에 해박했다. 예를 들어 쿠푸 왕 피라미드 중앙 묘실의 경우 여러 겹의 캔틸레버식 천장이 엄청난 중압을 분산시켜 붕괴를 막는다. 내부는 진짜 묘실들과 가짜 묘실들(도굴꾼을 막기 위해서였지만 결과적으로 효과는 없었다)과 좁은 통로들(실용적 목적보다는 상징적 의미가 있었던 것으로 보인다)이 복잡한 구조를 이루고 있다.

지금 봐도 불가사의한 건축술 때문에 피라미드가 외계인의 작품이라는 터무니없는 음모론까지 있다. 이 음모론의 지지자들은 당시 이집트인들이 이런 건축 공법을 배웠다는 증거가 없고, 고대 기술로는 개당 2~3톤씩 하는 돌덩이를 옮겨와서 그 높이까지 정교하게 쌓아올릴 방법이 없었다고 주장한다. 한마디로 틀린 주장이다. 고대 이집트인은 피라미드 건설 방법을 스스로 찾아냈다. 바로 시행착오를 통해서였다.

피라미드를 짓기 이전의 이집트인들은 망자를 마스타바mastaba라는 무덤에 묻었다. 마스타바는 마름돌로 지은 정방형의 평평한 구조물인데, 묘실은 그 밑의 기반암을 파서 만들었다. 최초의 피라미드로 알려진 조세르 왕Djoser(고왕국 제3왕조 제2대 파라오, 재위: 기원전 2668~2649)의 피라미드는 사실 진짜 피라미드가 아니다. 기원전 2620년경 카이로 남쪽 사카라에 건설된 조세르 왕의 피라미드는 마스타바에서 진화한 계단식 피라미드다. 마스타바 여러 개를 규모를 줄여가며 층층이 쌓은 구조다. 진짜 피라미드는 훗날 스네프루 왕Sneferu(제4왕조의 첫 파라오, 재위: 기원전 2613~2589)의 설계자들이 최초로 시도했다.

　스네프루 왕의 설계자들은 처음에는 측면 각도가 60도인 작은 피라미드를 세웠다. 그런데 모래 지반이 버티지 못해 피라미드가 내려앉았다. 설계자들은 피라미드 바닥 면적을 늘려 규모를 키우고 피라미드 외부 경사도를 55도로 줄인 후 거대한 석재들을 안쪽으로 경사지게 쌓았는데(마스타바 건축에서 빌려온 기법), 이 방법 때문에 구조가 불안정해졌다. 할 수 없이 피라미드가 반쯤 올라갔을 때 돌을 반듯하게 쌓기 시작하면서 외부 경사도를 44도로 줄였다. 이 궁여지책 때문에 피라미드 경사가 중간에 꺾인 모양의 굴절 피라미드 Bent Pyramid가 탄생했다. 불행히도 문제는 계속됐다. 대충 쌓은 석재, 질 낮은 점토 모르타르, 모래 지반 등이 문제였다. 스네프루 왕은 결국 이 피라미드를 버리고, 근처에 새로 피라미드를 지었다. 그것이 붉은 피라미드 Red Pyramid다. 이번에는 자재의 질을 높이고 처음부터 안정된 각도를 추구했기 때문에 문제를 겪지 않았다. 그리하여 스네프루의 아들 쿠푸가 즉위해서 기원전 2550년경 기자에 자신의 무덤 건설 프로젝트를 시작할 때는 이집트의 피라미드 건축술이 절정에 이르렀다.[4]

　피라미드 공법에는 건축 자재인 거대한 돌덩어리들을 옮기고 쌓아올리는 방법도 포함된다. 실험에 의하면 고분벽화에 묘사된 것처럼 밧줄과 인력만으로도 어느 것이나 운반이 가능하다. (19세기에 이집트 유적지들을 약탈한 유럽인들도 비슷한 기술을 사용했다.) 이집트인들은 낮은 각도의 경사로를 만들고, 경사로 가장자리에 매끈하게 다듬고 기름 먹인 널빤지를 직각으로 세우고, 그 틈을 미끄러운 석고로 채웠다. 이 경사로를 이용하면 여러 사람이 힘을 합해 커다란 돌덩이들을 아찔한 높이까지 끌어올릴 수 있다. 기자 피라미드들을 원격탐사로 연구한 바에 따르면, 당시 건설자들은 피라미드를 나선형으로 감싸는 터널을 만들고 터널 안에 이런 경사로를 만들어 돌들을 위로 운반했고, 건설 후에는 이 터널들을 위에서 아래로 메운 것으로 보인다.

거대한 돌덩이를 멀리 옮기는 일은 이집트 파라오 시대 훨씬 전부터 있었다. 인류 최초의 신전으로 불리는 터키의 괴베클리 테페Göbekli Tepe는 T자형 돌기둥들로 지은 원형 구조물이 20여 개 모여 있는 거대 유적지다. 각각의 기둥은 무게가 최대 20톤까지 나가고, 기둥 표면에는 황소, 여우, 두루미 등이 얕은 돋을새김으로 조각돼 있다. 이곳 거석 구조물 가운데 가장 오래된 것은 기원전 9000년경(농경이 처음 싹트던 때)으로 거슬러 올라간다. 한편 영국의 거석 유적 스톤헨지Stonehenge는 기원전 3000년경에 세워졌다. 스톤헨지의 석재 중 사르센 석은 각각의 무게가 40톤까지 나가지만 산지가 근처다. 하지만 각각 1~2톤밖에 되지 않는 '작은' 블루스톤은 220km나 떨어진 노두(露頭)에서 옮겨온 것들이다. 영국 전역에 이런 헨지(선사시대 원형 유적)는 몇 군데 더 있다. (그중 일부는 거대 우드헨지woodhenge다.)

스톤헨지와 괴베클리 테페의 특징은 이들이 공동체 내장형 유적이 아니라 평원에 홀로 떨어져 있다는 것이다. 이 점이 도시가 생겨나면서 달라진다. 그때부터는 다양한 의식용 건축물들—신전, 사원, 원형극장, 학교, 로마 원로원 같은 관공서—이 공동체 안에 위치하게 됐고, 이들에 대한 접근이 상징적으로 그리고 실질적으로 통제됐다. 초창기 종교 건축물은 포괄성을 풍긴다. 애초에 통합을 위해 고안됐기 때문이다. 반면 국가의 종교적, 정치적 건축물은 보다 배타성을 띤다. 거기 속한 이들과 속하지 않은 이들을 통제하고 구분하는 용도이기 때문이다.

인간의 노력 여하에 따라 농경 생산성이 놀랍게 증가하는 곳, 그런 곳들에서 대규모 공공사업이 많이 일어난다. 마른 땅에 물을 대는 관개사업과 산악 지역에서 평평한 땅을 확보하기 위한 계단식 농지조성이 대표적이다. 거대한 습지 한복판에 수도를 두었던 멕시코의 아즈텍족은 치남파스chinampas라는 인공 농지를 조성했다. 강 바닥에서 퍼낸 비옥한 진흙을 층층이 쌓아서 물 위에 긴 직사각형 모양의 밭들을 만든 것이다. 아즈텍인들은 치남파스의 생산성 유지를 위해 분뇨를 모아서 거름으로 뿌렸다. 이 노력으로 이 지역의 환경 수용력이 올라가 인구가 계속 늘어났다. (현대에도 순환 관개, 인공 비료, 양어장, 유전자 변형 식품 등 생산성 증대를 위한 농법이 계속 나온다.)

생산성 증대는 늘어나는 인구를 먹여 살리기만 한 게 아니라 그중 일부를 식량 생산활동에서 해방시켰다. 국가 엘리트와 관료가 이렇게 탄생했다. 또한 생산성 증대는 국가가 '충격과 공포' 위업 달성에 막대한 노동력을 동원하는 것을 가능하게 했다. 피라미드 공사는 보통 수십 년씩 걸렸고, 거기 투입된 사람들은 농사일을 하지 않았다. 이렇게 다른 일을 하는 노동자들에게 식량과 임금을 조달하려면 농경 생산성이 높아야 했다. 그래서 건조 지역에 관개, 산악 지역에 계단식 농지가 생겼다. 농경의 핵심 요소는 토양, 물, 햇빛이다. 국가 형성의 필수 조건이었던 집약적 농경이 시작된 곳이 주로 충적토 평야를 거느린 하천 유역이나 햇살 가득한 사막 지역인 것은 결코 놀라운 일이 아니다.

이들 농경의 발상지 중 하나가 티그리스강과 유프라테스강 남부, 지금의 이라크 지역이었다. 이곳에서 기원전 6000년경 관개 농경이 시작됐고, 기원전 4000년경에는 우루크^{Uruk} 왕국이 형성되어 세계 최초의 도시 우루크(성서 속 이름은 에레크^{Erech})가 섰다. 우루크 이후 세계의 다른 곳들에도 국가가 등장했다(《그림 3》 참고). 기원전 3000년 직후 이집트 최초의 국가가 탄생하고, 기원전 2100년경 크레타섬에 미노스 문명이 등장한다. 기원전 1600년까지 미케네를 중심으로 그리스 문명이 성립하고, 이후 기원전 1000년 무렵 도시국가들이 일어난다. 중국에서는 기원전 2000년경에, 파키스탄의 인더스 계곡에는 기원전 2600년 이전에 공공 건축이 등장한다. 캄보디아의 앙코르 와트$^{Angkor Wat}$와 짐바브웨의 그레이트 짐바브웨$^{Great Zimbabwe}$(이 유적에서 국명이 유래했다)에도 비슷한 제사센터$^{ceremonial center}$가 건설됐다. 초기 국가들의 일부는 우루크 같은 도시를 기반으로 했고, 다른 일부는 노동을 제공하는 소규모 촌락들로 둘러싸인 제사센터를 중심으로 삼았다. 그러다 결국 도시가 국가의 정치와 통상의 중심이 됐다. 또한 많은 경우 도시들은 방벽을 쌓아 주방

어선으로 기능했다. [중국 시안(西安)에 가면 보존 상태가 좋은 고대 성벽을 볼 수 있다.]

신세계의 도시 발생 시점은 좀 늦다. 고기와 우유를 제공하고 쟁기를 끌어 농업 생산성을 높여줄 가축용 동물이 많지 않았던 것이 약점으로 작용한 것 같다. 그러나 어쨌든 나중에는 신세계에도 대규모 공관지구와 제사센터가 생겼다. 서기 1000년 직후 일리노이주 카호키아와 앨라배마주 마운드빌 같은 곳들에 위가 평평한 거대 흙 피라미드들이 세워졌다. 비슷한 시기에 미국 남서부에 살던 원주민은 차코 계곡Chaco Canyon에 방이 수백 개나 되는 다층 푸에블로를 수없이 지었고, 넓은 도로를 내서 이들을 계곡 너머의 세상과 연결했다. 고고학자들은 위의 경우들을 '국가'로 인정하지 않지만, 어

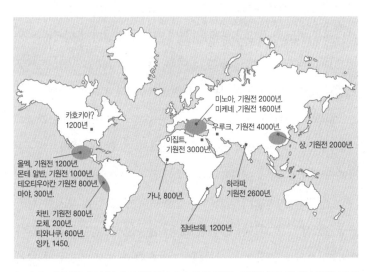

〈그림 3〉 세계 최초의 국가들이 등장한 곳과 시기. 이 중 일부는 진정한 국가 위상에 도달했는지 여부에 대한 논란이 있다.

쨌든 농경으로 촉발된 인간 삶의 사회정치적 복합화, 고도화를 보여주는 사례들이라고 할 수 있다.

기원전 1200년경 멕시코만 해안을 따라 중앙아메리카 최초의 문명인 올멕Olmec 문명의 제사센터들이 등장했고, 뒤이어 다른 고대 도시들이 잇따라 일어났다. 몬테 알반Monte Alban 문명은 산꼭대기에 도시를 건설했다. 테오티우아칸Teotihuacán 문명은 평정봉 제단들, 도시를 관통하는 직선대로 '죽은 자의 길', 이 길 양쪽에 늘어선 대규모 주택단지 그리고 신세계 최대 규모의 석조 건축물인 태양의 피라미드로 구성된 약 21km² 규모의 도시를 건설했다. 이후 문명의 중심이 남쪽으로 이동했고, 1519년 에스파냐 침략자들이 멕시코에 도착했을 때는 드넓은 호수의 한 섬에 아즈텍 왕국의 수도 테노치티틀란Tenochtitlán이 있었다. (호수는 오래전에 말라버렸고, 테노치티틀란이 있던 자리에는 현재 멕시코시티가 들어서 있다.) 더 남쪽에는 마야족이 중앙아메리카 정글과 유카탄반도와 멕시코 남부 산악지대에 걸쳐 눈부신 문명을 이룩했다. 마야 문명은 기원전 250년에서 서기 900년 사이에 전성기를 맞았다.

안데스 산지와 페루 해안에도 기원전 1500년경을 시작으로 복합사회체들이 연이어 생겼다. 이중 마지막이 바로 잉카Inca 제국이다. 잉카의 통치자들은 현재의 페루 쿠스코에 수도를 세웠고, 리오 우루밤바 계곡의 산 정상과 깎아지른 능선에 공중도시 마추픽추Machu Picchu를 건설했다.[5]

국가의 조건

　우주의 관람석에서 우리는 일단 국가가 태동하자 과학과 예술이 급속도로 발달하는 것을 목격한다. (로마의 아치형 수로교와 유럽 중세의 대성당 공중부벽 같은) 거대 건축물이 등장하는가 하면 역용 가축이나 수차가 움직이는 탈곡기가 등장한다. 수학의 발달이 건축 공법과 천체 관측과 상업 거래를 지원한다. 신석기시대 후반인 기원전 5000년 무렵 남유럽, 터키, 이란 북부에 구리 도구가 등장한 데 이어, 기원전 3300년경 청동(구리-주석 합금)이 등장해서 기원전 2500~1500년 사이에 유럽 전역으로 빠르게 퍼졌고, 기원전 1000년 이후에는 본격적으로 철기시대의 막이 올랐다.[6] 금과 은 제련은 좀 늦게 시작됐다. 이들 금속은 너무 물러서 뭐가 됐든 기능적 도구를 만들기에 적합하지 않았다. 그런데 바로 이 속성 때문에 신분과 권위의 상징 귀금속의 재료로는 그만이었다. 기원전 3500년까지는 바퀴가 구세계(중부 유럽)에 등장하더니 급속도로 퍼져 기원전 1400년까지는 중국에도 바퀴가 출현한다. (아이들 장난감을 제외하면 구세계와 접촉하기 전의 신세계에는 바퀴가 전혀 등장하지 않는다. 짐수레와 마차를 끌 역용 가축이 없었기 때문으로 판단된다. 하지만 바퀴의 부재가 신세계 원주민이 그들만의 건축적 경이를 이루는 것을 막지는 못했다. 대표적인 것이 마야 문명의 피라미드들이다.)

　구세계와 신세계 모두에서 통치자들은 여흥을 제공하고 자신들의 위상을 드높이는 궁중 장인들을 후원했다. 국가는 당대 슈퍼 심볼러들의 재능을 경쟁적으로 섭외, 확보했고, 이 국가적 장려책이 음악, 미술, 과학의 기술적 성장을 가속화했다. 그 결과가 베토벤 교향곡, 바티칸의 시스티나 예배당, 마야 천문학, 중국의 자금성 등으로 나타났다.

교역의 폭과 정도도 수송 기술과 전문 무역상들의 배짱이 허용하는 만큼 팽창했다. 구세계의 경우 기원전 200년까지 용감무쌍한 상인들이 6,400km에 달하는 실크로드를 개척했다. 실크로드는 여러 갈래로 뻗어 나가며 마침내 중국과 중세 유럽을 연결해서 유럽의 엘리트층에 그들의 사회적 지위를 과시하는 데 필요한 비단, 향신료, 보석, 장신구 등 각종 물품을 조달했다. 신세계의 교역은 이보다 제한적이었지만 그래도 광범위하게 일어났다. 예를 들어 미국 남서부의 푸에블로 유적지에서 발견된 구리 종, 마코앵무의 뼈, 터키석, 흑요석, 도기 용기에 남은 초콜릿 잔여물이 이 지역과 멕시코와 중앙아메리카 사이에 통상이 있었음을 말해준다.

교역 자체는 새로운 것이 아니었다. 사실 통상은 수천 년이나 존재했다. 다만 옛날에는 물물교환이라는 비공식적 시스템으로, 또는 경제적 목적보다는 사회적 취지로 주고받는 '선물'의 형태로 이루어졌다. 서로를 잘 알고, 반복적 만남이 예상되는 사람들 사이에서는 이 시스템이 잘 작동했다. 하지만 인구가 증가함에 따라, 상인들이 다시 만날 기약 없는 먼 곳의 상대와 물품을 교환할 필요가 생겼고, 그러다 보니 교환 대상 물품이 만남의 시점과 장소에 마련돼 있지 않은 경우들이 생겼다. 이것이 물물교환을 어렵게 했다. 그러다 공식 화폐의 등장이 이 문제를 해결했다. (기원전 7세기 무렵 지금의 터키에 있던 리디아 왕국에서 세계 최초로 동전을 발행했다.) 동시에 화폐는 전에 없던 협력적 합의를 요구했다. (우리는 특정 도안이 새겨진 이 동그란 은 조각이 바꾸니 ○개 분량의 밀, 또는 거기에 상당하는 물건을 대신한다고 합의한다.) 이 방식이 오늘날까지 이어져 각국의 통화와 국제 가치 평가 기준을 낳았다.

국가사회는 표기 체계도 개발했다. 구세계에는 이집트 상형문자(기원전 3000년), 근동의 설형문자(기원전 3100년), 파키스탄의 인더스 문자(기원전 2500년), 중국 한자(기원전 1500년)가 나왔고, 나중에는 페니키아 문자(기원전 1000년), 선형문자 A(기원전 1600년), 선형문자 B(기원전 1450년) 그리고 그리스문자(기원전 750년)가 나왔다. 신세계에는 기원전 300년까지 마야족과 사포텍족과 미스텍족의 상형문자가 등장했다. 경우에 따라서는(예를 들어 이집트와 마야의 상형문자) 문자 기록 자체가 공공 건축에 포함돼 충격과 공포 전략의 일부로 기능했다. 이 경우 문자는 통치자의 미덕과 공적을 찬양하고, 모두에게 왕이 어째서 왕인지를 상기시키는 수단이었다. 이에 반해 설형문자는 (수천수만 장의 점토판에) 상거래와 납세 명세 같은 세속의 일상을 기록하는 데 쓰였다. 원거리 사업가들이나 국가 세리(세금징수관)들에게는 공적 기록의 필요가 컸고, 공적 기록에 대한 필요가 문자의 발달을 불렀다. 공적 기록은 낯선 이들과 나아가 적들의 신용을 보증했다. 중국은 상나라 때인 기원전 1300년 무렵 한자의 초기형태인 갑골문자를 거북이 등껍데기와 소 어깨뼈에 남겼다. 초기 한자는 청동 제기(祭器)에서도 발견된다. 일부 갑골문은 점을 치는 용도였으며, 여기서 나오는 점괘는 당시 신권정치 체제하에서 위정자들의 결정과 바로 연결됐다.

　이 모든 물질문화—산법, 글, 과학, 예술—를 사람들은 흔히 '문명'이라고 부른다. 옛 문명은 여전히 우리를 사로잡는다. 멕시코의 고대 마야 도시 팔렝케나 이집트 룩소르의 신전들 사이를 걸어 보라. 고고학자가 아니어도 과거로 돌아가 이 장소들이 실제로 살아 작동하는 모습을 보고 싶은 마음을 금할 수 없다. 그러나 과거로 가 보면 실망할 공산이 크다. 이들 건축과 예술과 음악과 수학과 글, 향신료와 비단과 초콜릿, 그리스 조각상과 도리아 양식 기둥은 모두 인류에게 일어난 모종의 변화—사람들이 서로를 이해하고 취급하는 방식의 변화—를 말해주는 것이며, 그 변화가 그저 유쾌한 것만은 아니었기 때문이다.

　초창기 농경 사회에서는, 심지어 인류학자들이 군장사회 chiefdom(엘먼 서비스Elman Service가 제시한 사회 발전 단계에서 부족사회와 국가사회 사이의 단계. 부족연맹사회라고 부르기도 한다-옮긴이)라고 부르는 나름대로 규모 있고 복잡한 구조를 가진 사회에서도, 동류의식이 사람들을 연결하는 지배적 원리였다. 예컨대 유럽과 처음 접촉하던 시점에서 거대 족장사회였던 고대 하와이의 경우 통치자 족장은 자기 백성을 '자식들'로 칭했다. 이런 성격의 사회에서는 동류의식이 서로에게 어떻게 행동해야 하는지에 대한 기본수칙을 제공한다. 수렵채집 사회와 원시농경 사회에 직접 들어가 실지 연구를 수행하는 인류학자들은 그곳의 명망 있는 가족에게 '입양'되는 형식으로 해당 공동체에 편입한다. 친족관계가 없이는 아무데도 낄 수가 없다. 공동체 사람들은 궁금하다. 저 이방인을 믿을 수 있을까? 저 사람과 농담해도 될까? 경의를 표해야 하나? 개인사를 말해도 될까? 이 문제는 상대가 속한 혈연집단이 파악되는 즉시 해결된다. 만약 공동체의 남성 구성원이 인류학자를 그의 '수양아들' 또는 '수양딸'로 받아들이면, 사람들은 자신이 남자의 생물학적 자녀에게 적용하는 관계를 인류학자에게도 똑같이 적용한다. 이로써 더는 헷갈릴 일이 없어진다.

하지만 국가사회에서는 지배자와 피지배민 사이의 동류의식이 단절된다. 물론 국가사회에서도 친족관계는 여전히 엄청난 영향력을 발휘한다. 영국은 아직도 왕위가 계승되는 나라이고, 영국인이라면 누구나 왕위 계승 서열 5위까지는 거뜬히 댄다.[7] 이에 비해 미국은 혈연으로 움직이는 사회가 아니라고들 말한다. 하지만 대통령, 상원의원, 하원의원을 줄줄이 배출하는 가문들이 따로 있는 걸 보면 미국이라고 핏줄이 중요하지 않은 건 아니다. 다만 국가사회에서는 친족 연대가 계층 간이 아니라 계층 내에서만 작동하는 게 문제다.

국가가 형성되면서 사회에 새로운 관계들이 추가됐다. 즉 지배층과 성문화된 관계를 가진 집단들이 생겨났는데, 관료, 세리, 군지휘자들이 거기 해당한다. 그리고 이들과 대중의 관계는 문화규범과 법규범에 의해 정의된다. 경찰이나 세리 앞에서 어떻게 처신해야 하는지 알기 위해서 꼭 그들과 개인적 친분이 있을 필요는 없다. 계급이 존재하는 사회도 마찬가지다. 영국 사람들은 일면식이 없어도 누구에게 허리나 무릎을 굽혀 절해야 하는지, 누구를 경, 레이디, 마담, 공주님 따위로 불러야 하는지 잘 안다.

동류의식이라는 사회적 규약에서 탈피하는 것이야말로 국가 형성의 관권이었다. 동류의식의 소멸은 두 가지 중요한 변화를 불렀다. 바로 극적인 사회적 불평등과 조직적 전쟁이다. 이 두 가지가 새로운 삶의 원리가 되어 초기 문명들의 업적들을 견인했다. 상대가 내 친척이 아니어야 그들을 노예로 삼고, 피라미드 공사에 동원하고, 전쟁터에 총알받이로 내보내기가 쉽다. 상대를 아예 나와 같은 인간으로도 보지 않으면 그러기는 더 쉽다. 우리 시대를 특징짓는 문제들 중 두 가지, 불평등과 전쟁이 5천 년 전에 그렇게 시작됐다. 어쩌다 그렇게 됐을까?

불평등과 전쟁의 시대

1장에 등장했던 비관론자 대학생은 "세상은 언제나 이래왔고, 앞으로도 계속 이럴 것"이라고 주장했다. 전쟁을 염두에 둔 말 같다. 언제는 뭐 우리가 서로를 두들겨 패지 않았나요? 전쟁은 결국 옆에 있던 돌멩이로 다른 호모 에렉투스를 갈기는 어느 호모 에렉투스의 확장판 아니겠어요? 한마디로 대답하겠다. 아니다.

이스탄불의 고고학 박물관에 가면 현존하는 세계 최초의 평화조약을 볼 수 있다. (복사본이 유엔 빌딩 안에 전시돼 있다.) 기원전 1258년, 이집트와 히타이트(지금의 터키 자리에 있던 고대 제국)가 카데시Kadesh(현재 시리아에 위치-옮긴이)에서 맞붙었다. 이 전투가 교착상태로 끝난 지 15년 후 두 국가는 평화조약을 체결했다. 상대를 제압하기 어렵다는 판단에 이른 이집트의 람세스 2세Ramesses II와 히타이트의 하투실리 3세Hattusili III는 서로 협력하기로 결정했다. 둘은 상대국으로 도망친 사람들을 본국으로 송환하기로 각자가 섬기는 신들 앞에서 맹세했다. (하투실리 3세는 조카 무르실리 3세Mursili III를 몰아내고 왕좌에 올랐는데 무르실리가 이집트로 망명해서 람세스의 보호를 받고 있었다.) 또한 상대국이 침략을 받을 경우 서로 돕기로 했다. 조약의 내용은 달콤할 정도다. 화해의 키스 못지않다.

하지만 카데시 전투에서 벌어진 끔찍한 대규모 살육전과 전쟁의 막대한 피해를 생각하면 그 생각이 쏙 들어간다. 양쪽 모두 수만의 병력을 동원했고, 전쟁기술과 상비군에 다방면으로 국부를 쏟아넣었다. 람세스는 무기 제조를 위해 나일강 삼각주에 새로운 수도를 건설하기까지 했다. (람세스는 제국의 서쪽 변방에서 리비아 부족들과도 전쟁을 벌이고 있었으므로 새로운 동맹이 필요했다.)

카데시 전투는 당시 오리엔트 세계의 두 강대국이 정면충돌한 국제전이었다. 이 수준의 전쟁은 우주의 관람석에 있는 우리를 앞으로 다가앉게 한다. 폭력 자체는 새로운 게 아니다. 사람들은 수천 수만 년 동안 서로 치고받고 싸웠다. 하지만 국가의 등장과 더불어 우리는 '오로지 사람을 죽이는' 용도로 고안된 검, 창, 장창 같은 무기들을 목도하게 된다. 나중에는 장궁, 석궁 그리고 중세 전쟁의 악랄한 병술들까지. 이에 대한 반응으로 마을의 목책, 도시 성곽, 마지막 보루로 세우는 높은 아성과 성채 등 방어 시설 구축에도 엄청난 투자가 이루어졌다.

상당수 고대 국가는 만족을 모르는 탐욕스러운 제국으로 몸을 키웠다. 근동에서는 히타이트 제국(기원전 1450~1220년)에 이어 아시리아 제국이 섰고, 그 뒤를 이은 아케메네스 조 페르시아 제국은 기원전 334년에 마케도니아의 알렉산드로스 왕에게 패망했다. 지중해 지역에서는 기원전 2000년 무렵부터 미노스, 미케네, 페니키아, 에트루리아, 고대 그리스, 고대 로마로 이어지는 다양한 세력이 흥망을 거듭했다. 다음에는 중세 봉건 유럽과 오스만 제국(1299~1922년)을 거쳐 네덜란드, 포르투갈, 에스파냐, 프랑스, 영국 등의 식민국들이 서로 격돌한다. 몽골에서 일어난 칭기즈 칸(1162~1227)이 세계를 휩쓴 후에는 나폴레옹, 히틀러, 스탈린, 마오쩌둥, 폴 포트 같은 군벌 통치자들이 발호한다.

중국에는 룽산문화(龍山文化, 황허 유역에서 기원전 3000~2000년에 존재했던 후기 신석기시대 문화-옮긴이) 시기였던 기원전 2500년 무렵에 성벽 마을들이 처음 등장한 이후 하(夏), 상(商), 주(周), 진(秦)으로 내려오며 왕조시대가 길게 이어졌다. 특히 춘추전국을 평정하고 중국을 통일한 진나라의 진시황(기원전 259~210)은 만리장성 축조를 시작하고, 표기 체제를 통일하고, 중국 최초로 중앙집권적 통치를 시행했다. 하지만 15년의 짧은 치세 후 한(漢)에게 망하고, 한나라가 무너진 이후에는 다시 여러 왕국이 명멸하며 경쟁하는 분열기가 오래 이어지며, 진(晉), 수(隋), 당(唐), 송(宋) 왕조가 차례로 섰다. 그러다 칭기즈 칸의 손자인 쿠빌라이 칸 치하의 몽골이 1271년

나라 이름을 원(元)으로 바꾼 후 송을 멸망시키고 중국을 지배했다.

원나라는 한족의 명(明) 왕조, 만주족의 청(淸) 왕조로 이어졌고, 중국의 마지막 왕조 청나라가 망한 뒤 중화민국(1912~1949)이 수립됐다가 마오쩌둥의 중화인민공화국 시대가 시작됐다. 물론 지난 5천 년 동안 아시아에서는 수많은 일이 일어난다. 중국 역사뿐 아니라 어느 문화의 역사도 무시할 마음은 없다. 다만 고고학자의 견지에서 볼 때 이야기의 큰 맥락은 변함이 없다. 이는 5천 년 동안의 패권 다툼이다. 유럽, 멕시코, 중앙안데스, 아프리카, 동남아시아, 중앙아시아에서도 같은 이야기가 펼쳐진다.

승리를 선포하고 세금을 매기고 법을 성문화하기 위해서 문자체계들이 생겨남에 따라 국가시대부터 역사시대가 시작된다. 역사가 빌어먹을 전쟁의 연속으로 느껴지는 것은 국가가 등장한 이후의 역사가 딱 그랬기 때문이다. 역사를 읽는 사람들이 미래를 암울하게 보는 것도 이해 못 할 바는 아니다.

1세기 전만 해도 유럽은 제1차 세계대전의 포화에 싸여 있었다. 당시에는 이 국제전을 대전쟁Great War으로 불렀고, 전쟁이 끝날 무렵에는 '모든 전쟁을 끝낼 전쟁'으로 불렀다. 불행히도 빗나간 예측이었다. 전쟁이 우리 삶의 일부라는 생각이 들 법도 하다. 우리는 싸운다. 고로 존재한다. 그게 우리다. 이런 생각도 이해 못 할 바는 아니다. 진화라는 경쟁 프로세스에서 폭력이 중요한 역할을 해온 것은 부인할 수 없다. 폭력은 인간의 행동 레퍼토리의 일부다. 그럼 전쟁은 정말 불가피한 것일까? 에이브러햄 링컨이 말한 '우리 안의 선한 천사better angels of our nature'는 영원히 무력화된 걸까?

인간 본성의 문제

이번 장은 국가사회에 관한 것이지만, 수렵채집사회에서 전쟁에 대한 질문의 답을 찾고자 한다. 수렵채집민이 인간 본성에 가깝다고 생각하는 사람들이 많기 때문이다. 모두가 수렵채집자로 살던 때로, (짐작건대) 삶이 덜 어수선하고 덜 복잡했던 때로 돌아가면 날것 그대로의 인간 본성을 볼 수 있을 걸로 생각한다.

이쯤에서 분명히 해둘 것이 있다. 옛날이든 지금이든 수렵채집민이라고 해서 다른 부류의 사람들보다 더 인간 본성을 반영하는 것은 아니다. 하지만 수렵채집민이 인간 본성을 있는 그대로 보여준다고 생각하는 사람들이 많으니, 정작 수렵채집민은 인간의 폭력 성향을 어떻게 생각하는지 들어보자.

서방세계의 인간 본성에 대한 개념은 양쪽으로 나뉜다. 한쪽의 수호성인은 토머스 홉스Thomas Hobbes(1588~1679)고, 반대편의 수호성인은 장-자크 루소Jean-Jacques Rousseau(1712~1778)다. 1651년 홉스는 《리바이던Leviathan》에서 사회 발생 이전 자연 상태의 인간 삶을 이렇게 표현했다. "예술도 없고, 문학도 없고, 사회도 없다. 최악은 끝없는 공포와 폭력적 죽음의 위험이 상존하는 것이다. 인간의 삶은 고독하고, 빈곤하고, 비참하고, 짧은 야수의 삶이다." 이에 반해 1세기 후 루소는 《인간 불평등 기원론Discours sur l'origine et les fondements de l'inégalité parmi les hommes》에서 "원시 상태의 인간보다 더 온화한 존재는 없다"고 했다. 어느 쪽이 맞을까? 수렵채집민은 원조 히피일까, 아니면 궁극의 전사일까?

먼저 알아야 할 것은 수렵채집민이라고 해서 더없이 행복하게 사는 건 아니라는 점이다. 다만 그들이 폭력 발생률은 낮고 폭력 수준도 치명적이지 않은 것은 사실이다. 예를 들면 주먹다짐 수준이다. 그들이 '착한 사람들'이서가 아니다. 소규모 평등주의 공동체에서는 그들의 문화규범이 공격성을 억제하기 때문이다. 인류학자 진 브릭스Jean Briggs는 1970년 북극해의 이누이트족에 대한 책을 내면서 《화내지 않는 사람들Never in Anger》이라는 제목을 붙였다. 이누이트족은 열 받는 법이 없다는 뜻이 아니었다. 그들의 문화에서는 노여움을 드러내는 것이 부적절하다는 뜻이었다.[8] 하지만 소규모 공동체에서도 어쩔 수 없이 남의 심기를 건드리는 일이 생기게 마련이고, 이때 억눌려 있던 갈등이 예기치 않게 분출할 수 있다. 그러나 이 경우의 폭력에는 분노 표출 외에 다른 목적은 없을 때가 많다. 분노가 폭력으로 불거지면서 때로 사망자가 발생할 수도 있지만, 그것은 광분의 결과이지 미리 계산된 위험은 아니다.

전쟁은 다르다. 전쟁은 계산된 위험이기 때문이다. 인류학자 더글러스 프라이Douglas Fry의 정의를 빌자면, 전쟁은 "공동체들 사이에 발현되는 상대적으로 비인격적이고 그래서 치명적인 공격"이다.[9] 비인격적이라는 것이 전사들에게 격정이 없다는 뜻은 아니다. 오히려 반대다. 통치지가 추종자들을 규합하고 그들을 전장에 내보내 죽음을 무릅쓰고 누군가를 죽이게 하려면, 그들에게서 격정을 불러 일으켜야 한다. 전투를 사적인 일로 만들어줘야 한다. 전쟁은 추악한 비즈니스다. 피상적 명분은 복수나 응징이지만, 집단을 전투에 나서게 하려면 이익 확보의 목표 또한 반드시 있어야 한다. 노예, 여자, 식량, 영토, 또는 선제공격을 통한 안보 등 이익은 여러 형태를 취한다.

때로 분쟁은 아주 유치한 이유로 시작한다. 갈등의 근원이 너무 사소해서, 이 점이 인간은 무턱대고 싸운다는 고정관념을 강화한다. 예를 들어 1860년에 북아메리카 북서 연안의 원주민 야쿠탓 틀링깃족이 포틀래치 중에 싯카 틀링깃족을 공격하는 일이 발생했다. 싯카족이 야쿠탓족보다 노래를 2년 연속 더 잘한 게 원인이었다.[10] 그렇다. DJ의 플레이리스트 때문에 전쟁이 터졌다. 하지만 노래는 정말 중요한 사실의 지표에 불과했다. 첫 번째 굴욕을 맛본 후 야쿠탓족은 설욕을 위해 이웃 부족에게 노래를 배웠다. 그런데 야쿠탓족 모르게 싯카족도 알류트족에게 배운 노래들로 레퍼토리를 늘렸다. 노래 자체는 문제가 아니었다. 문제는 노래가 동맹의 지표였다는 데 있었다. 더 폭넓은 레퍼토리를 통해 싯카족은 자신들이 야쿠탓족보다 강성한 세력임을 '다시 한 번' 천명한 것이다. 야쿠탓족의 입장에서는 선제공격에 나서든가 약체로 낙인찍히든가 둘 중 하나였다.

폭력도 인간이 목적 달성을 위해 쓸 수 있는 옵션 중 하나다. 다만 다른 모든 옵션처럼 폭력에는 대가가 따르고, 그 대가는 종종 비싸다. 가진 것을 잃을 수도 있고, 다치거나 죽을 수도 있다. 설사 성공한다 해도 폭력은 고비용 방법이다. 폭력은 적을 만들고, 다른 필요에 쓸 수 있었던 자원을 소모한다. 조직적 폭력은 한 가지 당면 문제를 해결하지만 동시에 다른 장기적 문제들을 만든다. 이것을 모르는 사람은 없다. 그런데도 때로 인류는 전쟁의 이득이 비용을 보상한다는 판단을 내린다. 그것도 분명하게 말이다. 어째서 그럴까?

먼저 수렵채집민 사이에 무엇이 전쟁을 유발하는지부터 생각해보자. 전쟁 발생 요인은 전쟁 지속 요인과 다를 수 있기 때문이다. 마을의 중요 자원, 예컨대 식량, 거주지, 짝 등을 뺏길 위기에 처했을 때 전쟁이 발발하기 쉽다. 그중에서도 식량이 가장 결정적일 것이다. 가장 시급한 문제니까. 수렵채집민은 가뭄, 산불이나 들불, 질병 등 삶의 터전에 나쁜 일이 닥치면 대개는 그냥 퇴장한다. 다시 말해 짐 싸서 그곳을 뜬다.

쉬운 해결책이다. 하지만 옮겨 살고 싶은 곳에 이미 누군가 살고 있다면, 그리고 그들도 이미 비슷한 압박 상황에 있다면 얘기가 달라진다. 인구압이 증가하면 전쟁과 폭력의 빈도가 올라갈 거라는 예상이 가능하다. 내가 수렵채집민에 대한 민속지학 데이터를 분석한 결과도 예상과 다르지 않다. 인구압이 증가하면 살인 발생률뿐 아니라 전쟁 발생률도 높아진다.[11] 특정 식량 기반에 의존하는 인구가 많아지면 수렵채집민 사이에 싸움이 일어난다. 여기까지는 특별할 것이 없다. 폭력이 인간 본성이라기보다는 생존 의지가 인간의 본성이다. 수렵채집민이든 대학 교수진이든 간에 누구라도 진퇴양난 상황에 처하면 싸우게 돼 있다.

고고학 데이터도 같은 메시지를 전하는 것 같다. 내가 '같다'라고 한 발 뺀 건, 선사시대 인간 폭력을 입증하려면 폭력의 흔적을 담은 인간 유골이 있어야 하기 때문이다. 폭력의 흔적은 팔뚝 뼈의 방어성 상흔, 뼈나 체강에 박혀 있는 돌촉, 두개골의 함몰 골절 등의 형태로 남는다.[12] 유골이 남아 있더라도 불행히 보존 상태가 좋지 않을 때가 많고, 당연한 말이지만 먼 과거로 갈수록 유골도 희귀해진다.

증거가 아주 없지는 않다. 수단 북부 나일 강변의 제벨 사하바 Jebel Sahaba 묘지 유적에서 1만 3000년 전 무렵 충돌의 증거가 나왔다. 고고학계는 이를 인류 최초의 전쟁 유적이라고 부른다. 증거가 명백하다. 거기 묻힌 유골 24구의 체강에서 발사무기의 돌촉이 여러 개씩 나왔다. 이들은 몸에 여러 발을 집중적으로 맞고 숨졌으며, 일부는 목 척추뼈에 돌촉이 박혀 있어서 처형당한 것으로 보인다. 이는 전쟁, 또는 그에 준하는 상황을 말해준다.

하지만 제벨 사하바가 두드러지는 이유는 그야말로 이례적이기 때문이다.[13] 고고학자 조나단 하스Jonathan Haas와 매튜 피시텔리 Mathew Piscitelli가 1만 2000년보다 오래된 매장지들을 거의 3천 곳이나 조사했지만 전쟁과 비슷한 폭력이 일어난 경우는 네 곳뿐이었다.[14] 인류학자 브라이언 퍼거슨Brian Ferguson도 농경의 시작 이전, 그리고 국가사회 등장 이전의 선사시대 유럽에서 폭력의 증거를 거의 찾지 못했다.[15]

북아메리카의 경우도 비슷하다. 고고학 조사에 따르면, 전쟁은 주로 인구밀도가 높아지고 환경 수용력이 하락하는 시점에서 발생했다. 전쟁의 증거들이 중세 온난기Medieval Warm Period로 불리는 시기에 해당하는 950~1250년에 대평원Great Plains, 캘리포니아 남부, 미국 남서부 지역 등에서 급격히 증가한다.[16] 북아메리카의 원주민 인구는 서기 1000년경 정점을 찍는다. 명실상부한 사상 최고치였다. 그때 고온 건조한 중세 온난기가 모두의 발등을 찍었다. 인구 증가로 환경 수용력이 감소하면서 사람들의 위치 선점 경쟁이 심화하며 폭력이 증가했다.

사우스다코타주에 있었던 원시농경 마을 크로 크리크Crow Creek가 직격탄을 맞은 곳 중 하나였다. 1325년 마을 주민 대부분에 해당하는 500여 명이 학살당했다. 콜로라도주에서는 메사 버드Mesa Verde에서 옥수수를 경작하던 사람들이 1190~1300년 사이에 홀연히 거주지를 떠나 접근이 어려운 절벽으로 삶의 터전을 옮겼다. 이들은 밧줄로만 접근이 가능한 낭떠러지에 곡물 저장고를 지었다. 인근 지역에서도 마을 거주민이 마찬가지로 접근이 어려운 산꼭대기로 이주했다. 이 시기 유적지들에서는 폭력적 죽음과 심지어 식인 행위의 흔적이 있는 인간 유골이 나오는 경우가 많다.

고대 수렵채집민이나 초기 농경민이나 서로 죽이는 일은 심심찮게 있었다. (2장에서 논한 외치의 경우를 보라.) 하지만 전쟁은 문화적 행동이 아니라 문화다. 방랑생활을 하는 수렵채집민은 연대와 연줄을 중시한다. 이들의 문제 해결 방식은 어려울 때 이웃의 땅에 들어가 살거나 반대로 이웃이 어려울 때는 자기 땅에 받아주는 방식이기 때문이다. 방랑생활은 상호 의존을 기반으로 한다. 그렇다고 수렵채집인들이 만날 때마다 서로를 포옹하며 쿰바야를 불렀다는 뜻은 아니다. 호주 원주민 사회에서 한 방랑집단이 다른 집단의 땅으로 피난 왔을 때 양측의 첫 대면은 날카로운 긴장감 속의 세력 과시인 경우가 많았다. 그들도 서로를 미심쩍어했다. 하지만 결국에는 양쪽 모두, 비록 내키지 않더라도, 협력에 가치를 두는 쪽을 택했다. 그것이 그들의 문화였다. 그들이 착해서가 아니다. 필요에 따랐을 뿐이다.

그러다 방랑하는 캠프 생활이 정주 마을 생활로 바뀌면서 사람들도 변해야 했다. 삶의 물질적 조건 변화가 삶의 기본 전략 변화를 가져왔다. 협력에서 경계로, 그러다 람세스 2세와 하투실리 3세가 그랬던 것처럼 세력 확대를 위한 동맹으로 바뀌었다. 정주민은 폭력적 방법을 쓸 각오와 준비를 하고 살아야 한다. 그리고 이것이 그들의 문화를 바꾼다. 사람들은 호전성에 가치를 두게 되고, 폭력을 통해 명망을 다투게 된다.

이 속성들은 방랑 수렵채집민보다 정착 수렵채집민 사이에서 더 강하게 나타난다. 아프리카 남부의 방랑 수렵민인 주호안시족의 남자가 인류학자 리처드 리Richard Lee에게 이렇게 말했다. "젊은이가 사냥에서 고기를 많이 잡다 보면 자기가 추장인 줄 알아요. …우리는 시건방진 사람을 거부합니다. 언젠가는 그 자만심이 다른 사람을 죽이게 됩니다. 그래서 우리는 교만한 사람의 고기를 항상 가치

없는 것으로 깎아내립니다. 이런 방법으로 우리는 젊은이의 심장을 식히고 그를 고분고분하게 만들죠." 한편, 북아메리카 북서 연안의 정주민인 콰키우틀족의 남자가 마을사람들에게 하는 말은 딴판이다. "다른 부족들이 (포틀래치를 위해) 우리 마을에 올 때마다 우리가 내놓는 담요는 항상 그들보다 네다섯 장은 더 많다. 조심하라, 젊은 추장들이여, 그러지 않았다간 높고 귀한 명성을 잃게 된다. 우리의 할아버지들은 피의 전쟁에서도 부(富)의 전쟁에서도 져본 적이 없고, 그 결과 모든 부족을 우리 콰키우틀족 밑에 둘 수 있었다."[17]

전쟁은 삶의 물질적 조건에 따른 것이다. 이 조건이 폭력의 문화를 만들고, 이 문화는 전적과 무공을 숭상하고 높이 보상하고, 여성들을 핍박하고 남성 전사들을 높인다. 이 폭력의 문화는 은밀히 확산되고 극복하기 어렵다. 그렇다고 그것이 인간 본성을 나타낸다고는 볼 수 없다.

국가의 문화, 전쟁

전쟁을 보다 면밀히 조망하려면 수렵채집민뿐만 아니라 여러 다양한 인간 집단을 대상으로 하는 비교문화 연구들이 필요하다. 인류학계는 수십 년에 걸쳐 세계 각지의 민족지학 데이터를 집대성해서 예일 대학교에 인간관계지역파일Human Relations Area Files, HRAF이라는 방대한 데이터베이스를 구축했다.[18] 인류학자 캐럴 엠버Carol Ember와 멜빈 엠버Melvin Ember(1933~2009)가 이 HRAF를 이용해서 전쟁에 대한 비교문화 연구를 수행했다. 두 학자는 식량 부족 등의 예측 불가 상황들과 전쟁 사이에 통계학적으로 유의미한 상관관계가 있음을 발견했다.[19] 인간사회는 계절적 궁핍 같은 규칙적이고 예측 가능한 문제들에 대해서는 대응 메커니즘들을 구축, 가동한다. 하지만 예측할 수 없는 일이 닥치면 속수무책 벼랑 끝으로 몰릴 수 있다. 이례적으로 혹독한 겨울이나 건조한 여름은 넓은 지역에 영향을 미쳐 이웃 사회들이 서로를 구제할 수조차 없는 지경에 이르기도 한다. 인구밀도 증가는 파국의 가능성을 높인다. $1km^2$ 안에 열 명이 살 때 일어나는 식량/물 부족 사태는 같은 땅에 100명이 살 때의 사태만큼 심각하지 않다.

엠버 부부는 이 패턴이 모든 사회에서 유효한데 국가사회는 예외라는 것을 알아냈다. 국가사회는 대규모 전투부대를, 그것도 평화 시에도 해체되지 않는 직업군인들인 상비군을 두어야 한다. (예를 들어 가뭄이나 메뚜기 떼가 닥쳐) 수확을 망치면 이웃을 정복하거나 약탈하는 데 필요한 병력을 먹이고 유지하기 어려워진다. 그걸 피하기 위해서라도 이웃을 정복해야 한다. 국가사회가 국가인 이유는 이웃 사회들을 정복했기 때문이고, 이렇게 넓어진 국가에서는 자원의 지역 간 이동과 재분배가 가능하다. 고대 국가의 다수는 바깥으로 영토를 확장하고 주변의 작은 정치 단위들을 정복해서 제국으로 성장했다. 피정복국은 속주가 되어 제국의 수도에 자원과 노동력을 제공한다. 이렇게 자원 기반을 확대하면 국가는 예측 불가한 사태에도 끄떡없게 된다.

그렇다고 국가 형성 후 폭력이 없어지는 건 아니다. 천만의 말씀이다. 그 반대다. 비(非)국가 사회의 폭력은 소규모 급습이나 보복 살인 정도에 그친다. 반면, 캐럴 엠버에 따르면, 국가가 잔혹행위에 나설 가능성은 훨씬 높다. 거기다 국가는 민간인 학살, 포로 고문, 강간, 공개 처형, (적의 머리를 포함한) 전리품 수거, 성물과 성지 파괴 등의 끔찍한 만행을 서슴지 않는다. 국가가 이런 공포 전술을 행사하는 상대가 비단 주변국들만은 아니다. 자국민에 대해서도 마찬가지다. 마키아벨리주의 통치자는 백성을 통제의 대상으로 보며, 교수형, 참수, 효수 등을 그 목적에 십분 활용한다. 독재자는 무자비할 수밖에 없다. 그들에게는 딱 두 가지 선택밖에 없기 때문이다. 최고 권좌에 계속 붙어 있거나, 아니면 리비아의 무아마르 알 카다피 Muammar al-Gadhafi(1942~2011)처럼 배수로에서 볼썽사나운 최후를 맞거나.

또한 국가는 전쟁의 참상을 미화한다. 비국가 사회에서는 상대를 패퇴시키거나 상대에게 망신을 주는 선에서 승점을 얻는다. 북아메리카 원주민 라코타족의 남자는 굳이 적을 죽이지 않는다. 쿠coup 스틱으로 상대를 먼저 치는 것만으로도 무훈을 인정받았다. ("나는 너를 가격할 정도로 바싹 접근했고, 그러고도 빠져나갈 만큼 민첩하고 영리해. 나는 너보다 훌륭한 전사야. 나한테 까불 생각하지 마.") 반면 국가는 전쟁의 참화를 통해 명예를 얻는다. 그리고 전쟁을 미화함으로써 전쟁의 지속을 보장하는 폭력 문화를 고취한다. 내가 서태평양의 야프섬에서 만난 독일 노인이 생각난다. 그는 아내의 죽음을 애도하며 세계를 여행 중인 조용하고, 정중하고, 지적인 남자였다. 햇살 좋은 해변에서 그는 내게 히틀러를 위해 싸웠던 과거 이력을 고백했다. 그가 열일곱 살 때 그의 최대 공포는 전투에 나갈 기회를 얻기도 전에 전쟁이 끝나는 것이었다. 노인은 고개를 떨어뜨리고 철없고 멍청했던 자신을 부끄러워했다.

국가들이 탄생하는 순간부터 문화적 악순환이 시작된다. 국가 지배층은 잠재 경쟁자들을 '매수'하고 동급끼리 동맹을 맺고 제국이 되어 거주민을 무자비하게 착취한다. 그 결과는 대지를 휩쓰는 파괴의 물결이다. 우주의 관람석에서 우리는 눈을 돌리고 만다.

문화(세상에 대한 우리의 해석)의 영향력은 매우 강하다. 많은 통치자가 스스로와 추종자들을 속여서 자신들이 '신성한 가치sacred values'—토머스 제퍼슨이 미국 독립선언문에 사용한 표현—를 위해 싸우고 있다고 착각하게 한다. 문화의 농간이다. 그들의 진짜 목적은 물질적 이득과 적에 대한 정치적 우위 확보다.

전쟁으로 이득을 얻는 사람들이 있다. 일단 지배자들이다. 고대에는 전쟁이 지배자가 재산과 영토와 세금과 노예를 확보하는 수단이었다. 거대 국가사회의 경우 지배자 외에 더 많은 사람들이 전쟁에서 고용과 안보 면에서 이득을 얻는다. 그런데 설득이나 강압에 의해 전쟁을 직접 수행하는 사람들은 정작 따로 있다. 전쟁의 비용을 치르는 측은 그들이다. 그들은 대개 힘없는 사람들이다. 베트남전쟁은 빈자의 전쟁으로 알려져 있다. 제1차 세계대전의 경우도 다르지 않다.[20]

현대에서 가장 극적인 예를 찾자면 이슬람교도 자살폭탄 테러 범이다. 인류학자 스콧 애트란Scott Atran은 이슬람 과격주의 무장 투쟁 운동을 연구하면서 지하디스트jihadist(이슬람 성전주의자)와 자살 테러범의 가족들을 인터뷰했다.²¹ 서방세계 사람들 다수의 생각과 달리, 남성 자살테러범은 천국에서 그들을 맞이할 처녀들에 대한 약속에 감화된 것이 아니다. 테러범들의 상당수는 그런 말 따위 아예 믿지도 않는다. 이들의 행동 동기는 누구나 동감하는 가치들이다. 인류애, 충성, 모험 그리고 더 나은 세상을 향한 꿈이다. 다만 그들의 피해자가 무고한 사람들이기 때문에 서방세계가 자살 테러범들을 비난하는 것이다.

그럼 이 경우는 어떤가? 1960년대에 베트남이 어디에 있는 나라인지조차 모르는 미국인들이 그곳에 가서 '자유'를 위해 싸웠다. 그들 중에 냉전시대 '도미노 이론domino theory'에 대해 아는 사람은 별로 없었다. 그들 중 상당수는 지하드 전사들이 자살테러범이 된 이유와 같은 이유로 그곳에 갔다. 친구들과 가족 앞에 체면을 잃고 싶지 않았던 거다. 당시 나는 베트남에 참전하기에는 너무 어렸지만 참전이 무엇인지는 아는 나이였다. 만약 그때 내가 징집 대상이었다면, 내가 베트남에 참전하는 유일한 이유는 아버지를 뿌듯하게 해드리기 위해서였을 거다.

전쟁으로 이득을 보는 사람들이 따로 있고 전쟁의 비용을 치르는 사람들이 따로 있다는 점이 국가 문화의 결정적 요소다. 자연선택이 플라이스토세 호미닌에서 인간이라는 문화적 동물을 만들어냈을 때, 이런 문화가 도래할 것을 알고 그랬던 것은 아니다.

불평등을 수락하다

1980년대 초반 내가 미시간 대학교 대학원생일 때였다. 인류사박물관이 학생과 교직원을 대상으로 진행하는 '못생긴 유물 대회 Ugly Artifact Contest'라는 연례행사가 있었다. 학생들이 박물관 소장품 중에서 가장 해괴하고, 웃기고, 못생긴 유물을 찾는 대회였다. 제1회 대회 수상작은 '비스듬 가장자리 그릇beveled-rim bowls'으로 알려진 토기들이었다. 이라크 남부 우루크기 유적지들에서 수천 점씩 발견되는 것들로, 조성 연대가 자그마치 5700년 전인데 거푸집을 이용해 만든 대량 생산품이었다. 헨리 포드도 울고 갈 생산라인이 그 옛날에도 있었다는 얘기다. 고고학자 조이스 마커스Joyce Marcus 와 켄트 플래너리Kent Flannery는 이 유물을 선사시대 판 스티로폼 컵이라고 불렀다.**22**

흥미롭게도 이 그릇들은 0.9L, 0.65L, 0.45L 이렇게 세 가지 크기로 출토되었다. 달리 말하면 1인분, 1인분의 3분의 2, 1인분의 절반이다. 이 그릇들은 배급용이다. 그릇에 무엇을 담았는지는 알 수 없다. (추측하자면 보리죽 정도?) 하지만 이 유물은 당시 사람들이 무언가에 대한 보상을 받았다는 걸 말해준다. 그 무언가는 아마 노동이었을 것이다. 우루크 왕국은 엄청난 노력을 들여 사원과 왕궁을 짓고 시장과 도로를 냈다. 하지만 정작 그것들을 건설한 사람들은 사용하지 못했다. 그들은 가마를 타고 다니지 못했고, 궁중 장인의 작품을 즐기기도, 보석을 걸치지도, 이방의 옷감으로 지은 옷을 입어보지도 못했다. 문명의 더러운 비밀은 그것이 노예와 계약노동자와 소농의 등골을 빼서 세워졌다는 것이다. 국가사회들에서 가장 먼저 보이는 것은 빈곤이다.

불평등이 정확히 어떻게 발생했는지는 미스터리다. 시간을 거슬러 모두가 수렵채집자로 살았던 때로 돌아간다면? 여러분은 모두가 찢어지게 가난하게 사는 풍경을 상상할지 모른다. 하지만 모두의 형편이 나와 같다면, 모두가 같은 양의 구슬 목걸이를 소유하고, 누구의 소지품도 소박한 망태기 하나에 다 들어간다면, 그건 아무도 가난하지 않다는 뜻이다. 불평등은 일부가 남들에게는 없는, 남들은 가질 수 없는 것을 가졌을 때 성립한다. 일부가 자기에게 남들을 사슬로 묶고 여자들을 예속시킬 적법한 권리가 있다고 믿을 때 성립한다.

방랑 수렵채집민과 대개의 소규모 농경 공동체는 인류학자들이 '평등주의'로 부르는 사회체제를 가진다. 모두가 동등하다는 뜻은 아니다. 수렵채집민도 사람들이 동등하지 않다는 것을 안다. 일부는 사냥에 탁월하고, 일부는 화살촉 또는 바구니를 끝내주게 만들고, 일부는 식물의 약효에 훤하다. 이때의 평등주의란, '모두가 삶의 핵심 자원에 동등한 접근권을 가진다'는 뜻이다. 식량, 물, 짝, 거주 공간, 그리고 이것들을 확보할 기술. 유일한 변수는 개인별 재능과 노력이다. 그러나 개인 차이가 특정인의 권력 행사로 이어지지는 않는다. 그것을 억제하는 것이 동류집단압력peer pressure(동류집단이 구성원에게 가하는, 다수에 의해 정해진 규범에 따라 행동하고 사고할 것을 요구하는 보이지 않는 힘-옮긴이)이다.

평등주의 공동체는 누구라도, 설사 실제로 우월한 능력을 가진 사람이라 해도, 자신을 남보다 우월한 존재로 인식하는 것을 막는다. 평등주의는 저절로 드는 생각이 아니다. 수고스럽게 주입되어야 한다. 사람은 호시탐탐 이기적으로 행동하기 때문이다. 어쩔 수가 없다. 진화는 우리를 자기만 생각하도록 설계했다. 하지만 동시에 사람은 다른 사람을 필요로 한다는 것도 안다. 아무리 잘났어도 살아가면서 어느 시점에는 도움을 받아야 하고, 우리는 그 점을 주기적으로 주입받을 필요가 있다. (4장에서 다룬 고기 분배를 떠올려보자.) 수렵채집 캠프는 누가 누구에게 무엇을 했고, 누가 누구의 신세를 졌고, 누가 재수 없게 행동하고 다니는지에 대한 끝없는 가십의 장이다. 진화는 우리를 그런 가십에 신경 쓰도록 설계했다. 그러는 편이 이득이기 때문이다.

가십은 대개 문화적 가치—사람들이 '당연'한 것으로 내면화한 가치들—를 중심으로 돌아간다. 부시맨은 살찐 영양을 잡아서 캠프에 가져오면 사람들에게 더 좋고 실한 놈을 잡아오지 못한 것을 사과한다. 말은 그렇게 해도 자신이 한 건 했다는 것을 안다. 자신을 공개적으로 질타함으로써 그가 말하는 바는 이거다. "그래, 이 몸이 크게 한 건 했지. 내가 남들보다 기여하는 바가 많아. 하지만 누구도 탓할 마음은 없어." 이것이 방랑 수렵채집민의 문화다. 이 문화에서는 뛰어난 능력을 가졌다 해서 남에게 지배력을 행사하고,

기초 생필품에 대한 남들의 접근을 제한하는 것을 허용하지 않는다. 이 문화의 능력자는 설사 남들에게 영향력을 행사하고 싶어도 그러지 못한다. 정말 그랬다가는 저질이 된 기분을 면치 못한다.

이러던 문화가 농경의 시작과 함께 바뀌기 시작한다. 하지만 변화를 야기한 것이 농경 자체는 아니다. 옥수수와 밀이 사람들을 이기적 떠버리나 쩨쩨한 수전노로 만든 건 아니다. 그보다는 정착생활이 범인이다.

우리는 방랑 수렵채집민 누구나 정착촌 주민이 될 기회를, 그래서 튼튼한 집과 물질적 풍요로움을 누릴 기회를 쌍수 들어 환영할 거라고 생각한다. 또한 수렵채집민이 야생 밀이 잔뜩 모여 자라는 곳이나 연어 회귀천 어귀처럼 살기 좋은 곳을 발견했을 때 덥석 정착했을 것으로 생각한다.

하지만 선사시대 수렵채집민 사이에서 정주 마을은 매우 드물게 발생한다. 생기더라도 해당 지역의 선사시대 후반에나 생긴다. 그렇다면 떠돌이 생활을 접고 한곳에 머물러 살게 되는 이유는 무엇이었을까? 앞장에서 말했다시피 정착은 이동의 비용이 편익에 비해 높을 때 발생한다. 이 공식이 모종의 프로세스에 전진기어를 넣고, 이 프로세스에는 중요한 사회적 합의들이 딸려 있다.

이동이 어려우면 식단을 다각화해야 한다. 다시 말해 회수율이 낮은 식료도 채집해야 한다. 앞장에서 말했듯 이것이 결국 농경의 시작을 가져왔다. 저회수율 식료를 취한다는 것은 식료 채집에 더 많은 시간을 바치거나 값싼 노동자원(이를테면 노예)을 찾아야 한다는 것을 의미한다. 동시에 저회수율 식료의 회수율을 높이기 위해서 원활한 수확과 처리에 필요한 기술 개발에 시간을 투자해야 한다. 흔히들 방랑 수렵채집민의 삶을 끊임없이 다음 끼니를 위해 아옹다옹하며 그날그날 연명하는 고달픈 삶으로 상상한다. 수렵과 채집도 물론 쉽지 않지만, 정주민이 된다 해서 고단한 삶에서 놓여나는 것은 결코 아니다. 오히려 정주민이야말로 뼈 빠지게 일해야 한다.

방랑 수렵채집민이 곤경을 만났을 때의 대처법이 이동이라면, 정주민은 어떻게 할까? 다른 좋은 곳들은 이미 남들이 다 차지하고 있는데 형편이 어려워진다면? 아마도 그때의 첫 번째 선택은 운 좋게 더 좋은 자리를 차지하고 사는 이웃에게 빈대 붙는 것이다. 북아메리카 북서 연안의 경우가 그랬다. 이곳의 정주 수렵채집민은 연어잡이에 크게 의존하고 살았다. 가을철 연어잡이는 겨울철의 식량 공급원이었다. 큰 개울은 꾸준히 높은 어획고를 올리지만, 작은 개울은 어획량도 적고 그나마도 해마다 들쑥날쑥했다. 문제는 작은 개울가 사람들은 큰 개울 어귀에 사는 마을들의 도움을 주기적으로 받아야 했지만 그 반대 경우는 드물었다는 거다.

다른 마을을 식량 배급 대상에 끼워주면 우리 마을 사람들에게 돌아갈 양이 어쩔 수 없이 줄어든다. 그런데 왜 받아주는가? 이럴 때 야멸차게 "빵이 없으면 케이크를 먹어"라고 말하지 않은 이유는 무엇일까? 우리 본성의 선한 천사의 말을 들은 결과라고 생각하고 싶지만, 진짜 이유는 따로 있다. 굶주린 사람들은 절박하고, 절박한 사람들은 극단적인 일을 저지른다. 이를테면 습격 같은 것 말이다. 이들을 받아주는 것이 폭력 사태를 피하는 방법이다.

그리고 형편이 어려운 사람들을 받아줄 때 그들에게 줄 몫은 내가 결정할 수 있다. 그들에게 균등한 배분을 해야 할 의무는 없다. (생으로 굶는 것보다는 낫기 때문에 상대도 군말 없이 감지덕지한다.) 하지만 이 불평등 상황을 해명할 방법은 있어야 한다. 주인 측은 손님 측의 무모함과 게으름과 멍청함을 불평등의 이유로 내세운다. ("대체 누가 그렇게 작은 실개천에다 마을을 만들어?" "어째서 더 열심히 일해서 식량을 비축하지 못했지?" "당신들은 우리의 도움을 받을 자격이 없지만 우리가 특별히 아량을 베푸는 거야.") 인구가 증가함에 따라 이 프로세스가 마을 사이에는 물론이고 마을 내부에서도 반복된다.

앞장에서 설명한 북아메리카 북서 연안 원주민 잔치는 바로 이런 상황들이 낳은 불평등 관계를 자체적으로 해명하는 자리였다. 음식과 물건을 나눠주는 행동의 이면에는 방문자들에게 창피를 주고 그들에게 강자가 누구인지 일깨우는 의도가 있다. 북서 연안의 마을 촌장은 잔치를 열어서 명망을 쌓았다. 잔치는 그가 방금 매수나 경고의 방법으로 경쟁자를 물리쳤다는 것을 마을 전체에 과시하는 역할을 했다.

이 프로세스가 오늘날 우리 세계에 만연한 불평등을 낳았다. 사람은 문화적 동물이기 때문에, 국가 엘리트에게는 어째서 그들이 더 가져야 하는지에 대한 대내외적 '해명'이 필요했다. 이것을 인류학자들은 이데올로기라고 부른다. 즉 이데올로기는 불평등을 해명하는 신념체계다. 이 신념체계는 타인의 기본권 무시부터 전쟁과 노예제에 이르기까지 다양한 수준의 폭력을 허용한다. 본인들에게 유리한 사회체제를 유지하기 위해 국가 엘리트는 자신을 고등한 존재로 자리매김할 필요가 있었다. 바스티유나 런던탑이나 자금성 밖의 '천것들'보다 선천적으로 더 문명화됐고, 더 신앙심 깊고, 더 지적이고, …더 많은 것을 가질 자격이 있는 고등 인류라고 말이다. 고고학은 국가들이 팽창하면서 세상 어느 사회도 압제의 가해자 또는 피해자가 되는 것을 피하지 못했음을 보여준다. 특정 집단들은 노예계층으로 떨어졌다. 혼인이 동맹 결성 방법으로 이용되면서 여자는 장기판의 말이 됐다. 인종차별과 성차별을 구석기시대의 성격으로 볼 수 없다. 차등주의는 제4의 기원 이후 주입된 이데올로기일 뿐이다.[23] 이데올로기는 허상이지만 그 효과만큼은 엄연한 실제다.

종교가 국가 이데올로기 형성에도 기여했다. 불평등을 정당화하는 방법 중 하나는 통치자의 왕권 주장을 그들의 신과 연계하는 것이다. 람세스가 신의 후손이 아니라는 것을 누가 어떻게 증명할 것인가? 마찬가지로 하느님이 교황을 통해 말씀하지 않는다는 것을 증명할 방법도 없다. 유럽사의 대부분은 구교도가 신교도를 불태우거나 신교도가 구교도를 불태우는 역사라 해도 과언이 아니다. 오늘날에도 가지각색의 원리주의 종교단체들이 그들 국가의 정부를 통제하려 든다. 이 또한 제4의 기원이 낳은 관행이다.

우리는 우주의 관람석에서 약 5천 년짜리 드라마의 전개를 지켜봤다. 가끔은 예쁜 장면들이 나온다. 문자와 문학, 수학, 천문학, 물리학, 금속 세공, 유리 제조, 건축, 조선(造船) 등 오늘날 우리가 영위하는 기술들의 기초가 이때 닦였다. 하지만 다른 장면들은 한심하기 짝이 없다. 대학살, 빈곤, 노예제, 감옥, 부채, 전쟁, 패권 다툼과 권력의 흥망, 전쟁의 승패, 제국의 확장과 수축, 노예와 노예주, 부자와 빈자, 승자와 패자를 번갈아 하는 사람들.

3~6장에서 우리는 인류에게 일어난 네 번의 기원을 중심으로 세계사를 매우 굵직하게 훑었다. 인류의 지구 오디세이가 물질적 자료를 남겼고, 거기에는 인류가 겪어온 여러 극적인 변화들이 담겨 있다. 석기, 암각화와 매장지, 마을, 작물이 된 식물, 정교한 무덤, 방책(防柵), 사원, 왕궁 등등. 이 물질적 변화들은 사람들이 맺는 관계들도 보여주고, 그 관계들의 변화도 물질적 변화 못지않게 극적이다. 그럼, 이걸로 끝인가? 우리는 지금 역사의 끝에 와 있는가? 과거는 현재와 다른가? 그렇다고 볼 수 있다. 그렇다면 미래는? 미래는 현재와 다를까? 아니면 현재의 상태가 계속 이어질까? 마땅한 질문이다. 답을 찾으려면 성층권의 관람석에서 국가의 기원 이후의 가까운 과거를 자세히 그리고 솔직하게 뜯어볼 필요가 있다. 어떤가? 고고학적 견지에서 또 하나의 중대한 변동이 감지되는가?

7장

영원한 것은 없다
제5의 기원

Nothing Lasts Forever; The Fifth Beginning

—

옛것을 익혀 새로운 것을 안다(溫故而知新).

— 공자(孔子, 기원전 551~479)

—

비비(개코원숭이)였다. 어둠을 응시하고 있던 비비들.

뭐가 됐든 인간이 하는 일을 해괴하게 여기는 건 인류학자의 도리가 아니다. 트랜스 상태에서 숲의 정령들과 대화하는 행동도, 무덤에서 파낸 조상의 유해를 안고 춤추는 행동도, 플라스틱 치즈를 모자처럼 쓰고 축구 경기를 보며 악을 쓰며 욕을 퍼붓는 행동도 예외는 아니다. 하지만 인류학자가 혼자 있을 때 물어보라. 그들도 가끔은 직업의 본분을 잊고 고개를 내저으며 "세상에 이럴 수가"를 내뱉게 된다고 실토한다. 내 경우에는 비비를 봤을 때였다.

아프리카의 따뜻한 햇살 아래 뛰노는 털북숭이 비비들을 말하는 게 아니다. 나일 강변 투나 엘 게벨의 지하묘지에 차갑게 죽어 있는 비비들을 말하는 거다.

투나 엘 게벨에 있는 페토시리스Petosiris(기원전 300년경 사망한 고대 이집트의 토트 대사제-옮긴이)의 무덤 아래에는 토트Thoth에게 봉

헌된 미로 같은 지하묘지가 있다. 토트는 달, 학문, 마법, 지혜의 신이다. 어두운 통로들을 따라 걷다 보면 벽이 벽감(壁龕, 장식품 등을 놓을 목적으로 벽면을 오목하게 판 공간-옮긴이)들로 가득하고 벽감마다 작은 나무 관이 들어 있다. 통로를 따라 손전등을 죽 비추면 불빛이 지나가면서 그런 관 수천 개가 모습을 드러낸다. 일부는 깨져서 관 안에 있던 따오기 미라가 굴러 나와 있다. 갈고리처럼 길게 굽은 부리와 이쑤시개처럼 가느다란 다리를 가진 새, 따오기는 비비원숭이와 함께 토트를 상징하는 동물이다. 고대 이집트인들이 사람을 미라로 만들었다는 건 누구나 안다. 하지만 그들이 딱정벌레, 고양이, 물고기, 악어, 따오기, 소떼도 미라로 만들었다는 것을 아는지? 고대 이집트는 심지어 코끼리도 미라로 만들었다.

드디어 다른 통로로 접어든다. 멀리 통로 반대쪽 끝에 돌 받침대가 있고, 그 위에 비비 조각상이 있다. 엉덩이를 바닥에 대고 쪼그리고 앉아 두 손을 무릎 위에 사뿐히 올린 모습이다. 조각상으로 다가가는 길에도 벽을 따라 벽감들이 있다. 벽감들 모두 앞을 봉해 놓았다. 하나만 빼고. 그리고 그 열린 벽감 안에 비비가 있다. 헝겊에 둘둘 싸인 미라 비비가 받침대 위에 쪼그리고 있다. 막혀 있는 벽감마다 그 뒤에는 이렇게 비비가 침묵 속에 영원히 어둠을 응시하며 앉아 있을 거라는 짐작이 가능하다. "맙소사." 이런 말이 절로 나온다. "세상에 이럴 수가."

당연히 고대 이집트인들은 해괴한 사람들이 아니다. 지금 시점에서 그들을 상상하기 어려울 뿐이다. 하지만 다른 세상들을 상상하는 것이 바로 고고학자의 업이다.

1만 5000년 전 구석기시대 사냥꾼과 한밤의 모닥불 앞에서 몸을 녹이고 있다고 상상하자. 내가 달을 가리키며 사냥꾼에게 말한다. 언젠가 사람이 액체 수소 연료로 가동하는 금속 로켓을 타고 저리로 날아가요. 어느 민주주의 국가에서 선거로 뽑힌 대통령이 국민에게 그렇게 하겠다고 공약했기 때문이죠. 사냥꾼이 모닥불 불꽃 너머로 나를 망연히 쳐다보며 묻는다. "금속이 뭔데?" 그가 상상하지 못하는 것은 기술뿐이 아니다. 선거도, 민주주의도, 대통령도, 국가도 상상하지 못한다. 그러면 이런 궁금증이 든다. 우리는 우리 미래에 대해 무엇을 상상할 수 있을까?

무섭게 쌓이는 변화들

앞장들에서 우리는 인류가 과거와는 전혀 다른 무언가로 부단히 변화해온 과정을 보았다. 아프리카에서 나무를 타던 영장류에게는 도구를 휘두르며 사냥하는 이족 보행 호미닌이 될 의사가 전혀 없었다. 그리고 이들 호미닌에게는 상징을 사용하고 스토리텔링 기법을 구사하고 영혼과 접신하는 인간이 될 의향이 없었다. 수렵채집민 또한 농경민이 되고 싶어서 된 게 아니었고, 그때의 농경민도 걸신들린 아귀 같은 제국의 일부가 되기를 꿈꾼 적이 없다. 역사를 통틀어 우리는 그저 당시의 현실에 충실했을 뿐이다. 최고의 수상생활 영장류, 최고의 도구 사용 호미닌, 최고의 수렵채집자, 최고의 농경 마을 촌장이 되려고 노력했을 뿐이다. 그런데 그 노력의 과정이 우리를 다른 무언가로 만들었다.

혹시 지금도 같은 일이 일어나고 있을까? 최고의 산업가, 최고의 자본주의자, 최고의 군사대국이 되려고 노력하는 과정에서 우리는 전혀 다른 무언가로 변해가는 중일까?

본인이 변화의 일부일 때는 새로운 시작을 알아차리기 어렵다. 어느 날 아침에 잠에서 깨어 "우린 이제 모두 농부야!"라고 외친 신석기시대 마을 사람은 없었다. 하지만 우리에게는 과거의 자료가 있다. 돌이킬 수 없는 변화의 징후들을 담은 고고학 자료들이다. 알다시피 인류가 과거에 겪은 네 번의 기원들은 지구에 의미심장한 변화의 족적을 남겼다. 예를 들어 석기, 동굴 벽화, 작물화한 식물, 사원 단지 등이 그것이다. 그럼 이제, 앞으로 1만 년 후의 고고학자들은 오늘을 어떻게 되돌아볼지 상상해보자. 우리가 선사시대를 대하듯 오늘을 대해보자.

미래 고고학자의 관점에서 보면 또 한 번의 기원이 감지된다. 그 기원은 서기 1500년경에 개시됐다. 유럽의 식민지배, 산업혁명, 자본주의, 세계화가 시작되던 때다. 이때부터 500년 동안 세상에는 참으로 많은 일이 일어났다. 하지만 우리는 시간을 고고학자처럼 봐야 한다. 즉 커다란 덩어리로 봐야 한다. 물질적 자료에서 거시적 시대 구분을 부르는 변화를 찾아보자. 고고학자들이 바스켓메이커 시기와 푸에블로 1기를 구분하는 지표로 삼았던 변화와 동급의 변화는 무엇일까. 1만 년 후 미래의 고고학자들은 인류가 남긴 물질적 자료 중에 무엇에 주목할까? 몇 가지 의미심장한 증거들이 보인다.

미래의 고고학자들은 먼저 바다를 볼 거다. 인간은 바다에 난파선의 형태로 흔적을 남긴다. 난파선 연대 측정에 따라 지중해 바닥과 중국 연안에서 고대의 난파선이 몇 척 발견된다. 하지만 현재까지 남아 있는 수천 개의 난파선은 주로 서기 1500년 이후의 것들이다. 일부는 은을 그대로 싣고 있는 에스파냐 갈레온선들, 포경선들 가운데는 1871년 알래스카 앞바다에서 침몰한 미국의 포경선단 33척도 있다. 그리고 근대의 선박들이 있다. 예컨대 영국의 남극 탐험가 어니스트 섀클턴Ernest Shackleton(1874~1922)의 인듀어런스Endurance호, 제2차 세계대전 때의 독일 전함 비스마르크Bismarck호, 1915년 독일 잠수함이 격침한 영국 대형 여객선 루시타니아Lusitania호, 1941년 진주만에서 침몰한 미국 해군전함 애리조나USS Arizona호 등이다. 이 중 상당수가 1912년 북대서양에서 침몰한 타이타닉Titanic호처럼 육지에서 멀리 떨어진 심해 바닥에서 발견된다. 미래의 고고학자들은 이 난파선들을 세계사의 물질적 자료에서 전에는 없던 새로운 종류의 증거로 인식할 것이다.

이제 미래의 고고학자들은 시선을 하늘로 향한다. 우주의 인공유물은 모두 20세기 후반 이후의 것들로 판명난다. 수명이 끝난 인공위성과 소용을 다한 발사체 파편 같은 우주 쓰레기가 그때까지도 지구 궤도를 돌고 있다면 말이다. 미국항공우주국NASA이 파악한 바에 따르면, 현재 지구 궤도에는 크기 10cm 이상의 물체가 2만 1,000개가 넘게 있다. 크기가 1~10cm인 것은 50만여 개에 달하고, 페인트 부스러기 같은 마이크로 크기의 잔해는 100조 개에 이른다. 설사 이 물체들이 지구 대기로 추락해 불타 없어진다 해도 미래의 고고학자들은 달에 널려 있는 인공물을 발견하게 된다. 소비에트 연방의 달 탐사선 루나 2호(Luna 2), 미국의 달 착륙 기지들, 월면 작업차들, 각종 전자 장비들. 분명히 미래의 고고학자들은 달에 있는 국기, 카메라, 우주복 잔해, 망치, 집게, 똥과 오줌과 토사물 봉지들 앞에서 머리를 긁적일 것이다. 시곗줄, 넥타이핀, 성경, 매 깃털, 투창, 2달러 지폐, 골프공, 3인치 조각상은 더 헷갈린다. 달뿐 아니라 화성에도, 심지어 혜성에도 인간의 인공유물이 있다.

교역도 물질적 변화를 드러낸다. 1500년 이전에는 몇천 년 동안 대륙 내 교역의 증거만 나오다가 1500년이 넘어가자 물품의 대륙 간 이동을 보여주는 증거들이 쏟아진다. 에스파냐에서 제조된 것들이 아메리카의 푸에블로, 안데스 산지, 필리핀, 괌에 등장하고, 아시아의 생산품이 북아메리카, 아프리카, 유럽에서 출토된다. 미래의 고고학자들은 과거의 운송 수단(비행기, 열차, 선박)과 이들의 기반 시스템(선적항과 공항)이 남긴 폐기들도 발견한다. 그들은 우리가 이 기술들로 대륙과 대륙을 경제적으로 연결했다는 것을 알아차린다. 나아가 우리가 대륙들을 해저 광케이블로 말 그대로 한데 묶었다는 것도 알아낸다.[1]

미래 고고학자들은 이번에는 인간 유골 데이터를 검토한다. 서기 1500년 이후의 무덤들에 남은 유해를 조사했더니 그전까지는 지리적으로 깔끔하게 구분돼 있던 인간 유전자들(이를테면 피부색 유전자)이 이번에도 1500년을 기점으로 어지럽게 섞이기 시작한다. 검은 피부는 원래 적도 지방 환경에 대한 적응이다. 피부의 멜라닌 색소는 햇볕으로부터 피부를 보호한다. 그런데 1500년 이후 이런 피부를 가진 사람들의 유골이 아르헨티나 최남단 우수아이아부터 노르웨이 트롬쇠까지 널리 발견된다. 이보다 1만 년 앞서 수렵채집인이 세계 곳곳으로 퍼져나간 이래 이런 대대적 인구 이동의 증거가 포착된 적은 없었다.

인간 유골의 동위원소 조성을 분석한 결과에도 1500년을 기점으로 비슷한 지리적 구분 붕괴 현상이 발견된다. 우리 몸은 우리가 먹는 것을 반영한다. 1500년 이전에는 모두가 자기 지역의 농산물을 먹었다. 따라서 사람 뼈는 해당 지역 환경의 탄소, 질소, 스트론튬 동위원소 조성을 그대로 반영한다. (우리가 외치의 고향을 알아낸 것도 이 같은 분석을 통해서였다.) 하지만 식품 무역으로 지금은 많은 사람이 매일 세계 각지에서 모인 음식으로 식사한다. 와이오밍에서 이글을 쓰는 오늘 아침만 해도 나는 에콰도르산 바나나, 스코틀랜드 귀리가 들어간 그래놀라, 뉴욕주 북부에서 방목한 젖소의 우유로 만들고 아마도 마다가스카르산 바닐라로 맛을 낸 요구르트를 먹고 컬럼비아산 커피를 마셨다. 내 뼈의 동위원소 조성은 와이오밍이 아닌 전 세계를 대변한다.

미래의 고고학자들이 발견할 것으로 빼놓을 수 없는 것이 세계전쟁의 흔적이다. 에스파냐 전함들이 에스파냐 앞바다뿐 아니라 카리브해, 남아메리카 앞바다, 괌 근처, 필리핀 열도에서도 발견된다. 노르망디 앞바다에 있는 것과 같은 제2차 세계대전 인공유물이 태평양 석호, 이오섬 근처, 필리핀 군도에서도 발견된다. 미래 고고학자들은 1945년 이후의 유기물 증거들은 탄소-14 함량이 이상하리만치 높다는 것도 알아낸다. 그리고 그것이 지상 핵폭탄 실험의 여파라는 것도 어렵지 않게 유추한다.

무엇보다 미래 고고학자들은 지구에서 인류의 점유 공간이 1500년 이후 급증한 것에 주목한다. 1850년의 덴버는 대평원이 로키산맥 기슭과 만나는 지점에 덩그러니 위치한 인구 수백의 작고 외딴 타운이었다. 그런데 불과 150년(이 책이 다루는 시간 범위에 비하면 너무나 짧은 시간이다) 만에, 인구 65만 명의 도시로 탈바꿈한다. 더구나 더는 외딴 곳이 아니다. 지금 덴버는 콜로라도주 프런트레인지 지역에 속해 있고, 프런트레인지는 포트콜린스부터 콜로라도스프링스까지 214km에 이르며 450만 명이 산다.

미래 고고학자들의 눈에 2007년이 들어온다. 2007년에 무슨 일이 있었냐면, 인류사상 처음으로 도시 인구가 세계 인구의 반을 넘었다. 우리 시대의 뚜렷한 물질적 특징을 꼽자면 지구상에 포진한 28곳의 메가시티mega city다. (이중 최대는 3,800만 명이 사는 도쿄다.)

지질학계에서 공식 인정을 받은 용어는 아니지만, 우리 시대를 지칭하는 용어로 뜨는 말이 있다(현재 우리가 살고 있는 지질시대는 공식적으로 홀로세Holocene다. 홀로세는 약 1만 2000년 전 플라이스토세가 끝난 후부터 현대까지다−옮긴이). 바로 인류세Anthropocene다.[2] 자연이 아닌 인류에 의해 기후 변화와 생태계 변형이 일어나는 지질시대라는 뜻이다. 지금 우리는 지구 환경 변화가 인간 때문에 일어나는 시대에 산다. 인류사상 유례가 없던 일이다. 미래의 고고학자들은 인류세의 도래를 무엇으로 알까? 그들은 인류가 지구에서 뽑아내는 에너지양이 폭발적으로 증가한 증거를 주시한다. 수력 발전 시설, 태양광 전지판, 풍력 발전 터빈, 파워플랜트의 잔해들. 그들은 인류가 에너지를 캐던 광산의 흔적도 보게 된다. 거대한 노천광들, 뭉뚝하게 잘린 산봉우리들, 그리고 깊이 파 들어간 지하 갱들. 서기 1500년 이전에는 전혀 볼 수 없던 것들이다. 고고학자의 시간 척도에서 볼 때는 이 모든 것들이 영국에서 최초로 탄광이 출현한 것과 동시에 폭발적으로 생겨난다.

미래 고고학자들은 1500년을 기점으로 폭발적으로 일어난 거대 건물들 또한 놓치지 않는다. 이는 인구 증가를 반영한다. 기원전 2500년 세계에서 가장 높은 건축물은 146m인 이집트 쿠푸 왕 피라미드였다. 이 기록은 4000년 이상 유지되다가 1888년 워싱턴 DC의 워싱턴 기념탑이 높이 169m로 완공되면서 깨졌다. 이를 기점으로 324m의 에펠탑(1889년)부터 828m의 두바이 버즈칼리파(2009년)까지 고층 건물들이 고고학적 시간으로는 하룻밤 사이에 우후죽순 생겨났다.

미래 고고학자들의 눈에 쓰레기가 비껴갈 리 없다. 뉴욕 스테이튼섬의 프레시킬스 매립지Fresh Kills Landfill가 특히 주목할 만하다. 뉴욕시가 9·11테러 후 세계무역센터WTC의 잔해를 이곳에 묻기 전부터도 이 매립지는 세계 최대 쓰레기장 중 하나로 유명했다. 바다 쓰레기도 문제다. 태평양으로 흘러든 아시아의 쓰레기가 해류와 바람에 밀려 알래스카 해안에 다량으로 쌓이고, 북태평양에는 텍사스주보다 큰 쓰레기 섬이 떠다닌다. 이게 아니라도 해양에서 미세플라스틱 농도가 급증한 증거도 있고, 땅과 바다에 켜켜이 쌓여 숫제 지층을 형성한 비닐봉지들도 있다. 이것들 모두 인류세를 표지한다. 6600만 년 전 공룡을 멸종시키고 포유류 시대를 열었던 소행성 충돌의 여파로 지층에 이리듐 농도가 치솟은 것과 비슷한 양상이다.

나무 나이테 등의 정보원은 21세기의 대기 중 이산화탄소 농도가 80만 년 만에 최고치였음을 알려줄 거고, 바닷속 산호는 해양 산성화를 고발할 거다. 나이테와 빙하 핵은 지구 온도 증가를 기록한다. 미래 고고학자들은 이렇게 수집한 증거들을 연결해서, 화석연료 발전과 내연기관과 가축 밀집 사육에 도달한다. 그리고 거기에 통찰을 더해서, 드디어 인간활동과 기후 변화를 철석같이 연결하는 인과 고리를 보게 된다. 인류의 600만 년 역사에서 인간이 기후 변화를 야기한 예는 이때가 최초라는 것도 알게 된다.[3]

미래 고고학자들은 물질문화의 변화 속도가 1500년 이후 엄청나게 증가했다는 것도 계산해낸다. 생각해보자. 기원전 2만 5500년과 2만 5000년 사이 500년 동안 구석기시대 수렵채집자의 삶에 얼마나 많은 변화가 일어났을까? 상대적으로 말해서, 제로다. 변화랄게 없었다. 이번엔 1500년과 오늘날의 차이를 생각해보라. 사실 500년 전을 생각할 필요도 없다. 20세기 초와 21세기 초의 차이만 해도 세상은 어마어마하게 달라졌다.

내 아버지가 1925년 로드아일랜드 포터킷에서 태어날 당시의 첨단 기술은 (1913년에 발명된) 지퍼였다. 아버지가 두 살 때 텔레비전과 유성영화가 출현했고, 세 살 때 최초의 항생제 페니실린이 개발됐다. 할아버지는 복엽비행기로 포터킷과 보스턴을 오가며 우편물을 운반했다. 아버지가 어렸을 때 냉장고는 말 그대로 얼음을 사용하는 아이스박스였고, 말이 끄는 화차가 집집에 얼음을 배달했다. 아버지는 크랭크에 막대를 연결해 수동으로 시동을 걸던 포드의 모델 A 자동차를 기억한다. 나중에는 초음속 여객기 콩코드로 대서양을 건넜고, 사람이 달에 착륙하는 것을 TV 중계로 보았다.

아버지가 태어날 때는 컴퓨터가 세상에 존재하지 않았다. 컴퓨터는 커닝 진공관(1910년)이 최신 기술이었다. 이것이 내 세대의 첨단 기술이었던 트랜지스터(1947년)로 대체됐고, 이어서 마이크로칩으로 대체됐다.[4] 내가 대학원 때 사람들은 펀치카드를 이용해 컴퓨터 프로그램을 가동했고, IBM의 셀렉트릭Selectric 타자기가 내게 필요한 기술의 전부였다. 나는 인터넷과 휴대폰과 '클라우드'가 존재하기 이전의 세상을 기억하는데, 문제는 내가 그렇게 늙은 사람도 아니라는 거다! 우리는 6개월마다 새로운 기술이 나오는 것을 당연하게 여긴다. 하지만 이렇게 빠른 변화는 역사상 비슷한 전례조차 없는 우리 시대만의 특징이다.

미래 고고학자들은 지구에 남은 인간의 흔적에서 이 변화들을 낱낱이 보면서, 자신들이 근본적 변화의 시대를 마주하고 있음을 직감한다. 기술의 기원, 문화능력의 기원, 농경의 기원, 그리고 국가의 기원 뒤를 잇는 변화. 거대한 탈바꿈의 시기. 또 하나의 기원.

세계통일을 예측하라

우리는 앞장들에서 다양한 프로세스들이 겹쳐 일어나며 인간 사회에 중대한 변화를 야기하는 양상을 살폈다. 뭔가가 되고자 하는 노력이 언제나 인간을 기존과 전혀 다른 것으로 바꿨다. 그리고 그 프로세스의 주요 동인은 인구 증가였다.

그래서 미래 고고학자들은 인구 증가의 증거를 추적한다. 1850년경에 세계 인구가 인류사상 최초로 10억 명을 돌파했다. 의학의 발달과 공중위생 개선과 농업 산업화에 따라 사망률이 떨어져 19세기 중반에 인구성장률이 증가세로 들어섰다.[5] 출산율이 떨어진 것도 아니어서 인구가 급격히 불기 시작했다. 19세기 전에는 세계 인구가 1700년마다 두 배로 증가했다면, 1850년 이후에는 두 배가 되는 데 50년도 걸리지 않았다.

1965년 이후 선진국의 인구 증가세가 둔화됐지만[6] 세계 인구는 21세기 내내 지속적으로 증가할 전망이다. 유엔은 2070년까지 세계 인구가 103억 명에 이르렀다가(현재의 청소년이 죽기 전에 실현될 미래), 보다 많은 국가가 선진화하고 출산율 저하를 겪으면서 2100년 이후 어느 시점부터는 세계 인구가 감소할 것으로 내다본다.[7]

세계 역사를 돌아보면 자원 확보 경쟁이 심화하는 데 그리 많은 인구증가폭이 필요한 건 아니다. 600만 년 전 유인원의 일부가 나무에서 내려와 두 발로 사바나를 건넜다. 드문드문 흩어진 숲들에서 나무를 타며 살던 유인원들이 많아졌기 때문이다. 모험심 강한 이족 보행 호미닌 집단은 살아남았고, 그중 호모속의 개체들이 아프리카 너머로 퍼졌다. 그중 문화능력을 획득한 개체들이 협력적 동맹 관계를 만들어내 가뭄 같은 재해를 헤쳐나갔고, 덕분에 개체 수가 증가했다. 일부는 아프리카를 떠나 네안데르탈인을 비롯한 다른 호미닌들과 경쟁에서 이기고 그들을 대체했다. 성공에는 대가가 따랐다. 이들은 거주 공간 확보를 위해 경쟁해야 했고, 이 경쟁이 결과적으로 농경의 도래를 가져왔다. 농경은 사람들을 땅에 붙들어 묶었고, 그중 일부가 생존을 위해 타인의 자원과 노동력을 장악할 필요를 느꼈다. 그들은 문화적 동물의 영악함을 십분 발휘해 그들의 군사 지배와 이웃의 예속을 정당화할 이데올로기들을 만들어냈다.

과거의 기원들에서 인구 증가가 중요한 역할을 했다. 21세기에도 세계 인구는 내내 증가세를 이어갈 것으로 보인다. 여기서 다음과 같은 논리적 결론이 도출된다. 우리는 인간 조직에 일어날 또 한 번의 극적인 변화를 목도할 찰나에 있다. 지난 500년간의 물질적 증거들이 임박한 변화를 더욱 강력히 신호한다. 그것은 제5의 기원이자 우리가 아는 세상의 종말이다. 하지만 걱정할 필요는 없다. 인류가 전에도 겪었던 일이니까.

제5의 기원은 어떤 미래를 가져올까? 덴마크 속담에 이런 말이 있다. "절대 속단하지 마라. 특히 미래에 대해서는."[8] 좋은 충고다. 미래학자들은 틀리는 게 일이기 때문이다. 컴퓨터과학자 앨런 케이

Alan Kay가 이런 말을 했다. "미래를 예측하는 최선의 방법은 미래를 창조하는 것이다."[9] 따라서 나는 무엇이 '일어날지'에 대한 주장은 하지 않겠다. 다만 기나긴 인류사를 정보원으로 삼아, 무엇이 '일어나려 하는지'를 공동으로 암시하는 추세들을 서술하려 한다.

사람들은 대개 미래를 기술 차원에서 상상한다. 자율주행차, 개인용 드론, 체내 이식형 기기 등등. 누가 알겠는가? 미래에는 (데이비드 포이어David Poyer의 소설 《스텝파더 뱅크Stepfather Bank》가 묘사하는 것처럼) DNA에 연계된 금융 계정을 통해 물건을 구매하게 될지? 또는 미래학자 레이 커즈와일Ray Kurzweil의 예측대로 혈류에 나노로봇을 주입해서 질병을 치료하는 날이 올 수도 있다.[10] 체내에 신경학적으로 통합되는 인공 기관은 생각만 해도 끝내준다. (《매트릭스Matrix》처럼) 정보를 뇌에 직접 다운로드하는 장치도 있으면 진짜 유용할 것 같다. 또 어떤 이들은 (《스타트렉Star Trek》의 소름 끼치는 보그 종족처럼) 인류와 기계가 융합되는 특이점singularity(인공지능이 인간의 지능을 뛰어넘어 인간이 인공지능을 통제할 수 없는 지점-옮긴이)을 기대한다.

물론 기술이 우리의 미래 삶과 불가분의 관계에 있겠지만, 고고학자로서 나는 기술보다는 인간 조직의 변화, 즉 사람들이 서로 연계하는 방식의 변화에 더 관심 있다. 진짜 관건은 새로운 기술이 아니라 새로운 인간 조직이다. 이 방면의 논의 대상은 방대하지만, 나는 많은 사람이 궁금해하는 문제에 집중하고자 한다. 바로 세계 정부world government의 출현 여부다.

세계정부에 대한 논의는 으레 섬뜩한 이미지들을 불러일으킨다. 검은 헬기black helicopters, 마인드 폴리스mind police, 레이 브래드버리Ray Bradbury의 《화씨 451Fahrenheit 451》, 오지 오웰의 《1984》, 필립 K. 딕Philip K. Dick의 《마이너리티 리포트Minority Report》 등.[11] 이런 디스토피아적 상상들이 맞을까? 민족국가nation-state에 사는 우리가 세계정부를 상상하는 것은 정녕 구석기시대 사냥꾼이 금속이나 우주여행을 상상하는 것만큼이나 어려운 일일까?

사회학자들이 언제쯤 세계정부가 도래할지에 대한 예측을 시도했다. 방법은 이렇다. 일단, 세계 최대 정치체(政治體)—쉽게 말해 세계에서 가장 큰 나라—의 면적 추이를 조사한다. 소비에트 연방이 붕괴하기 전까지는 꾸준한 상승세였다. 즉 세월이 흐름에 따라 최대 정치체의 규모가 커져갔다. 다음에는 이 추이를 적용해서 전 세계 면적과 같은 정치체의 출현 시점을 추산한다. 이 추산에 따라 연구진은 세계 단일 정치체의 출현 시점을 지금부터 수백 년 내지는 수천 년 후로 예측했다.[12]

하지만 대규모 변화를 야기하는 것이 시간은 아니다. 앞장들에서 살폈듯, 변화는 기술, 기후, 환경 그리고 특히 인구와 관계있다. 현재 지구 인구는 기하급수적으로 늘어나고 있다. 〈그림 4〉는 지난 3000년간의 세계 최대 정치체의 규모와 세계 인구 추산치를 비교한 것이다. (3000년 전의 정치체 규모에 대해서는 신뢰할 만한 데이터가 없다. 하지만 그때의 정치체들은 작았다.) 단일 세계 정치체가 구현된다면 그 규모는 약 1억 3,300만 km^2(그린란드와 남극대륙을 제외한 육지 면

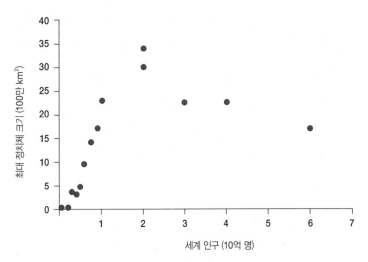

〈그림 4〉 과거 3000년 동안의 인구 증가와 지구 최대 단일 정치단위('정치체') 크기 사이의 관계. 세계 인구가 20억에 이른 이후 최대 정치체 크기가 감소한 것은 소비에트 연방 등의 해체가 일어났기 때문이다. Y축 데이터 출처: Carneiro(2004); Peregrine, Ember & Ember(2004); Roscoe(2004), Taagepera(1978).

적 전체)에 달한다. 세계 인구가 30억 명 미만이었을 때 이 분석을 수행했다면 깜짝 놀랄 결론에 도달했을 거다. 그때까지의 추세만 반영해서 보면 세계 인구가 76억 명에 이를 때 세계가 단일 국가로 통합된다는 계산이 나온다. 현재의 인구성장률을 대입하면 세계 인구가 76억 명이 되는 때는 2020년이다.[13] 다시 말해 지금이다.

하지만 단순한 실증적 패턴을 이용해 미래 예측을 시도하는 것은 무분별한 짓이다. 수치가 그 이유를 말해준다. 근래에는 인구 증가에도 불구하고 최대 정치체 크기가 줄었다. 제국들이 해체되고, 소비에트 연방이 붕괴하고, (수단, 유고슬라비아, 체코슬로바키아를 비롯한) 나라들이 분열하면서 20세기 후반에 나라의 수가 꾸준히 증가했기 때문이다. 근래의 독립국가 증가세로 추정컨대 지금의 196국이 금세기 말에는 300국 이상으로 늘어날 수도 있을 것으로 예측된다.[14] 이런 의문이 들 수도 있다. 최근 수십 년의 동향이 지난 3천년의 추이보다 더 중요할까? 최근 추세는 데이터상의 일시적 현상에 불과하지 않을까?

세계 선사시대를 연구하다 보면, 막후에서 작용하는, 보이지는 않지만 의미심장한 프로세스들을 파악해내는 요령이 생긴다. 의미심장한 프로세스란 기존의 적응을 계속 유지하려 하면서도 전면적 변화의 씨앗들을 품고 있는 프로세스다. 20세기의 일견 상반된 추세들을 해명하는 동시에 세계정부의 도래를 가리키는 세 가지 프로세스는 다음과 같다. 자본주의의 저임금 노동력 추구, 군비 경쟁, 문화의 세계화.

저임금 노동과 군비 경쟁의 끝

자본주의는 생존 보장이라는 인류의 오랜 진화적 욕구가 낳은 논리적 결과물이다. 사람들은 삶의 기본 여건에 대한 통제력을 높여서 생존을 보장하려 한다. 이는 자본주의 시스템에서는 이익 극대화를 뜻한다. 제조비용에서 가장 큰 부분을 차지하는 것 중 하나가 노동비용이기 때문에 소유주는 인건비를 줄여 이윤을 극대화하려 한다.

인건비를 줄이는 한 가지 방법이 기술 활용이다. 석탄과 증기기관을 새로운 동력원으로 삼은 18세기의 산업혁명은 엄청난 기술적 도약이었고, 불같이 번졌다. 노동자들을 유지비가 덜 드는 기계로 대체해서 이익 증대를 가져왔기 때문이다. 예를 들어 제임스 와트의 증기기관이 인력을 대신해 방직공장의 기계를 돌리면서 생산성이 엄청나게 증가했다.[15] 자본주의가 기계화와 조립라인의 시대를 열었다. 제조 로봇은 이 추세의 최근 현상일 뿐이다.

나를 곡해하지 않길 바란다. 나도 대학 때 짧게나마 신문지 생산라인에서 일한 적 있고, 그런 따분하고 반복적이고 허리 휘게 힘든 노동으로 돌아가고 싶은 마음은 추호도 없다. 다만 노동 대체의 부정적인 측면은 단순 노동에서 '해방된' 사람들이 살아갈 방도를 찾아야 한다는 거다. 옛날 일부 유인원이 숲에서 밀려났듯이 사람들이 자본주의 산업 밖으로 밀려나고 있다. 일례로 영국의 경우 농업노동자의 비중이 1500년과 1800년 사이에 전체 인구의 75%에서 35%로 떨어졌다.[16] 국가서비스(예를 들어 상비군)에 보다 많은 사람을 투입해야 하는 필요성이 농업 효율화를 요구했고, 농업 효율화는 농업 노동력 수요를 더욱 낮췄다. 선진국의 경우 식량 생산에 참여하는 인구의 비중이 전체의 10% 미만으로 떨어진 지는 이미 오래다.

과거에는 기술 발전이 노동 해방을 부른 동시에 새로운 고용 분야들을 열었다. 처음의 혼란기가 지나고 기술 발전이 경제를 재설정하는 데서 생기는 효과였다. 하지만 경제학자들은 이 추세가 계속 이어지지는 않을 것으로 우려한다. 2015년 미국 노동 인구에서 성인 비율이 1978년 이래 최저치를 기록했다. 더욱이 취업자 중의 상당수는 시간제 저임금 비정규직 근로자다.[17] 20세기 후반에 일어난 제조업 주도 경제에서 서비스업 주도 경제로의 이행이 과연 좋은 일자리를 창출할지는 아직 두고 봐야 할 문제다.

더구나 자본주의는 인건비 절감을 위해 불법적이고 사악한 방법들도 동원했다. 노예제, 아동 노동, 도제 노동 등이 그것이다. 방직 공장들에 면화를 공급하던 미국 남부의 경제는 노예 노동에 의존했다. 19세기 중반까지 영국의 방직업과 석탄 산업은 노동력의 상당 부분을 아동 노동으로 충당했다. 20세기 초반 미국 광부들은 광산 회사 직영 상점의 폭리에 사실상 빚에 묶여 있었고, 파업은 종종 공권력의 투입으로 잔인하게 진압됐다. 1914년 콜로라도주 러들로에서 일어난 '러들로 학살'이 대표적인 경우다.

노동자보호법들이 생기고 노동조합들이 결성되면서 결과적으로 인건비가 상승했다. 이에 대한 자본주의의 대응은 공장과 생산직을 노동력이 싼 해외로 이전하는 것이었다. 미국의 경우 이 현상이 제2차 세계대전 후에 본격화해서, 노동력을 일본 등에서 조달했다. 전자산업에서 이 현상이 특히 두드러졌다.[18] 오늘날은 인터넷 덕분에 비제조업도 해외 외주 인력을 쓴다. 미국과 유럽의 기업들은 회계 업무를 인도의 회계사들에게 맡긴다. 또한 인도에는 세계의 콜센터들이 집결해 있다.[19]

하지만 갖은 인건비 축소 노력에도 불구하고 자본주의는 서서히 그러나 필연적으로 생활수준을 높였다. 제2차 세계대전 이후 일본, 싱가포르, 한국 그리고 지금은 인도와 중국에서도 중산층이 확대됐다. 생활수준이 올라가면서 인건비도 올라간다. 인건비가 올라가면 기업들은 보다 싼 노동력을 찾는 방법으로 이윤을 극대화한다. 어딘가에 더 값싼 인력 시장이 남아 있는 한 자본주의는 계속해서 승승장구했다. 하지만 세상은 유한하고, 따라서 이 프로세스는 어차피 언젠가는 끝을 맞을 운명이었다. 값싼 노동력은 결국 씨가 마르게 돼 있다. 아시아 일부와 아프리카 대부분이 아직 미개발 상태로 남아 있지만 향후 수십 년 안에 상황이 빠르게 변할 것이다. 일례로 이미 아프리카에 해외 자본이, 특히 중국 자본이 대거 유입되고 있다.[20]

어쩌면 자본주의는 관광업이나 서비스업(보육, 호스피스, 보건의료 등)처럼 이전이 어려운 산업들로 옮겨갈지 모른다. 인간의 실수를 바로잡는 데서 이익을 창출하는 산업들—자원 재활용, 쓰레기 재가공, 가정 내 재생 가능 에너지 설치, 환경 재건 등—도 유망하다. 하지만 보다 큰 질문은 여전히 유효하다. 세상에서 저임금 노동이 사라지면 자본주의는 어떻게 될까?

국가 간 군비 경쟁이 시작된 것이 냉전시대는 아니다. 약 5000년 전 국가사회의 태동과 함께 시작됐다. 적이 창을 만들면 나는 방패를 만든다. 상대가 석궁을 만들면 나는 성을 쌓는다. 저쪽에서 투석기를 들이대면 이쪽은 대포로 맞선다. 상대가 기관총으로 무장하면 이쪽은 탱크와 유독가스를 동원한다. 상대의 잠수함과 장거리 폭격기에 맞서기 위해 이쪽은 핵무기를 개발한다.

이런 식의 군비 증강은 그 비용이 걷잡을 수 없이 급등한다. 활과 화살은 싸다. 하지만 성을 쌓는 건 돈이 든다. 1944년에 개발된 P-51 머스탱 전폭기의 생산 비용은 지금 돈으로 약 67만 5,000달러. 그쯤이면 소모성 기술이다.[21] 그런데 현대 공중전의 최신 전략 자산인 F-35 스텔스 전투기는 대당 1억 3,500만 달러가 들고, B-2 스텔스 폭격기는 대당 개발비가 8억 달러가 넘는다. 이건 소모용 기술이 아니다. 아까워서 실전에 쓰지도 못할 정도다. 미국의 핵 무력 유지비용은 연간 200억 달러에 이른다. 그나마 최근에 군축해서 이 정도다. 이라크와 아프가니스탄에서 전쟁을 벌인 대가로 미국에게 떨어진 비용-청구서는 2조 달러에 육박한다.[22] 무기체계와 전쟁의 비용은 외길이다. 항상 가파르게 상승한다. 지난 5000년 동안 내내 그랬다. 더구나 이 값비싼 파괴의 도구들은 써보지도 못하고 폐물이 되는 경우가 허다하다. 내가 사는 곳에서 80km 정도 떨어진 곳에 한때 대륙간탄도미사일ICBM 지하저장고가 있었다. 지금은 ICBM을 철거하고 시설을 해체해서 콘크리트로 메우고 있다. 당연하지만 거기서 미사일이 발사된 적은 단 한 번도 없다.[23]

값비싼 군사기술이 적의 무력 도발을 억제하는 효과를 내기는 한다. 하지만 제임스 팰로스James Fallows의 지적에 따르면 "기술력이 우리 군사력의 최대 강점이다. (하지만) …9·11 테러 이후의 '장기전들'을 보라. 미국의 기술 우위가 거두는 일시적이고 덧없는 승리들이 임시변통 무기들과 종파주의 적개심과 적대 행위 증가라는 낡고 지저분한 현실 앞에 하릴없이 빛을 잃는다."[24] 내가 팰로스의 말을 지지하는 건 아니다. 하지만 이런 궁금증이 날 만도 하다. 어째서 미국은 가공할 군사력을 화끈하게 쓰지 않는 걸까? 어째서 고공 폭격으로 이라크를 초토화해서 '석기시대'로 만들어버리지 않은 거지? 어째서 아프가니스탄에 핵무기를 날리지 않았을까?

이유는 두 가지다. 첫째, 전면전은 엄청난 난장판을 남길 것이고 처리 비용은 고스란히 미국의 몫이다. 둘째, 서방세계에서 일어난 문화 변동의 영향이 컸다. 서방세계는 이제 평화롭게 살고 싶어 한다. 과거에는 승전의 대가로 감내했던 인명 피해(예컨대 1944년 노르망디 상륙 작전의 피해)를 더는 받아들일 마음이 없다. 콜래트럴 데미지collateral damage도 당연히 용납하지 않는다. 일례로 2015년 미국이 아프가니스탄의 탈레반을 공습하다가 병원을 우발적으로 폭격한 일로 국제사회의 비난이 쏟아졌다. (과거에 미국이 드레스덴과 도쿄와 베트남에 그랬듯) 민간인을 융단 폭격하는 행위는 이제 어느 나라에도 허용되지 않는다. 핵무기 사용은 말할 것도 없다. 핵 사용은 국내외적으로 감당할 수 없이 막대한 정치적 대가를 부른다. 존 키건John Keegan(1934~2012)이 《세계전쟁사A History of Warfare》에 이렇게 썼다.

(전쟁이) 바람직하고, 생산적이고, 합리적인 문제 해결 방법으로 행세하는 시대가 끝을 맞을 것은 당연하다. 이는 단순한 이상론이 아니다. 시간이 흐르면서 인류는 대규모 과업 수행의 비용과 편익을 비교하는 능력을 장착했다. 우리가 인간으로 진화한

이후 오랜 세월이 흘렀고, 정황을 보건대 그 세월의 대부분을 인류는 전쟁의 편익이 비용을 능가한다고 판단해왔다. 편익과 비용이 추정적 균형을 이뤘을 때조차 밑져야 본전이면 전쟁 편을 들었던 것으로 보인다. 하지만 이제는 계산 결과가 반대 방향을 향한다. 비용이 명백히 편익을 압도한다.[25]

현대의 군수(軍需)는 정말이지 너무나 비싸게 먹힌다. 쓰지도 못할 기술 개발, 전후 재건 그리고 인명 피해. 타인의 불행에 대한 공감적 고통까지 계산에 넣으면 실로 엄청난 비용이다. 전쟁 기피 추세는 최초의 TV중계 전쟁이었던 베트남 전쟁과 더불어 시작됐고, 전쟁의 참혹함을 여과 없이 보여주는 인터넷 시대의 즉각적이고 검열되지 않은 이미지들 때문에 더욱 강화되고 있다. 서방세계가 기대하는 삶(평화와 번영의 삶)과 빈번한 실제(평화도 번영도 없는 삶) 사이에는 문화적 괴리가 존재한다. 구석기시대 예술가들은 이와 비슷한 난제를 동굴 벽에 그림을 그리는 것으로 타개하려 했다.

전쟁 기술은 우리를 중대한 결단의 지점에 데려다 놓았다. 악당을 단죄하고 싶다. 하지만 병원이 폭격당하는 것은 싫다. 서방세계는 진퇴양난이다. 있는 군사력을 다 썼다가는 자신의 문화적 이상이 끝장나는 결과가 필연이다. 전쟁이 더 이상 방법이 되지 않는 시대가 됐다.

하지만 세계는 여전히 위험한 곳으로 남아 있다. 러시아의 푸틴 대통령은 2014년 크림반도 합병에 성공하면서 핵무장으로 이웃

나라들을 쥐락펴락할 수 있음을 보여주었다. 푸틴이 TV에 나와 세계에 상기시켰듯, 핵보유국과 무력 충돌을 무릅쓸 나라는 없다. 설사 전쟁에 지더라도 뉴욕, 파리, 베이징, 런던을 먼저 초토화할 수 있는 쪽은 핵보유국이기 때문이다. 한편 군비 스펙트럼의 반대편 끝에서는 테러리스트들이 저비용으로도 강대국을 교란할 수 있다는 것을 보여준다. 대상국의 사회에 침투하거나, 공중 납치한 민항기로 빌딩을 들이받거나, 소셜미디어를 이용해 상대국의 불만 세력을 선동하는 등 방법도 다양하다. 테러리스트는 처벌받지 않고 활개 친다. 서방세계가 직면한 문화적 난제를 뻔히 알기 때문이다.

　인류 최초로 군비 경쟁이 본격화했던 그때, 5000년 전 이라크 남부 우루크 평원에서 인류 최초의 전투를 벌였던 사람들은 일이 이렇게 커질 줄 알았을까? 그때 이후 인류의 기술적 영민함이 이 사태, 군비 경쟁이 이어지다 못해 전쟁이 소기의 문제 해결 능력을 잃는 사태를 낳았다. 이는 필연적 결과였다. 하지만 논쟁의 끝은 여기가 아니다. 무엇이 문제 해결 수단으로서의 전쟁을 대신하게 될 것인가?

세계화의 역습

　이 질문이 세 번째 프로세스를 소환한다. 바로 세계화다. 잘난 세계화의 끝이 어떤지 살펴보자. 스코틀랜드는 2014년 국민투표에서 영연방에서 분리독립하기 직전까지 갔고, 2016년에는 영국이 국민투표를 통해 유럽연합EU 탈퇴를 결정했다. 쿠르드 자치구는 이라크로부터, 플랑드르는 벨기에로부터 분리독립을 원한다. 베네치아 주민의 일부는 탈(脫)이탈리아 독립을 지지하고, 프랑스의 브르타뉴도 꾸준히 독립을 외치고, 바스크와 카탈루냐는 에스파냐를 상대로 오랜 독립 투쟁 중에 있으며, 캐나다에서는 퀘벡 주가 독립을 원하고, 우크라이나 정부는 친(親)러시아 분리주의자들과 무력충돌을 빚고 있다. 급진 수니파 무장조직은 시리아와 이라크에서 그들만의 중세기적 이슬람국가Islam State, IS 건설을 도모한다. 필리핀의 모로와 중국의 위구르도 분리주의 투쟁 지역이다. 많은 전문가가 2국가 해법two-state solution을 이스라엘–팔레스타인 분쟁의 유일한 해결책으로 본다. 미국에서도 텍사스를 비롯한 여러 주에서 분리독립 얘기가 나온다.[26]

분리주의 열풍은 세계화에 대한 예견된 반응이다. 문화란 세상에 대한 상징적 해석을 수반한다는 것을 기억하자. 달리 말하면 문화는 당위(當爲)에 대한 해석이다. 옳고 그름 자체는 중요하지 않다. 문화는 우리에게 세상을 이해하는 수단이 된다. 사람을 문화에서 들어내면 그는 겉돌게 된다. 외국을 여행하다가 문화 충격을 경험해본 사람이라면 내 말을 이해할 것이다. 무언가 잘못됐다는 막연하고 정의하기 힘든 괴리감. 문화 충격은 심지어 물리적 질병과 우울증을 유발하기도 한다.

자본주의가 만들어낸 글로벌 통신·거래 기술이 세계인의 삶에 서구문화를 이식했다. 이에 대한 반발로 나이지리아의 보코하람Boko Haram 같은 극단주의 단체들은 이종 문화의 존재 자체를 위협으로 간주한다. 외래문화를 배척하는 이들은 특정 이슈(예를 들어 여성 교육 문제)를 놓고 의견 충돌을 빚는 선에서 그치지만, 자신과 세상에 대한 해석을 달리하는 문화 자체를 인정하지 않는 경우도 있다. 이때 종종 종교가 폭력적 반발의 명분으로 대두한다. 하지만 종교가 폭력의 진짜 원인은 아니다.[27] 지금은 우리가 이슬람 근본주의자들에게 비난의 손가락질을 하고 있지만, 유럽에서 구교도와 신교도가 피비린내 나는 전쟁을 벌였던 것이 (고고학자의 시간 척도로 봤을 때) 불과 얼마 전이다.

그리고 '옛 방식'을 잃을까 봐 난리 치는 이들이 비단 이슬람교도만은 아니다. 문화는 우리 자아의식의 핵심이고, 우리는 거기 기대어 매일을 영위한다. 불행히도 그래서 종종 사람은 자기 문화에 대한 비판을 자신에 대한 도전행위로 해석한다. 최근 미국에서 극단적 보수주의가 부활하며 '정부가 우리의 가치관을 조롱하고 우리 삶의 방식을 파괴하려 한다' 따위의 말들이 심심찮게 들린다. 그때마다 보수가 들고 나오는 이슈는 다양하다. 사유재산권, 늑대 사냥, 총기 소유, 낙태, 석탄산업, 동성 결혼, 벌목, 수압파쇄법 등. 하지만 진짜 이슈는 문화적 가치관의 차이다. 이것이 분노의 이유다. 문화는 결국 그 사람의 정체이기 때문이다. 사람들은 세상이 이치에 맞길 원하고, 또 문화를 통해 세상의 이치를 보기 때문에, 남들이 그들의 문화가 틀렸다고 하면 그들은 보복에 나서고, 보복에는 주로 무력이 동원된다. 이는 글로벌 경제 시스템으로 야기된 타문화의 급속한 유입과 만연이 불러온 예측 가능한 반발이요, 결과다.

벤자민 바버Benjamin Barber가 이미 저서《지하드 대 맥월드Jihad versus. McWorld》에서 세계화를 비판했다.[28] 책의 제목은 '전통적' 문화들과 날로 팽배하는 '초국가적' 서구중심문화의 충돌을 의미한다. 이 갈등은 종종 종교적, 국가적, 민족적 맹신의 형태로 발현한다. 예를 들어 인도가 경제대국으로 부상하고 서구문화에 많이 노출되면서 힌두민족주의Hindu nationalism가 일어나고 있다. 힌두민족주의 운동은 이른바 '악영향'에 물든 모국과 절연하고 초기의 '순수한' 세계로 회귀할 것을 주장한다. 이슬람 근본주의는 칼리프 통치체제의 부활을 도모한다. 미국의 보수주의 단체 티파티Tea Party는 정부에 맞서 조세저항운동을 벌이며 애초의 건국이념으로 돌아갈 것을 요구한다.[29] 우리는 현재 수많은 부흥운동들이 소용돌이치는 한복판에 있다(부흥운동은 1장에서 언급했다).[30]

간단히 말해 정치적 분열을 포함한 분리주의는 세계화의 불가피한 결과, 세계화의 역습이다. 직면 과제는 이것이다. 그럼, 문화 변화를 강제하지 않으면서 세계민을 경제적, 법적, 제도적, 구조적으로, 그리고 형평성 있게 통합할 방법은 무엇일까?

소달리티의 진화

우리는 터널 끝에서 빛을 보게 될까? 마주 달려오는 열차가 아닌 희망의 빛이 있을까? 있다. 과거 네 번의 기원에 직면해서 인류는 그때마다 새로운 차원의 협력 체제를 고안해냈다. 암수 결합, 자원 공유, 동맹, 교역. 이번 기원도 다르지 않다. 20세기는 자본주의의 발호로 전쟁의 효용과 가용성이 약화되는 동시에 세계화의 부작용으로 문화 간 충돌이 격화한 시대였고, 이에 대한 반작용으로 인류사상 최대의 협력 체제들이 시도됐던 시대이기도 했다. 여기서 협력 체제라 함은 여러 민족국가를 수평으로 엮는 조직체를 말한다. 인류학자들이 소달리티sodality('동지애'를 뜻하는 라틴어 sodalitat에서 온 말이다)라고 부르는 기구와 비슷하다. 만약 내게 20세기에 일어난 일을 요약하라는 숙제가 주어진다면 (2장에 나왔던 500단어 에세이를 기억하는가?) 나는 이 소달리티의 대두에 초점을 맞출 것이다.[31]

인류학에서 말하는 소달리티는 가문이나 씨족 같은 친족 단위들을 가로로 엮는 사회집단을 뜻한다. 연령 계층(나이가 엇비슷한 집단)이나 북아메리카 남서부 푸에블로 원주민의 키바 같은 종교 조직이 이에 해당한다. 인류학적 관점에서 소달리티의 기능은 친족 집단 간의 유대를 강화해서 위험한 분열과 대립의 발생 가능성을 낮추는 것이다. 지금으로 치면 키와니스 클럽Kiwanis Club과 로터리 클럽Rotary Club, 각종 친선 단체들, 볼링리그 같은 동호회들이다. 집단들이 서로 경쟁하기는 해도 소달리티가 그 경쟁의 잠재적 위해를 억제한다.

20세기에 들어와 소달리티 성격의 국제 조직체들의 규모가 놀랍게 커져 국제연맹League of Nations, 국제연합UN, 유럽회의Council of Europe, 유럽연합EU, 북대서양조약기구NATO, 세계무역기구WTO, 국제사법재판소World Court, 국제통화기금IMF, G8, 각종 비정부기구NGO가 출현했다. 세계종교들까지 생겼다. 아프리카에는 경제 협력과 외교를 위한 동아프리카공동체East African Community가 결성됐고, 북미자유무역협정NAFTA, 환태평양경제동반자협정Trans-Pacific Partnership, 범대서양무역투자동반자협정Transatlantic Trade and Investment Partnership 등의 국가 간 무역장벽 철폐를 위한 기구들이 발족했다.

이런 국제기구들과 국제협정들을 가능하게 한 것은 크게 세 가지다. 첫째, 세계의 사람과 정보를 실시간으로 묶는 기술이다. 이 기술을 가져온 것은 자본주의 경제 시스템이었다. 따라서 이 기술의 애초 목적은 협력 촉진이 아니라 이익 극대화였다. 둘째, 다툼의 원인을 없애 전쟁을 줄이려는 욕구다. 특히 핵전쟁에 따른 인류 문명 절멸의 위기감이 결정적 추동력으로 작용했다. 셋째, 인생관은 근본적으로 다르지만 일은 함께 해야 하는 사람들을 한데 붙여놓을 필요다. 놀랍지 않은가? 다시 자본주의, 전쟁, 문화의 세계화로 귀결된다. 이 세 가지가 새로운 차원의 협력 체제에 대한 필요를 낳았다.

1장에서 언급했다시피, 진화학자들은 이타적이고 협력적인 행위들이 자주 발생하며 그 이유는 이타심과 협력이 경쟁에서 유리하기 때문이라고 말한다. 즉 우리는 경쟁하기 위해 협력한다. 비즈니스 용어로 이를 코피티션copetition(협력과 경쟁의 합성어)이라고 한다. 자본주의가 세계의 값싼 노동력을 찾아 비즈니스를 계속 글로벌화하고, 전쟁은 자원을 막대하게 잡아먹는 것 외에는 할 수 있는 것이 계속 없어지고, 글로벌 경제가 불가피하게 문화 간 충돌을 야기한

다. 이러다 인류가 협력을 경쟁하게 되는 임계점에 이를 수 있다.[32]

이 임계점이 오면 국가들은 어떻게 될까?

수년 전 미국 합동참모본부 부의장을 역임한 제임스 카트라이트James Cartwright가 이런 말을 했다. "지난 350년 동안 인류의 삶에 가장 중요한 조직체는 민족국가였다. (그러나) …정보화 시대가 사람과 자본과 정보의 국경 없는 흐름의 물꼬를 트면서 국가의 힘을 부식시켰다. […] 민족국가 간의 전통적 동맹들이 의미를 잃어가고, 산업화 시대에 경쟁우위 확보와 유지를 위해 설계된 전통적 기구들도 도전을 받고 있다."[33]

다국적 기업에게 국경은 더 이상 의미가 없다. 더구나 오늘날은 다국적 기업들이 거의 소달리티처럼 기능한다. (군수산업이라면 모를까) 전쟁과 빈곤이 기업체에도 좋을 게 없기 때문이다. 국제관계 전문가 파라그 카나Parag Khanna는 지금의 경제환경이 국가들을 지역으로 쪼개는 한편, 도시들은 더욱 연결되고 성장해서 도시가 경제 주체이자 교역의 단위가 될 것으로 전망한다.[34] 카나는 이런 도시들이 국가 내부의 '준국가parastate' 또는 '경제특구special economic zone'가 될 것이며, 지금의 메가시티들이 최초의 경제특구로 성장할 것으로 예견한다. 이 일은 이미 일어나고 있다. 유엔도 '탈국가세계non-state world'가 한 세대 안에 도래할 수도 있다고 본다.

하지만 도시 같은 소규모 조직체는 물리적으로나 경제적으로나 단독으로는 방위 시스템을 가동하고 유지하기 어렵다. 전쟁이 더는 분쟁 해결의 수단이 되지 못하는 이때, 만약 분쟁이 지속되는 경우 어떤 방식으로 분쟁을 해결해야 할까?

우리의 수렵채집인 조상들이 썼던 메커니즘이 대안이다. 바로 기피와 배척을 통한 제재다. 현대 세계에서는 금전적 불이익을 주는 경제 제재 방식을 쓴다. 2014년 우크라이나 군사 개입 사태를 일으킨 러시아에 대해 미국과 유럽이 취한 제재가 대표적이다. 전쟁이 더는 실행 가능한 대안이 아닌 상황에서 규칙위반자(특히 핵무장국자)에게 모종의 조치를 취해야 할 필요가 우리를 임계점에 이르게 한 건지도 모른다.

제재는 강력할 때만 효과가 있다. 이는 제재를 가하는 쪽에 발생하는 비용을 암시한다. 제재에 참여하는 나라가 하나 또는 소수일 때는 이 비용이 심하게 높아진다. (오바마가 미국이 더는 세계 경찰 노릇을 하기 어렵다고 말한 배경에는 이런 이유가 있다.) 하지만 많은 나라가 동참하면 각국이 부담하는 제재 비용이 낮아져서 제재를 위한 협력이 발생할 가망이 커진다.

나라들이 계속 쪼개지고, 자치 지역이나 반(半)자치 지역이 늘어나는 상황에서는 규칙위반자 처벌을 조직하기 위한 범국가적 기구의 필요가 더욱 절실해진다. 생각해보라. 가령 독립국 플랑드르가 단독으로 타국에 군사 제재나 금융 제재를 가할 수 있을까? 다시 말해 국가들이 죄다 고만고만할 때는 서로 협력하는 것밖에 방법이 없다. 카나는 "해체와 분열이 일어나 주권국이 증가한다. 이는 초국가적 안보 체제 구축을 향한 긴 프로세스를 시작하는 결정적 단계"

라고 했다. 맞는 말이다.[35]

　기존 민족국가들은 이 방향의 정치·경제적 진화에 반대할 게
뻔하다. 그동안 문화가 민족국가를 일종의 신성한 지위에 올려놓은
탓이다. 세계의 분쟁 지역에서 거의 예외 없이 들리는 수사(修辭)의
중심에는 '주권국sovereign state'이라는 말이 있다. 미국은 이라크 침공
후에 이 말을 많이 썼다. 중국은 인권 문제에 대한 국제사회의 비
판에 같은 말로 맞섰다. (미국의 경우는 이 말을 내정 문제에도 동원한다.
일례로 2015년 리사 머코스키Lisa Murkowski 상원의원은 알래스카 국립 야
생동물 보호구역Alaska National Wildlife Preserve에서 석유 채굴을 중단한다
는 오바마 대통령의 결정을 "우리의 자주권에 대한 충격적인 침해"라고 불렀
다.[36])

　정치인들은 타국은 '주권국'의 국정에 간섭할 수 없다고 단언한
다. 호주 대법원 판사 H. V. 이바트H. V. Evatt도 이런 법 해석을 했다.
"(국가의) 자주권 문제는 사실의 문제도, 법의 문제도 아니다. 아예
일어날 수 없는 문제다."[37] 이 말이 맞는다면, 그렇게 특별한 민족국
가 개념은 영원한 것이어야 한다. 그런데 그렇지 않다는 것을 모두
가 안다. 국가는 인류사에서 꽤 최근의 발명이다. 후기 구석기시대
수렵채집민과 신석기시대 농경민은 아예 이해도 못 했을 개념이다.

　사실 역사학자들은 신성한 민족국가라는 개념의 기원을 1648
년 베스트팔렌 조약Peace of Westphalia으로 본다. (카트라이트 장군이 민
족국가의 역사를 고작 350년으로 잡은 것은 이런 이유에서다.) 베스트팔렌

조약은 독일의 30년 전쟁을 끝내기 위해 유럽의 여러 정치체가 맺은 평화조약으로, 나라 간 국경을 정하고, 분쟁을 해결하고, 몇몇 지역에 대한 정통을 세우는 내용으로 이루어져 있다. 이 조약으로 신성로마제국이 사실상 해체되고 로마가톨릭교회가 정치적 영향력을 상실하면서 유럽의 정치 구조가 주권국가들의 공동체로 재편됐다. 이 조약을 계기로 각 정치체의 내정 통치권이 불가침 영역으로 보장됐다. 사실 자주권 개념은 개인의 권력 장악을 공고하는 데 편리한 이데올로기였으며, 그렇다고 그것이 침략을 막지도 못했다. 막기는커녕 이후 유럽은 여러 잔혹한 전쟁을 겪었다. (나폴레옹과 히틀러를 생각해보라.) 다만 주권국 개념이 도발 행위는 부도덕한 것이라는 문화적 인식을 낳기는 했다.

하지만 지금은 세계가 하나로 연결된 상호의존적 지구촌 시대다. 이 현실이 판세를 바꿨다. 무역 불균형과 정치적 불안정이 빈국에서 부국으로의 노동력 이동을 야기한다. 중국, 인도, 미국이 대기 중에 내뿜는 탄소가 모두에게 영향을 미친다. 일부 미래학자들은 공동의 적이 존재하지 않고서는 세계정부가 결성되기 어렵다고 본다. 영화 〈인디펜던스데이Independence Day〉처럼 하다못해 사악한 외계인이라도 있어야 뭉칠 수 있다는 얘기다. 하지만 기후 변화와 환경 파괴가 공동의 '적'이 되기에 부족함이 없다. 이제 이 적이 우리에게 새로운 차원의 협력을 강제한다.

국가주권 뛰어넘기

기후 변화는 석탄을 가득 싣고 내 고향 땅을 덜컹덜컹 가로지르던 기다란 화물열차와 비슷하다. 브레이크를 걸어도 열차가 멈춰 서려면 시간이 오래 걸린다. 장기적으로는 근본적인 해결책을 찾아야 한다. 하지만 단기적으로는 기후 변화의 여파로 당장 일어날 일들에 대응해야 한다. 그리고 이것이 사람들이 가장 걱정하는 문제다.

기후 변화는 해수면 상승, 기상 이변, 지역적 가뭄을 야기해 모두의 안전을 위협한다. 세계적으로 약 2억 명이 해발고도 5m 이하의 땅에 산다. 해수면이 상승하면 많은 사람이 살던 곳을 떠나야 한다. 몰디브와 마샬 군도 같은 몇몇 섬나라는 아예 바닷속으로 사라지게 된다. 방글라데시와 네덜란드 같은 연안 국가들과 뉴욕, 마이애미, 뉴올리언스, 런던, 상하이 등의 연안 도시들은 주민을 아예 이주시키거나 막대한 비용을 들여 방비책을 마련하거나 양자택일을 해야 한다.[38] 많은 사람이 해수면 상승은 느리게 일어나며, 위험 지역들은 그저 점진적 철수를 통해 대처해나갈 것으로 막연히 생각한다. 하지만 해수면이 최대 높이에 도달할 때가 언젠지는 몰라도 그전부터 지구온난화에 따른 기상 이변이 격해져 지구가 아수라장이 된다. 허리케인이나 쓰나미라도 닥치면 하룻밤에 수많은 이재민이 발생한다. (2005년 뉴올리언스를 덮친 허리케인 카트리나를 생각해보라.) 어떤 지역은 (빙하가 녹아 유입되는 물 때문에) 강수량 증가를 겪는가 하면, 다른 지역은 극심한 가뭄에 시달리고, 이상저온과 이상고온은 식량 결핍을 불러 곳곳에서 유혈 사태가 일어난다. 역사도 기상 악화(특히 가뭄)와 폭력 사태 사이의 *끈끈한 관계를 증명한다.*[39] 미국 국방부는 기후 변화를 심각한 안보 위협으로 규정한다.

전쟁만 난민을 만드는 게 아니다. 해수면 상승과 가뭄은 대대적 인구 이동을 야기한다. 이들은 어디로 가게 될까? 어디서 이들을 받아줄까? 옛날에 북아메리카 북서 연안에 살던 수렵채집민처럼, 난민은 타국의 자원(일자리와 주거지)에 의지할 수밖에 없다. 하지만 상대국의 입장에서는 난민을 받아들이는 데 따른 편익이 없다. (2015년 시리아 난민이 유럽에 유입될 때의 상황이 딱 그랬다.) 기후 변화와 전쟁이 유발한 인구 이동은 국경수비와 출입국관리 비용을 높인다. 사람들의 고통을 지켜봐야 하는 감정적 비용도 결코 적지 않다. 세계가 협력해서 현재와 미래의 난민 문제 대책을 강구하지 않으면 상황이 심각해진다.

그럼 세계가 실제로 협력할 수 있을까? 할 수 있다. 다만 뚝딱 이루어질 일은 아니다. 국제관계 전문가 폴 케네디Paul Kennedy는 《인류의 의회The Parliament of Man》에서 유엔이 국제 협력의 인큐베이터 역할을 할 것으로 본다. 조슈아 골드스타인Joshua Goldstein도 《전쟁에 맞선 전쟁Winning the War on War》에서 유엔 평화유지군의 과제 수행력이 날로 향상하고 있으며, 국가들이 각자 자국 군대를 유지하는 비용의 극히 일부분으로 운영이 가능하다는 점을 강조한다. 유엔은 분쟁에서 제삼자로 기능하며, 특정 국가의 독박 책임을 면해준다. (이것이 미국이 세계경찰 역할을 그만둬야 하는 또 다른 이유다.)[40]

유엔은 이미 이 가능성을 인지했다. 유엔은 2005년 세계정상

회의에서 '보호책임responsibility to protect, R2P' 원칙을 채택했다. 이 원칙은 국가주권이 국민을 지배하는 권리만이 아니라 국민을 보호하는 책임도 된다고 전제하고, 국가가 자국민을 보호할 능력이나 의지가 없거나 오히려 자국민을 파괴하는 경우 국제사회가 유엔을 통해 개입할 책임을 명시한다. 이 원칙에 따라 '국가주권'이 간섭받을 수있는 경우는 이렇다. "(자국민에 대한) 집단학살 등의 잔학행위를 방지하고 중단하는 것이 국가의 첫 번째이자 가장 중요한 책무다. (이 책무가 지켜지지 않을 경우) 국제사회는 국가주권의 저지를 받지 않고 (개입할) 책임이 있다. 국가주권이 외국의 간섭으로부터 국가를 보호하는 데만 배타적으로 쓰여서는 안 된다." 유엔이 이 원칙을 아직 실행하지는 않았지만, 유엔 가입국들이 이 원칙을 성문화했다는 사실만으로도 중대한 첫걸음이라 할 수 있다(유엔 보호책임 원칙은 2011년 리비아 카다피 정권의 학살로부터 리비아 국민을 보호하기 위해 처음 실행되어 실효성을 보였다-옮긴이).

하지만 유엔이 기대 역할을 제대로 할 수 있으려면 먼저 유엔 안전보장이사회UN Security Council부터 없애야 한다. 없애지 못하면 최소한 재편이라도 해야 한다. 상임이사국 5개국(미국, 러시아, 중국, 프랑스, 영국)으로 구성된 안전보장이사회는 원래 제2차 세계대전 승전국들의 합의기구로 창설됐다. 그중 누구도 '자기들의' 영향력을 능가하는 기구를 원치 않았다. 상임이사국에는 거부권이 있어서 그중 하나라도 거부권을 행사하면 유엔의 결정을 무력화할 수 있다. 그들이 항상 옳은 결정만 하면 문제가 없겠지만 지금까지의 실적으로 보건대 유감스러운 면이 많다. 이제는 유엔이 독하게 나서서 세계의 선한 세력으로 제대로 기능하기 위한 의결 체제를 갖출 때가 왔다.[41] 그러기 위해서는 미국 같은 부국들의 지원이 필요하다.

이상적인 것은 세계의 문화들이 스스로 평화와 번영을 유지하는 것이다. 나는 인류학자로서 또 다른 추세를 본다. 이는 지구적 문화 변동의 조짐으로 보이는 추세다.

지구적 상호연결성과 실시간 정보 이동이 일종의 세계문화를 창조하고 있다. 다시 말해 인류에 대한 상징적 해석이 새롭게 바뀌고 있다. 이 문화 변동의 증거가 있다면, 소달리티 성격의 기구들, 이른바 '국경 없는' 단체들의 출현이다. 그중 선구자격이 1971년에 설립된 국제 민간 의료 구호 단체인 국경없는의사회Doctors Without Borders다. 이것이 국경 없는 기술자회, MBA회, 기자회, 변호사회, 중재자회, 도서관 등으로 이어졌다. 이런 단체들은 자국에 대한 자긍심이 있으면서도 자신과 남들 사이에서 다른 점보다는 닮은 점을 보는 사람들로 구성된다. 이것이 세계시민을 향한 문화 변동의 증거다. 해비타트Habitat for Humanity, 국제앰네스티Amnesty International, 국제인권감시기구Human Rights Watch, 그린피스Greenpeace, 세계야생생물기금World Wildlife Fund, 지구시민계획Global Citizens Initiative, 세계시민재단World Citizen Foundation, 글로벌시티즌Global Citizen 등도 포함된다. 교육과 과학 교류, 올림픽대회, 국제우주정거장에도 같은 변화의 바람이 불고 있다.

영원한 것은 없다

사실 이런 성격의 단체가 처음 등장한 지는 1세기도 넘었다. 더구나 제1차 세계대전 발발 직전까지 많은 사람이 세계평화가 도래했다고 믿었다. 지금 생각하면 어이없다. 하지만 큰 그림을 보는 고고학자의 관점에서는 꼭 그렇지만도 않다. 평화로의 이행은 1세기 전부터가 아니라 이미 과거 5천 년 동안 꾸준히 일어나고 있었다. 완성까지 시간이 더 걸릴 뿐이다. 우리는 그때를 앞당기기 위해 우리가 할 수 있는 것들을 해야 한다.

세계시민 개념의 기원은 디오게네스(기원전 412?~323)와 소크라테스(기원전 470~399) 같은 고대 그리스 철학자들로 거슬러 올라간다. 임마누엘 칸트Immanuel Kant(1724~1804), 애덤 스미스Adam Smith(1723~1790), 토머스 페인Thomas Paine(1737~1809), 우드로 윌슨Woodrow Wilson(1856~1924), 알베르트 아인슈타인Albert Einstein(1879~1955), 엘리너 루스벨트Eleanor Roosevelt(1884~1962), 알베르트 슈바이처Albert Schweizer(1875~1965)의 사상과 행동에도 이어진다. 세계시민 정신은 2005년 허리케인 카트리나가 휩쓸고 간 뉴올리언스와 2004년 쓰나미가 덮친 인도와 인도네시아를 남처럼 여기지 않았던 사람들에게도 나타난다. 이런 글로벌 마인드를 가진 시민이 현재는 소수에 불과하다. 아직은 이들의 노력이 반짝 성공이나 용두사미로 끝날 때가 많다. 하지만 선사시대는 우리에게 어떤 중대한 변화도 시작은 작다는 것을 보여준다. 생각해보라. 300만 년 전의 어느 날 어느 호미닌이 돌멩이 하나를 집어 들고 거기서 다른 호미닌들은 보지 못했던 잠재력을 보았고, 이후 모든 것이 달라졌다.

새로운 세대가 뜨고 있다. 신세대의 문화는 탈지역적, 초국가이다. 이들은 디지털 세상에서 자라서 이제 스마트폰으로 무장하고 사실상 세상의 모든 정보를 손안에 넣고 주무른다. 이메일과 휴대폰이 세계만방의 모두와 실시간 소통을 가능하게 했다. 여행도 어느 때보다 용이해져서, 마크 트웨인Mark Twain의 말처럼, "(착한 바이러스처럼) 편견과 아집과 편협함을 죽인다."**42** 지금의 세상은 상호 연결된 세상이다. 이제 우리는 설사 원한다 해도 우리의 삶을 타인의 삶과 분리할 수 없다.

공유 경험은 문화의 해석에 필수적이다. 엔터테인먼트 산업과 스포츠 산업은 공유 경험을 형성하는 특별한 역할을 한다. 예컨대 성룡 영화는 전 세계 관객을 대상으로 한다. 내가 성룡 영화를 처음 본 것은 1995년 마다가스카르의 항구도시 톨리아라에서였다. 극장은 흙바닥에 골진 양철로 벽을 만들어 세운 건물이었고, 관객석은 대충 잘라서 통나무 더미 위에 얹어놓은 널빤지였다. TV와 VCR에 연결한 발전기 소리에 영화 대사가 제대로 들리지도 않았다. 하지만 상관없었다. 어차피 배우들의 중국어를 알아듣는 사람은 아무도 없었다. 하지만 모두가 슬랩스틱 코미디 액션에 배꼽 잡았다. 참으로 신선한 경험이었다.**43** 스포츠와 음악도 같은 역할을 한다. 월드컵은 전 세계가 울고 웃는 공유 경험의 장이다. 마찬가지로, 비욘세를 모르는 사람도 있을까? 간혹 소셜미디어를 통제하고 차단하려는 정부도 있지만, 가능한 일이 아니다. 100만 년 전 인류의 미래는 손에 석기를 든 호미닌들에게 달려 있었다. 오늘날 인류의 미래는 밖에서는

영원한 것은 없다

축구에, 안에서는 인터넷 서핑에 열광하는, 손에 스마트폰을 쥔 청소년들에게 달려 있다.

우리가 여는 제5의 기원은?

과거에는 인구 증가가 변화를 구동했다. 금세기에도 인구 성장이 미래의 변화를 견인할 것으로 기대된다. 당분간은 물리적 충돌이 계속되겠지만, 우리가 더는 전쟁이 소기의 목적을 달성하지 못하고, 우리도 더는 전쟁 비용을 감당할 수 없다는 것을 깨닫기 시작한이상 전쟁은 사라지게 돼 있다. 지금부터 1만 년 후의 고고학자들은 21세기의 세상을 지금의 우리가 선사시대를 보듯이 보면서, 우리가 선사시대를 상상하지 못하는 것처럼 우리 시대를 상상하는 데애를 먹을 것이다. 만약 와이오밍주의 ICBM 미사일 저장고나 리우데자네이루 판자촌의 잔해를 발굴하게 되면 그들은 이렇게 말할 거다. "세상에 이럴 수가."

빈곤, 인종차별, 성차별, 기후 변화, 지하드. 때로는 인류가 직면한 문제들이 난공불락으로 느껴진다. 하지만 고고학자의 관점에서본 인류 진화의 600만 년은 다른 얘기를 한다. 지금의 상황이 언제까지 계속되지는 않는다. 자본주의와 전쟁과 글로벌 커뮤니케이션이 결합한 효과가 세계시민의 생성이다. 세계시민은 제정법으로 정의되거나 만들어지는 것이 아니다. 세계인이 기술, 교육, 예술, 스포츠, 교역, 전쟁, 종교를 매개로 부단히 교류하는 과정에서 만들어진다.[44] 그들은 지금 사람들보다 세계정부 개념에 훨씬 더 친화적일 수밖에 없다.

변화는 예측 불가하게 일어난다. 1980년에 앞으로 10년쯤 후 베를린 장벽이 무너지고 소비에트 연방이 붕괴할 것으로 예상한 사람이 몇이나 될까? 마찬가지로, 2000년에 미국이 8년 후 흑인 대통령을 배출할 것으로 예측한 사람도 없었다. "도덕 세계의 원호는 길고 길다." 마틴 루터 킹이 말했다. "하지만 결국은 정의를 향해 휜다." 역사의 원호도 마찬가지다. 길고 길지만 결국은 통합을 향해 휜다. 이미 그 방향으로 강하게 움직였다. 지금은 과거에 상상했던 미래가 아니다. 정체불명의 검은 헬기가 날아다니지도 않고, 우리가 로봇이 되지도 않았다. 조지 오웰이 상상한 《1984》는 오지 않았다. 지금의 방향은 '국제 자치global self-governance'다.

고고학자들은 과거를 상상한다. 그러나 이제 우리 모두 미래를 상상해야 한다. 쉽지는 않지만 해야 한다. 제5의 기원을 앞서의 기원들과 차별화하는 두 가지가 있다.

첫째, 지금의 인류에게는 세상을 바꿀 능력이 있다. 구석기시대 수렵채집민은 들판에 불을 놓아서 주변 환경을 바꿨다. 신석기시대 농경민은 근처 식물 군락의 분포를 바꿨다. 이집트 파라오들은 돌을 옮겨 산을 쌓았다. 하지만 누구도 오늘날 우리가 가진 능력을 갖지는 못했다. 로버트 프로스트Robert Frost는 1920년에 〈불과 얼음 Fire and Ice〉이라는 시에서 인간의 파괴적인 힘과 세상의 종말에 대해 말했다. 하지만 프로스트의 논리에는 희망적인 반전이 있다. 우리에게 세계를 파괴할 힘이 있다면 어쩌면 세계를 창조의 힘도 있다. 창조할 힘이란 지구온난화를 늦출 지구공학 기술이다. 새로운 에너지 생산, 저장, 전송, 사용 기술들도 포함된다. 그러나 무엇보다, 우리 스스로 조직할 새로운 방법들을 고안할 능력을 의미한다. 우리 안의 최선을 발휘하고 최악을 저지할 방법들이다. 어려운 과제다. 하지만 불가능한 과제는 아니다.

둘째, 우리에겐 참고할 역사가 있다. 구석기시대 사냥꾼은 자기가 배회하는 세상 이외의 세상을 상상하지 못했다. 다른 세상이 있을 수 있다는 증거는 어디에도 없었다. 신석기시대 농경민은 티그리스-유프라테스강 너머를 알지도, 훗날 그 자리에 설 이라크라는 민족국가를 짐작하지도 못했다. 그린 존Green Zone(팔레스타인과 이스라엘의 경계선-옮긴이)이나 '이슬람국가'나 국제연합은 더 말할 것도 없다. 고대 도시 테오티우아칸의 달의 피라미드를 건설한 사람들은 실제 달 여행은 상상도 하지 못했다. 인권이나 민주주의나 종교의 자유도 마찬가지였다. 그들은 조상이 거쳐 온 변화들에 대해 아는 바가 거의 없었고, 따라서 세상이 다를 수 있다고 생각할 이유가 거의 없었다. 그들에게는 그때의 방식이 전에도 언제나 그래왔고, 앞으로도 계속 그럴 일이었다. 하지만 우리는 그렇게 어리석지 않다. 영원히 계속되는 것은 없다. 민족국가도, 화석연료 구동 경제도, 팽창주의 자본주의도, 부의 심각한 불균형도 영원하지 않다.

이제 유일하게 열린 질문은 이것이다. 우리는 우리의 능력과 지식을 이용해서 진화를 따돌리고, 우리 미래를 우리가 떠맡아 쥡

게 또는 어렵게 제5의 기원을 이루어낼 것인가? 먼 옛날 영장류가 나무에서 내려와 돌을 쪼개 도구로 만든 이래 사상 처음으로 인류의 진화가 우리 손에 달려 있다. 그럴 수 있고, 그래야 하고, 그렇게 될 것이다.

주

1장: 우리가 아는 세상의 종말

1. 협력 관계는 경쟁 프로세스의 일환으로 발생했다. 협력의 진화에 대해서는 다음을 참고 바람. Cronk and Leech(2013).

2. (마야력에서) 보다 의미심장한 날짜는 어쩌면 4772년 10월 13일이다. 이날은 마야 력의 또 다른 주기 픽툰(pitkun, 20박툰)이 끝나는 날이다.

3. 다음을 참고 바람. McKibben(1989), Fukuyama(1992), Postman(1995), Horgan(1996), D'Souza(1996), Roberts(2004), Harris(2004), Clover(2004), Sachs(2005), Rifkin(1995), Roberts(2008), Suskind(2008), Kessler(2009), Heinberg(2011), Baker(2011), Wolman(2012), Greco(2009), Horgan(2012), Rosin(2012), Carswell(2012), Boggs(2000).

4. Diamond(2012), Wilson(2002, 2012, 2014).

5. 어디나 깔려 있고 짜증나게 낙관적인 자기계발, 다이어트, 경제경영 서적들을 제외 하면 더욱 그렇다. 4기사(Four Horsemen, 요한계시록에 나오는 백색, 적색, 흑색, 청색 말 을 탄 네 명의 기사. 각각 인류의 4대 재앙 질병, 전쟁, 기근, 죽음을 상징한다-옮긴이)의 말발 굽에 밟혀 죽을지언정 우리 모두 피트니스와 자존감과 시간관리 면에서는 승리할 모양이다.

6. Kaplan(1996).

7. Hardoon, Ayele, and Fuentes-Nieva(2006). 이러한 부의 집중은 또한 정치권력의 집중을 야기한다.

8. Gore(2013), Kissinger(2014), Kaplan(1996).

9. Kolbert(2014), Klein(2015), Vince(2014), Weisman(2014), Oreskes and Conway(2014), Steffen, Broadgate, et al.(2015), Steffen, Richardson, et al.(2015).

10. Weisman(2014).

11. Wright(2000), Ridley(2010), Pinker(2012), Kenny(2012), Goldstein(2012), Deaton(2013), Ackerman(2014). 아울러 다음도 참고 바람. Human Security Report Project(2011).

2장: 고고학자의 사고방식

1. 외치에 대해서는 다음을 참고 바람. Fleckinger(2003), Fowler(2000).

2. 크로퍼드의 생애는 다음을 참고 바람. Hauser(2008).

3. Rathje and Murphy(2001).

3장: 막대기와 돌

1. Harmand et al.(2015). 360만 년 전의 동물 뼈에서 석기에 찍힌 듯한 흔적이 발견된다. 이는 석기 기술이 330만 년 전보다 더 오래 전에 개시됐음을 시사한다. 하지만 해당 흔적이 정말로 석기에 의한 것인지에 대해서는 아직 논쟁 중이다.

2. 보노보는 한때 '피그미침팬지'로 불렸다. 하지만 보노보(Pan paniscus)는 '일반' 침팬지(Pan troglodytes)와는 별개의 종이다.

3. 인간과 침팬지가 DNA의 98%를 공유한다는 것이 의미하는 바와 의미하지 않는 바에 대해서는 다음을 참고 바람. Marks(2002).

4. Napier(1970).

5. 이 내용을 효율적 보행자 가설(efficient walker hypothesis)이라고 한다. 이에 관련해서 다음을 참고 바람. Rodman and McHenry(1980). 이족 보행에 대한 다양한 학설을 개관하려면 다음을 참고 바람. Vaughan(2003). 오언 러브조이(Owen Lovejoy)가 1988년에 제안한 또 다른 가설은 이족 보행을 짧아진 임신 기간, 심화된 경쟁, 긴 육아 기간 등의 여러 속성이 집합된 결과의 일부로 본다. 원숭이와 유인원의 수컷은 암컷에 대한 접근권을 놓고 경쟁할 뿐, 짝짓기의 결과로 생긴 새끼는 돌보지 않는 경우가 많다. 하지만 그들의 새끼는 성체가 되기까지 몇 년이 걸린다. 러브조이의 주장은 이렇다. 암컷과 새끼를 부양하는 수컷에게 경쟁 우위가 생겼고, 그러려면 식료를 날라야 하고, 따라서 이족 보행에 능한 수컷이 자연선택의 선호를 받아 해당 속성이 후대로 전해진다. 그런데 골반 구조가 이족 보행에 맞게 바뀌면서 문제가 생겼다. 산도는 좁아지고 태아의 뇌는 커지는 바람에 아기를 미성숙한 상태로 낳아야 했다. 결과적으로 아기의 어른(아마도 엄마) 의존도가 더욱 심해졌고, 이것이 다시 수컷의 부양을 촉진하는 되먹임 고리를 형성했다.

   나는 효율적 보행자 가설을 선호하지만 해당 가설은 한 가지 의문을 제기한다. 이족 보행이 사바나 생활에 그렇게 유리하다면 어째서 사자, 하이에나, 영양 등은 두 다리로 걷지 않는 걸까? 대답하자면 이렇다. 진화는 이미 존재하는 것들을 기반으로 일어난다. 물론 나무를 타던 유인원의 몸도 많은 유전적 변경을 요했다. 하지만 예컨대 사자나 영양의 몸에 비하면 훨씬 적은 변경으로 가능했다. 두 발보다는 네 발이 속도를 내기 좋고, 따라서 달아나는 먹잇감을 따라잡아야 하는 포식자에게는 네 다리가 유리하다.

6. Toth and Schick(2009).

7. Thieme(1997). 이 발견은 기적적인 보존 상태 덕분에 가능했다. (고고학적 발견에 대한) 내 생각은 이렇다. 과거의 특정 기술이나 행동(예컨대 사냥)을 증명하는 증거가 아무리 오래된 것이라 해도, 해당 기술이나 행동 자체는 가장 오래된 증거의 연대보다 훨씬 오래 전부터 존재했다. 증거가 나무 장창처럼 썩기 쉬운 유기물로 만든 것이라면 더욱 그렇다. 따라서 사냥의 가장 오래된 증거로 불리는 이 나무 장창이 우리에게 실제로 말하는 바는 이렇다. 사람은 30만 년 전에 이미 대형동물 사냥을 하고 있었고, 시작한 것은 아마도 그보다 훨씬 전이다.

8. Moura and Lee(2004). 덩이줄기 같은 지중식물(地中植物)의 땅속 저장기관을 식료로 이용하게 된 점이 일부 호미닌 종들에게 강한 선택유리성을 부여했을 것이다. 땅에 묻혀 있는 식물 저장기관까지 파먹는 생물종은 많지 않기 때문에 상대적으로 확보 경쟁이 덜하다. 특히 지상의 식료가 부족해져서 식료 확보 경쟁이 심해지는 건기에 매우 유리하다. 다윈의 긴 부리 핀치새가 그랬던 것처럼, 호미닌의 일부가 지중식물이라는 미개발 식료를 발견했을 것이다.

9. (최초의 도구제작자가) 호모 하빌리스였을 수도 있다. 학자에 따라서는 호모 하빌리스와 호모 루돌펜시스를 오스트랄로피테쿠스속에 넣기도 하고, 다른 학자들은 오스트랄로피테쿠스 가르히를 호모속의 선조로 본다. 인류의 진화 과정을 구성하는 여러 '종'들 사이의 진화학적 관계를 두고 아직 끝나지 않은 논쟁이 많지만 그렇다고 난상토론은 아니다. 하지만 비전문가의 눈에는 대혼란 난투극처럼 보일 수 있다. 400만 년 전부터 200만 년 전까지 기간이 특히나 복잡하게 꼬여 있다. 고인류학자의 관점에서 표현하자면 미결 상태다. 다만 분명한 것은, 그 기간에 호미닌들이 적응적 특수화(adaptive specialization) 과정을 거쳤으며 적어도 그중 한 종은 도구를 사용했다는 것이다.

10. Ungar(2004, 2012). 일부 유적지에서 출토된 동물 유해를 분석한 결과 (인류의 조상이) 200만 년 전에 이미 적어도 작은 동물들은 사냥하고 있었던 것으로 보인다. 다음 자료도 참고 바람. Ferraro et al.(2013).

11. Walker and Leakey(1993). 사망 당시 연령은 아직 논쟁의 대상이다. 초기 추정치는 열한 살이었다. 나리오코톰 소년의 척추에 질환이 있었는데, 이것이 소년의 이른 죽음의 원인이었을 수 있다. 일부 자료는 나리오코톰을 호모 에르가스터로 분류하기도 한다(주16 참고).

12. Wrangham(2009), Gowlett and Wrangham(2013), Zink and Lieberman(2016).

13. Aiello and Wheeler(1995).

14. Berna et al.(2011). (불 사용의 시점에 대해서도) 논란이 뜨겁다. 하지만 불탄 흔적에 대한 마이크로 단층 분석을 시행했을 때, 약 40만 년보다 앞서 불을 의도적으로 사용한 증거는 거의 나오지 않는다.

15. Ferring et al.(2011).

16. 아프리카 밖에서 발견되는 초기 호모속 개체들의 유골은 종종 호모 에렉투스로 분

류되고, 아프리카 안에서 발견되는 유골은 호모 에르가스터로 분류된다. 한때 학계는 이 두 지리학적 집단이 서로 다른 종으로 분류될 만큼 충분히 다르며, 호모 에르가스터가 호모 에렉투스로 진화했다고 생각했다. 그러나 최근 조지아 공화국의 드마니시 유적지에서 발견된 유골을 분석한 결과는 이 두 호미닌 종이 사실은 같은 종의 변형들에 불과할 가능성을 시사한다. 다음을 참고 바람. Lordkipanidze et al.(2013). 아직까지 용어는 정리되지 않은 상태다.

17. 우리의 척추와 골반은 원래 사족 운동에 맞게 설계됐기 때문에 이족 보행은 [출산의 어려움을 비롯해] 여러 문제를 일으켰다. 디스크 탈구 같은 허리 문제, 무지외반증, 탈장, 무릎 문제, 혈액 순환 장애 등 이런 문제들은 지금도 여전히 인류를 괴롭힌다.

18. Lee(1980).

4장: 목걸이와 이야기

1. 현생인류의 기원 문제는 지난 30년간 학계의 뜨거운 논쟁거리였다. 이에 관한 최근의 비평은 다음을 참고 바람. Bräuer(2014), Stringer(2014). 이 논쟁은 어떤 면에서는 해부학적 현생인류와 행동학적 현생인류의 차이점에 대한 논쟁이다. 해부학적 현생인류는 약 16만 년 전의 아프리카로 거슬러 올라간다. 이 시기의 유골을 '옛 호모 사피엔스'로 지칭한다. 두개골 모양이 호모 에렉투스와 많이 달라서 이종으로 인정할 만하지만, 현생인류와도 꽤 달라서 그냥 호모 사피엔스라고 부르기에는 무리가 있기 때문이다. 20만 년 미만의 화석들은 현생인류로 분류될 수 있을 만큼 현생인류와 비슷하다.

2. Mithen(1996).

3. 관련 비평은 다음을 참고 바람. Kaminski(2014). 타인의 생각이 사실과 다르거나 현실과 충돌한다는 것을 아는 능력은 오직 인류에게만 있는 듯하다. (다시 말해 우리는 거짓말쟁이와 사기꾼을 간파할 수 있다.)

4. Dunbar(2003).

5. Steele, Ferrari, and Fogassi(2012), Stout and Chaminade(2012).

6. Barham(2012). 다음도 참고 바람. Ambrose(2010), Wadley(2013).

7. Leacock(1969).

8. Howell(2010). 주호안시족의 또 다른 명칭은 !쿵족이다. 보다 일반적으로는 '부시맨(Bushmen)'으로 부른다. 주호안시족은 흡착음(혀 차는 소리)을 쓰는 언어, 이른바 '클릭 랭귀지(click language)'를 사용한다. /와 !는 다양한 흡착음들을 나타내고, '는 언어학자들이 성문폐쇄음(glottal stop)이라고 부르는 소리, 즉 목구멍을 일순 막아서 짧게 끊는 소리를 나타낸다. 코미디 영화 〈부시맨(The Gods Must Be Crazy)〉에서 이들이 언어를 들을 수 있다.

9. Altman(1987).

10. Stiner, Gopher, and Barkai(2011), Stiner(2013).

11. Henshilwood, d'Errico, and Watts(2009).

12. Texier er al.(2010).

13. 관련 내용에 대한 개관과 정보는 다음을 참고 바람. Stiner(2014). 흥미롭게도 유럽의 네안데르탈인과 관련된 '예술'은 거의 발견되지 않았다. (그 이유가 네안데르탈인은 예술을 하지 않았기 때문인지, 아니면 단순한 보존의 문제인지에 대해서는 논란의 여지가 있다.) 다만 19세기에 인도네시아에서 출토된 50만 년 전 조개껍데기의 표면에 의도적으로 낸 듯한 에칭 자국이 있다. 다음을 참고 바람. Joordens et al.(2015).

14. Ambrose(2003).

15. Harpending and Rogers(2000), Li and Durbin(2011). 이 시기 인류 개체수 추이는 혼동 인자가 많아서 논쟁이 뜨거운 분야다.

16. Lewis-Williams(2002).

17. Dennett(2006), Boyer(2001), Boyer and Bergstrom(2008), Atran(2002), Dawkins(2006). 일부 학자들은 본인이 무신론자이며 논리적 추론을 통해 해당 결론에 도달했음을 강박적으로 명시한다. 그들은 종교를 진화론으로 설명할 수 있다면 구태여 신을 언급할 필요가 없다고 말한다. 그럴지도 모른다. 하지만 나는 이 논리가 마음에 들지 않는다. 우리는 진화론으로 종교를 설명할 수 있음을 입증함으로써 진화 프로세스에서 신의 개입을 논리적으로 배제하는 것이지, 우리가 구태여 신을 배제하는 건 아니다. 이 주제에 대해 왈가왈부할 마음은 없고 다만 이 점만 말해둔다. 나는 무신론자가 아니지만(완전히 공개하자면 나는 바하이교도다) 인류의 종교 능력이 자연선택을 통해 발생했다고 생각한다.

18. Pettitt(2013).

19. Gargett et al.(1989). Sommer(1999). 이것도 논쟁이 치열한 주제다. 다음도 참고 바람. Zilhão(2015).

20. Smith(2004).

21. Wiessner(2002).

5장: 빵과 맥주

1. 다음을 참고 바람. Shipman(2015), Skoglund et al.(2015). 현생 개들은 모두 인간에게 처음 길들여진 늑대개의 후손이다. 이는 유전자 분석과 두개골 형상 분석으로 밝혀진 사실이다. 다만 처음 길들여진 늑대개와 야생 늑대나 코요테 사이에 이종 교배가 일어났을 수 있어서 길들여진 개의 첫 등장 시점을 정확히 짚어내기는 어렵다.

2. 양과 염소는 기원전 7000년 이전에 서남아시아에서, 암소와 수소는 같은 기간에 서남아시아와 북아프리카에서 가축화됐다. 돼지는 기원전 7000년 이전 서남아시아에서, 말은 기원전 4000년경 중앙아시아에서 처음 길들여졌다. 하지만 뼈 분석으로 야생 동물과 가축 동물을 구별하는 것은 매우 어렵다. 가령 현생 야생 양과 가축 양의 뼈는 구분이 쉽지만, 최초로 잡혀서 사육된 양의 뼈는 야생 양의 뼈와 다를 바가 없었을 거다. 따라서 현재의 추정 시점들은 동물들의 최초 가축화 시기에서 최대 1천 년까지 과소평가됐을 가능성이 높다.

3. 유엔식량농업기구의 2013년도 통계(http://faostat3.fao.org/browse/Q/QC/E). 이 농산물이 모두 인류의 입으로 들어가는 건 아니다. 가령 옥수수 수확량의 일정 부분은 가축사료로 쓰이고 다른 일부는 바이오연료용 에탄과 다양한 알코올음료 생산에 투입된다.

4. 비어 고든 차일드는 10년 동안 뜯어보지 말라는 지시와 함께 편지를 한 통 남겼다. 편지가 1968년에 개봉됐지만 거기에도 자살에 대한 충분한 설명은 없었다. 그는 생전에 좀처럼 자신의 이름을 사용하지 않았다. 책도 항상 V. 고든 차일드로 출간했다. 차일드의 생애는 다음을 참고 바람. Trigger(1980).

5. Childe(1936). 차일드는 놀라운 고고학 데이터 종합 능력을 보였다. 이에 대한 추가적 근거는 다음 자료를 참고 바람. Childe(1942).

6. (네안데르탈인의) 유골은 이보다 앞서 1848년과 1826년에도 발견됐지만 그 중요성이 인정되지 않았다.

7. 나중에 데니소바 동굴에서 성인 남성들의 어금니 화석도 발견됐다. 하지만 (데니소바인) 유전자 데이터는 대부분 여자 어린이 새끼손가락 뼈에서 추출한 것이다. 다음을 참고 바람. Reich et al.(2010).

8. 인류가 북아메리카에 첫발을 내디딘 시점에 대해서는 의견이 분분하다. 내 의견을 보태자면, 확정적 증거 중 가장 오래된 것은 오리건주 페이즐리 파이브 마일 동굴(Paisley Five Mile Caves) 유적지에서 나온 인간의 분석(糞石), 즉 화석화한 배설물이다. DNA 분석에 따라 인간의 것으로 밝혀진 이 똥의 연대는 약 1만 4500년 전이다. 북아메리카 동해안에 2만 년도 넘은 인간의 흔적이 있다는 주장이 있으나, 역시 내 의견으로는, 그 증거는 확실성이 떨어진다. 북아메리카 원주민 조상의 신세계 유입을 재미있게 개관하려면 다음을 참고 바람. Meltzer(2009).

9. 기원전 1만 년까지 인류의 발이 닿지 않았던 지역들도 최근 수천 년에 걸쳐 결국 인간의 서식지가 됐다. 폴리네시아 군도와 미크로네시아 군도 등지는 기원전 약 2000년, 뉴질랜드와 하와이는 지난 1000년 동안, 마다가스카르는 기원전 약 2000년, 아이슬란드는 서기 약 800년, 남극 대륙은 19세기에 인간을 맞았다.

10. Simms(1987). 다양한 수렵채집 식료들의 회수율 목록은 다음 자료에 있음. Kelly(2013b).

11. 인류학자들은 여러 실험모형들을 이용해 수렵채집민의 이동 양상을 연구했다. 다

음을 참고 바람. Kelly(2013b).

12. 세계 농경의 발상지들을 개관하려면 다음을 참고 바람. Barker(2006).

13. 지질학계는 플라이오세(Pliocene epoch, 선신세)와 플라이스토세의 경계를 약 180만 년 전으로 잡았다. 그러다 2009년 대륙빙 형성 시점이 재측정 되면서 플라이스토 세의 시간 범위가 확장됐다.

14. 빙상의 가공할 무게에 눌려 빙상 밑으로 물이 밀려 나와 수층을 형성하고, 빙상은 스스로 짜낸 이 수층을 타고 서서히 미끄러진다. 빙상의 이동은 매우 느렸지만 그 위력은 엄청나서 지나는 길에 땅을 갈아엎으며 지형을 바꾼다. 이렇게 빙상이 지각 을 들어올려 만든 것 중 하나가 뉴욕의 롱아일랜드다. 빙상은 반대로 지각을 납작하 게 내리누르기도 했는데, 스칸디나비아와 메인주가 이 경우에 해당한다. 이렇게 내 리눌렸던 곳들 중 일부는 오늘날까지도 1년에 해발 수밀리미터씩 반등 중이다.

15. Zahid, Robinson, and Kelly(2016). 이는 장기 성장률이다. 단기적으로 보면 기후 조건 변화에 따라 인구 증가율이 오르락내리락 부침을 겪었다. 다음을 참고 바람. Kelly et al.(2013).

16. 빙하시대가 끝날 때 갑자기 닥친 한랭기를 뜻하는 영거 드라이아스는 담자리꽃 (Dryas octopetala)의 이름을 땄다. 담자리꽃은 추운 환경을 좋아하는 꽃이다. 퇴적 물 핵심의 꽃가루를 분석했더니, 기온 상승에 따라 고위도로 물러나던 이 꽃이 이 시기에 갑자기 다시 번성했다. 이 꽃 덕분에 플라이스토세 끝에 갑자기 닥친 한랭 기의 역풍이 밝혀졌다. 이보다 앞서 약 1만 4000년 전에 있었던 짧은 한랭기는 올 더 드라이아스(Older Dryas)라고 부른다.

17. 이것을 '열 염분 순환(thermohaline circulation)'이라고 한다. 해수 온도와 염도와 바 람 같은 다른 변수들의 작용으로 생기는 현상이다. 다음을 참고 바람. Alley(2007), Broecker(2010), Muschitiello et al.(2015), Not and Hillaire-Marcel(2012).

18. 외알밀과 엠머밀은 오늘날에는 특산품 시장에서나 볼 수 있을 뿐 거의 재배되지 않는다. 현재의 재배종들은 원시 농경민의 밭에서 다른 풀들과의 교잡을 통해 진 화한 6배체 밀의 후손들이다.

19. Doebley(2004).

20. 동식물 길들이기를 논할 때, 이처럼 (인간이 생물종 다양화에 직접 개입한) 측면에 초 점을 두는 입장을 '생태계개척이론(niche construction theory)'이라고 한다. 다음을 참 고 바람. Smith(2015). 일부 학자들은 이 이론을 내가 이번 장에 소개한 최적채집모 델의 대안으로 제시한다. 하지만 나는 이 두 가지가 양립 가능하다고 본다. 인류는 의도적 선택—예컨대 실한 씨앗들만 선택—과 관개 같은 행동을 통해서 환경을 개 조한다. 그다음에는 새로운 환경에 대응한다. 이번 장에 소개한 섭이너비모형에 따 르면 특정 식물의 회수율이 높아지면 해당 식물은 식단에서 다른 식료들을 제치 고 주식이 된다. 결과적으로 한 가지 또는 몇 가지 작물화 식물이 지배하는 식단이 꾸려진다.

21. 통상어(trade language)란 여러 언어집단들이 교역할 때 사용하는 단순한 공용어를 뜻한다. 여러 언어에서 단어와 문법요소들을 가져다 간소하게 조합한 형태일 때가 많다. 치누크 자곤(Chinook Jargon, 치누크어와 영어, 프랑스어의 혼성어)으로 부르기도 하는 치누크 통상어는 콜롬비아강 하구에 사는 치누크족의 언어를 기반으로 다른 북서 연안 언어들의 요소를 조합한 것이다.

22. 진화론에서는 이것을 '값비싼 신호(costly signaling)'라고 부른다. 동물의 왕국에서는 이런 과시적 허세가 짝을 유혹할 때 쓰인다. 예를 들어 공작의 거대하고 화려한 꼬리가 암컷 공작들에게 말하는 바는 이것이다. "보다시피 나는 꼬리에 이렇게 많은 에너지를 투자할 수 있어. 그런데도 어디 한군데 탈 없이 멀쩡하지. 나는 강력해. 나를 선택해줘." 북미 원주민의 경쟁적 잔치도 마찬가지다. 원주민에게 잔치는 부의 낭비적 과시를 통해 힘을 증명해서 동맹을 얻거나 굳히는 방법이다. 원주민 잔치 문화에 대해서는 다음을 참고 바람. Hayden(2014).

23. Bocquet-Appel(2015).

24. 모유 수유는 최대 하루 1,000cal를 추가로 요한다.

6장: 왕과 사슬

1. Fagan(1975).

2. (약탈 문화재로 가득한) 영국박물관에서 로제타스톤을 구경한 다음, 오른쪽을 향하면 검은 화강암으로 만든 거대한 람세스 2세 흉상이 있다. 1815년에 조반니 바티스타 벨초니(Giovanni Battista Belzoni)가 영국 정부의 사주를 받고 약탈한 이 석상은 퍼시 셸리(Percy B. Shelley)가 람세스 2세를 읊은 시 〈오지만디어스(Ozymandias)〉의 영감이 되기도 했다. 그다음 왼쪽을 보면 영국박물관에서 내가 제일 좋아하는 유물이 있다. 사자 머리에 여인의 몸을 한 세크메트 여신의 실물 크기 좌상들이다. 검은 화강암으로 만들었고 역시 이집트에서 가져왔다.

3. Roscoe(2009).

4. Lehner(1997). 스네프루 왕 '붉은 피라미드'의 외부 경사도는 44도에 조금 못 미친다. '굴절 피라미드'의 실패에서 얻은 교훈을 반영한 수치다. 다음에 지은 쿠푸 왕 피라미드의 외부 경사도는 52도에 가깝다. 이 각도가 돌을 쌓아 피라미드를 만들 때 붕괴 없이 무사히 건설할 수 있는 최대치로 보인다.

5. 잉카인들이 모르타르 없이도 거대한 돌덩이들을 어찌나 단단히 딱 맞춰 쌓았는지 돌 사이로 칼날도 들어가지 않는다는 말이 있다. 나는 주머니칼을 들고 마추픽추에 올랐다. 소문이 틀리지 않았다.

6. 야금학은 지역별로 각기 다른 시기에 생겨났다. 예를 들어 아시아에는 '동기(銅器) 시대'가 없었다. 기원전 2000년경 중국에 청동기가 출현했고, 기원전 1250년에야 동남아시아와 일본까지 퍼졌다. 철기는 기원전 500년경 중국 일대와 동남아시아

에 등장했다. 신세계에는 사실상 금속가공이랄 게 없었다. 예외가 있다면 남아메리카 산악 지대에서 (세련 없이 날 구리로) 도구와 장신구를 만들고, 금과 은을 제련한 정도였다. 서기 600년에야 금속(대체로 구리와 금)이 멕시코 일부 지역에 등장했고, 중앙아메리카에는 이보다 조금 앞서 등장했다.

7. 궁금한 미국인들을 위해 밝히자면, 영국 왕위 계승 서열은 여왕의 아들인 찰스 왕세자, 그의 장남 윌리엄 왕자, 윌리엄의 아들 조지 왕자, 윌리엄의 딸 샬럿 공주, 윌리엄의 동생 헨리 왕자의 순이다. 왕실 애호가들은 그다음 40명도 댈 수 있다.

8. Briggs(1970).

9. Fry(2007).

10. 다음을 참고 바람. Ames and Maschner(1999).

11. Kelly(2013a, 2013b). 인구압은 해당 집단의 인구밀도 대비 해당 집단이 속한 환경의 생산성으로 측정된다.

12. (두개골의) 함몰 골절은 흔히 왼편에 있다. 사람들이 대부분 오른손잡이기 때문이다. 백병전에서 오른손잡이가 상대의 머리를 후려치는 경우 주로 두개골 왼편에 함몰이나 골절이 발생한다.

13. 다음을 참고 바람. Wendorf(1968). 최근 케냐 나타루크에서도 기원전 8000년경의 것으로 보이는 잔인한 집단 학살 증거가 나왔다. 다음을 참고 바람. Mirazón Lahr et al.(2016).

14. Haas and Piscitelli(2013).

15. Ferguson(2013).

16. 다음 자료의 논문을 참고 바람. Allen and Jones(2014).

17. 주호안시족의 말 인용처: Lee(1979: 246), 콰키우틀족의 말 인용처: Codere(1950:120).

18. 1970년대에 인간관계지역파일(HRAF)을 처음 이용했던 때가 기억난다. 당시의 HRAF는 수십 개의 파일 캐비닛을 가득 채운 수만 개의 4×6인치 종이들이었다. 뭔가에 대해 알고 싶으면, 가령 문화권별 혼인제에 대해 알고 싶으면, 해당 주제의 캐비닛으로 가서 '결혼'이라는 주제어 아래 분류된 종이들을 전부 꺼내야 했다. 그 과정에서 손을 종이에 베는 일 따위는 다반사였다. 종이마다 다양한 문화의 혼인 관습의 면면을 담은 민족지학 내용이 나뉘어 적혀 있었다. (어떤 것은 페이지 수가 꽤 됐다.) 만약 혼인제와 먹을거리 사이의 관계가 궁금하다면, 다음에는 식재에 관한 종이들을 죄다 꺼내다가 둘 사이의 패턴과 연관성을 찾아가며 직접 데이터테이블을 편성해야 했다. 당시 나는 도서관에서 종이쪽 수천 장과 씨름하며 많은 시간을 보냈다. 기쁘고 다행스럽게도 오늘날은 자료가 디지털화되어서 온라인 정보 검색이 가능하다.

19. Ember and Ember(1992), Ember, Adem, and Skoggard(2013).

20. Keith(2004). 제1차 세계대전에서 싸운 미국의 빈민을 다룬다.

21. Atran(2010).

22. Flannery and Marcus(2012).

23. 인류학자들은 사회적 불평등과 성 불평등 사이에 밀접한 관계가 있다고 본다. 계층 간 경제적 불균형이 커질수록 남녀 간 불평등 수준도 높아진다.

7장: 영원한 것은 없다

1. 1858년 처음으로 대서양 횡단 해저 케이블을 통한 미국과 영국 간 전기 교신이 이루어졌다. 하지만 최초의 대서양 횡단 케이블은 개통 후 몇 주 만에 수명을 다했고, 이후 수십 년 동안 다른 케이블들이 연이어 설치됐다.

2. (인류세는) 네덜란드의 대기화학자 파울 크루첸(Paul Crutzen)이 제안한 용어다. 크루첸은 산업혁명으로 오존층에 구멍이 나면서 현재의 홀로세가 끝나고 새로운 지질시대로 접어들었다며 2000년 이 용어를 제안했다. 재앙생대(catastrophozoic)라고 부르자는 의견도 있다. 학계에서 공인된 용어들은 아니다.

3. Steffen, Broadgate, et al.(2015), Steffen, Richardson, et al.(2015).

4. 마이크로칩이 처음 개발된 것은 1950년대 후반이지만 상용화된 것은 1980년대였다.

5. 19세기에 들어와서도 (15세 미만) 어린이 사망률이 40~50%에 달했다. 선사시대 수렵채집민 조상들의 경우와 별반 다르지 않다. 그러다 감염질환의 원인이 세균이라는 것이 밝혀지고 마취 기술과 무균 수술실이 개발되면서 사정이 나아졌다. 질병에 대한 이해가 높아지면서 생활여건이 향상되고 사망률은 떨어졌다. 예를 들어 콜레라의 원인이 '나쁜 공기'가 아니라 인간 분뇨를 식수원인 강에 내버리는 행태라는 것만 깨달아도 질병이 획기적으로 예방된다. 세계 식품시장 확대와 농업의 산업화에 따라 식량이 풍족해지고 식량 공급이 꾸준해진 것도 사망률 감소에 기여했다.

6. 일본, 덴마크, 프랑스 등은 정부가 나서서 2자녀 이상 출산을 장려하고, 경우에 따라서는 출산 보조금까지 지급한다. 그럼에도 일본의 인구는 다음 세기 중에 50% 감소할 것으로 전망된다. (선진국) 인구 감소의 원인은 체감 자녀 양육비와 관계있다. 부유한 국가의 경우 자녀 양육비에는 미취학 아동의 교육과 보육, (스포츠, 음악, 미술 등의) 과외 활동, 대학 학비 등이 포함된다. 또한 여성의 사회·경제 활동 참여율 증가와 효과적인 피임 방법의 가용성 증가에 따라 베이비붐 세대 타입의 다자녀 가정은 이제 옛날이야기가 됐다.

7. Roser(2015).

8. 요기 베라(Yogi Berra, 1925~2015, 야구 선수), 케이시 스텡걸(Casey stengel, 1890~1975, 야구 감독), 마크 트웨인, 닐스 보어(Niels Bohr, 1885~1962, 덴마크 물리학자) 등 많은 사람이 인용한 말이다.

9. 데스크톱 컴퓨터의 창안자 중 한 명인 앨런 케이가 1971년 제록스의 팔로알토 리

서치센터에서 회의 중에 한 발언으로 알려져 있다. 물리학자 데니스 가보(Dennis Gabor, 1900~1979)의 1963년 저서 《미래 발명(Inventing the Future)》에 나오는 "미래는 예측할 수 없다. 하지만 발명할 수는 있다"라는 문장을 케이가 바꾸어 표현한 것으로 보인다. 하지만 케이와 가보 모두 기술의 진보를 말한 것일 뿐, 인간 조직의 변화를 염두에 둔 말은 아니다.

10. Ackerman(2014: 181)에서 인용.

11. 〈매드 맥스(Mad Max)〉 시리즈, 〈엘리시움(Elysium)〉, 〈블레이드 러너(Blade Runner)〉, 〈소일렌트 그린(Soylent Green)〉, 〈혹성 탈출(Planet of the Apes)〉 같은 영화들도 마찬가지다. 일일이 대자면 끝도 없다. 하지만 이 같은 황량한 미래상의 유행도 문화적 실상일 뿐이다. 즉 사실이 아니라 우리가 사실로 믿는 것에 불과하다. 일단 이 점을 이해하는 것이 우리에게 원하는 미래를 창조할 잠재력이 있음을 인정하는 첫걸음이다.

12. Micklethwait and Wooldridge(2014). 앞선 시기의 사례들을 보려면 다음을 참고 바람. Waltz(1954). 최근의 정량적 분석들을 보려면 다음을 참고 바람. Peregrin, Ember, and Ember(2004), Carneiro(2004), Graber(2004), Roscoe(2004), Taagepera(1978).

13. 단순선형회귀(simple linear regression) 분석을 이용해서, Y축의 값(세계에서 가장 큰 나라의 면적)이 1억 3,300만 km²에 상응하게 되는 시점의 X축의 값(세계 인구)을 구한 것이다.

14. 이 수치는 대만도 포함한 수다. 대만이 주권국가로 인정받지 못하는 경우가 있기는 하지만 엄연히 하나의 독립된 정치체다.

15. 19세기 초 영국에서 러다이트(Luddites)로 불렸던 방직공들이 기계가 일자리를 빼앗는 사태에 반발해 공장기계 파괴 운동을 일으켰다. 당시 그들이 원했던 것은 고용 보장이었을 뿐인데, 이후 러다이트는 기술의 진보를 반대하는 사람들의 대명사가 되고 말았다.

16. 세계경제포럼(World Economic Forum, WEF), '직업의 미래(The Future of Jobs)' 보고서(2014).

17. '직업의 미래' 보고서(2014). 대개는 고용주들이 인건비 부담을 줄이기 위해 고용 혜택이 없거나 적은 비정규직 채용을 선호하기 때문이다.

18. 1995년 미국 가전업체 제니스(Zenith)가 한국의 LG전자에 매각되면서 미국산 TV가 시장에서 사라졌다. 2012년 엘리먼트 전자(Element Electronics)가 미국 내 생산을 재개하긴 했지만, 오늘날 미국 가정에 있는 TV는 거의 모두 해외 생산품이다.

19. 다음을 참고 바람. Friedman(2005).

20. 'Sub-Saharan Scramble', The Economist, (2015).

21. 1944년 당시 P-51 머스탱 전폭기의 생산 단가는 약 5만 1,000달러였다. 제2차 세

계대전 당시 태평양전선에 배치됐던 내 아버지의 말에 따르면, 머스탱 전투기가 항 공모함 갑판 착륙 중에 착륙장치 고장을 일으키면 조종사만 급하게 끌어낸 다음 전투기는 그냥 바다로 밀어버렸다. 연료가 바닥나 착륙이 급한 전투기들이 그 뒤로 줄줄이 날아오고 있었기 때문이다. 당시 머스탱은 그저 소모품에 불과했다.

22. 미의회조사국(Congressional Research Service)은 이라크전쟁과 아프가니스탄전쟁 비 용을 1조 6,000억 달러로 봤다. 하지만 일부 경제학자들은 재향군인 수당 증가분 같은 부대비용까지 합칠 경우 전비가 4조에서 6조 달러에 이를 것으로 추산한다.

23. 미연방정부 재량 지출의 절반 이상이 군사비로 나간다. 군사비는 9·11 테러 이후 50% 증가했다. 반면 동기간 다른 지출은 13.5% 증가했을 뿐이다[근거: 미국최우선 순위프로젝트(National Priorities Project), 미국 관리예산처 정보]. 현재 미국은 1조 달러 예산의 핵무기 현대화에 착수했다.

24. Fallows(2015).

25. Keegan(1993: 59). 다음 자료도 참고 바람. Goldstein(2012), Human Security Report Project(2011).

26. 이밖에 분리독립을 요구했거나 자치를 부분적으로 인정받은 지역들로는 트란스니 스트리아(Transnistria), 남오세티야(South Ossetia)와 압하지야(Abkhazia), 소말릴란 드(Somaliland), 서파푸아뉴기니(West Papua New Guinea), 남티롤(South Tyrol) 등이 있다.

27. Armstrong(2014).

28. Barber(1996).

29. 미국 보수주의 시민단체 티파티는 미국이 세계에서 특별한 위상을 가진 국가임을 주장한다. 이는 '미국 예외주의(American Exceptionalism)'라는 구호에 잘 나타나 있 다. 이 말은 원래 이오시프 스탈린(Joseph Stalin)이, 미국을 개조하는 데는 어떠한 폭력적 혁명도 필요치 않다고 장담한 미국 공산당의 주장을 조롱하려고 쓴 표현이 다. 미국은 예외적인 나라다. 하지만 다른 모든 나라도 마찬가지다. 나만은 규칙대 로 하지 않아도 된다는 논리는 동네에서 가장 덩치 크고 돈 많은 아이가 모두에게 자기가 정한 규칙에 따르라고 떼를 쓰는 것과 다를 바 없다. 이런 태도는 학교운동 장에서도 국제무대에서도 평화 유지에 하등 도움이 되지 못한다.

30. 힘없는 사람들 사이에 만연한 또 다른 현상은 자살률의 증가다. 여러 토착 '부족들' 에서 슬프게도 자살이 늘고 있다. 관련해서 다음을 참고 바람. Lyons(2015).

31. 사실 역사학자 아키라 이리예(Akira Iriye)가 이미 2002년에 딱 그런 논문을 썼다. 20세기의 이야기에서 가장 주목할 것은 국제기구들의 출현과 경제·정치·문화의 모든 차원에서 날로 국제화하는 사회 연결망이다.

32. 예측 가능한 한 가지 결과는 이렇다. 세계가 몇몇 거대 협력 단위[초국가(超國家)로 불러도 좋다]로 재편되어 서로 살벌하게 경쟁한다. 예를 들어 미국+캐나다+라틴아

메리카+유럽연합 대 러시아+근동+중국+인도(Graber 2004). 하지만 내가 선호하는 구도는 아니다.

33. Cartwright(2008: 49). 이른바 아랍의 봄[Arab Spring, 2010년 말 튀니지에서 시작돼 중동과 북아프리카로 확산된 반(反)정부 시위-옮긴이] 때 중동에서 실제로 일어난 일이다. 이때 페이스북과 트위터가 극적 변화의 매개체로 활약했다. 소셜미디어 앞에서 국경은 의미가 없다.

34. Khanna(2011). 다음 자료는 해당 현상이 개인 차원에서 일어나는 양상을 고찰한다. Davidson and Rees-Mogg(1997). 정보화 시대의 개인은 프리에이전트가 되어 자신의 노력을 세계시장에 팔 수 있다.

35. Khanna(2013: SR5).

36. 'Plan to Protect Refuge Has Alaskans Offended and Fearful over Money), New York Times, (2015).

37. 인용처: 'Sovereign State', Wikipedia, http://en.wikipedia.org/wiki/Sovereign_state, accessed 1/13/2015.

38. 하지만 어느 쪽도 소용없을 때가 많다. 마이애미에 벽을 둘러친다 해도, 도시 지반이 유공성 석회암이기 때문에 수위가 높아지면 해수가 새어 올라오게 된다.

39. 다음을 참고 바람. Hsiang et al.(2011, 2013).

40. Kennedy(2006), Goldstein(2012).

41. Ewing(2007: 35). 유엔의 2004년 연례보고서는 유엔안전보장이사회가 "신뢰성과 적법성과 대표성뿐 아니라 능동성"을 확보할 필요가 있음을 언명했다. 유엔은 아직 이 필요를 충족하지 못하고 있다.

42. 마크 트웨인의 《철부지의 해외여행(Innocents Abroad)》에 나오는 말로, 전체를 인용하면 이렇다. "여행은 편견과 아집과 편협함을 죽인다. 바로 이 이유로 우리에게는 여행이 필요하다. 사람과 사물에 대한 넓고 건전하고 자비로운 견해는 평생 지구의 작은 구석에 처박혀 무위도식하는 것으로는 얻어질 수 없다." 대학들은 이를 최고의 명분으로 삼아 학생들에게 교육과정의 일부로 해외생활을 부과한다.

43. 여기에 물론 긍정적인 면만 있는 건 아니다. 제작자들이 중국의 10억 잠재 관객에 영화표를 팔려는 욕망에 불타 중국 국가신문출판광전총국(國家新聞出版廣電總局)의 요구에 영합하는 형편이다. 예를 들어 내가 상하이에서 본 〈아이언맨 3(Ironman III)〉 중국 버전의 엔딩은 미국 관객이 보는 버전과 달랐고, 노골적인 중국 선전이었다.

44. 변화에 대한 정치적 접근법은 기본적으로 톱다운(top down) 방식과 바텀업(bottom up) 방식 두 가지다. 우리 시대 정치적 논쟁의 대부분은 이 중 어느 것이 나은가에 대한 것이다. 톱다운 접근법을 선호하는 사람들은 정부의 보다 적극적인 개입을 원한다. 예를 들어 사회보장 프로그램들, 보편적 의료보험제도, 최저임금 인상 또는 기본최저소득 보장 등이다. 이들은 법률 제정을 통해 원하는 변화의 실현을 도모

한다. 그러나 복지국가는 의존주의 문화, 다수의 '게으른' 사람들을 소수 엘리트가 부양하는 사회를 만든다는 비판이 따른다.

바텀업 접근법을 선호하는 사람들은 시장 지배, 민영화 확대, 개인의 책임, 규제 완화를 외친다. 이들은 제약을 풀어서 변화가 '자연스럽게', 다시 말해 밑에서 위로 일어나게 하는 것을 선호한다. 이 구조의 문제점은, 사회적 책임과 상관없이 순전히 이윤 추구 동기로만 움직이는 시장이 임금 하락과 환경 파괴와 사회 혼란을 야기한다는 것이다. (예를 들어 이윤 증대를 위해 환경 파괴와 임금 착취가 자행될 가능성이 높다.)

자유의지 옹호론자 매트 리들리(Matt Ridley)(2015)는 바텀업 접근법의 장기적 효능을 주장하고 나섰다. 하지만 나는 그의 분석에 오류가 있다고 본다. 첫째, 톱다운 접근접이 좋은 결과를 낸 사례들이 많다. 주간(州間) 고속도로망, 국방, 시민권, 교내 인종차별 금지 등은 톱다운 방식이라야 실효를 보는 대표적인 경우들이다. 연방정부의 개입이 없었다면 아마 지금도 주지사들이 교문 앞에 서서 "(인종)분리정책이여, 영원하라"를 외치고 있을 것이다. 둘째, 리들리는 톱다운 접근법이 반(反)진화적이라고 추정하는데, 사실 사회경제 구조에 대한 엘리트 지배야말로 '자연스럽게' 진화해온 유서 깊은 현상이다. (자유민주주의든 독재든) 톱다운 접근법은 모두 진화 프로세스의 산물이다.

해답은 두 가지 사이 어딘가에 있다. 절충안의 일례로 다음 자료를 참고 바람. 딘 베이커(Dean Baker)(2011). 상기 자료는 톱다운 접근법을 통해 최대 다수의 최대 행복을 실천하는 바텀업 시민행동을 유도하자고 말한다.

참고문헌

Ackerman, Diane. 2014. *The Human Age: The World Shaped by Us*. Norton, New York.

Aiello, Leslie C., and Wheeler, Peter. 1995. "The Expensive-Tissue Hypothesis: The Brain and the Digestive System in Human and Primate Evolution." *Current Anthropology* 36: 199~221.

Allen, Mark, and Terry Jones, eds. 2014. *Violence and Warfare among Hunter-Gatherers*. Left Coast Press, Walnut Creek, CA.

Alley, Richard B. 2007. "Wally Was Right: Predictive Ability of the North Atlantic 'Conveyor Belt' Hypothesis for Abrupt Climate Change." *Annual Review of Earth and Planetary Sciences* 35: 241~272.

Altman, Jon C. 1987. *Hunter-Gatherers Today*. Australian Institute of Aboriginal Studies, Canberra.

Ambrose, Stanley H. 2003. "Did the Super-Eruption of Toba Cause a Human Population Bottleneck? Reply to Gathorne-Hardy and Harcourt-Smith." *Journal of Human Evolution* 45: 231~237.

———. 2010. "Coevolution of Composite-Tool Technology, Constructive Memory, and Language: Implications for the Evolution of Modern Human Behavior." *Current Anthropology* 51: S135~S147.

Ames, Kenneth, and Herbert D. G. Maschner. 1999. *Peoples of the Northwest Coast: Their Archaeology and Prehistory*. Thames and Hudson, London.

Antón, Susan. 2003. "A Natural History of Homo erectus." *Yearbook of Physical Anthropology* 46: 126~170.

Armstrong, Karen. 2014. *Fields of Blood: Religion and the History of Violence*. Knopf, New York.

Atran, Scott. 2002. *In Gods We Trust: The Evolutionary Landscape of Religion*. Oxford University Press, Oxford.

———. 2010. *Talking to the Enemy: Faith, Brotherhood, and the Unmaking of Terrorists.* HarperCollins, New York.

Baker, Dean. 2011. *The End of Loser Liberalism.* Center for Economic and Policy Research, Washington, DC.

Barber, Benjamin. 1996. *Jihad versus McWorld.* Ballantine, New York.

Barham, Lawrence. 2013. *From Hand to Handle: The First Industrial Revolution.* Oxford University Press, Oxford.

Barker, Graeme. 2006. *The Agricultural Revolution in Prehistory.* Oxford University Press, Oxford.

Berna, F. Francesco, Paul Goldberg, Liora Kolska Horwitz, James Brink, Sharon Holt, Marion Bamford, and Michael Chazan. 2012. "Microstratigraphic Evidence of In Situ Fire in the Acheulean Strata of Wonderwerk Cave, Northern Cape Province, South Africa." *Proceedings of the National Academy of Sciences* 109: E1215~E1220.

Bocquet-Appel, Jean-Pierre. 2015. "When the World's Population Took Off: The Springboard of the Neolithic Demographic Transition." *Science* 333: 560~561.

Boggs, Carl. 2000. *The End of Politics: Corporate Power and the Decline of the Public Sphere.* Guilford Press, New York.

Boyer, Pascal. 2001. *Religion Explained: The Evolutionary Origins of Religious Thought.* Basic Books, New York.

Boyer, Pascal, and Brian Bergstrom. 2008. "Evolutionary Perspectives on Religion." *Annual Review of Anthropology* 37: 111~130.

Brauer, Günter. 2014. "Origin of Modern Humans." In *Handbook of Paleoanthropology*, 2nd ed., edited by Winfried Henke and Ian Tattersall, 2300~2331. Springer, Heidelberg.

Briggs, Jean. 1970. *Never in Anger: Portrait of an Eskimo Family.* Harvard University Press, Cambridge.

Broecker, Wallace S. 2010. *The Great Ocean Conveyor: Discovering the Trigger for Abrupt Climate Change.* Princeton University Press, Princeton.

Carneiro, Robert. 2004. "The Political Unification of the World: Whether, When, and How—Some Speculations." *Cross-Cultural Research* 38: 162~177.

Carswell, Douglas. 2012. *The End of Politics.* Biteback Publishing, London.

Cartwright, James. 2008. "Deciphering the Mega-Trends." In *The Way We Will*

참고문헌

Be 50 Years from Today: 60 of the World's Greatest Minds Share Their Visions of the Next Half Century, edited by Mike Wallace, 46~51. Thomas Nelson, Nashville.

Childe, V. Gordon. 1936. *Man Makes Himself.* Watts, London.

———. 1942. *What Happened in History?* Penguin, Harmondsworth.

Clover, Charles. 2004. *The End of the Line.* New Press, New York.

Codere, Helen. 1950. *Fighting with Property: A Study of Kwakiutl Potlatching and Warfare, 1792-1930.* American Ethnological Society Monograph 18. University of Washington Press, Seattle.

Cronk, Lee, and B. L. Leech. 2013. *Meeting at Grand Central: Understanding the Social and Evolutionary Roots of Cooperation.* Princeton University Press, Princeton, NJ.

Davidson, James Dale, and Lord William Rees-Mogg. 1997. *The Sovereign Individual: Mastering the Transition to the Information Age.* Touchstone, New York.

Dawkins, Richard. 2006. *The God Delusion.* Houghton Mifflin, Boston.

Deaton, Angus. 2013. *The Great Escape: Health, Wealth and the Origins of Inequality.* Princeton University Press, Princeton, NJ.

Dennett, Daniel. 2006. *Breaking the Spell: Religion as a Natural Phenomenon.* Viking, New York.

Diamond, Jared. 2012. *The World until Yesterday: What We Can Learn from Traditional Societies.* Penguin, New York.

Doebley, John. 2004. "The Genetics of Maize Evolution." *Annual Review of Genetics* 38:37~59.

D'Souza, Dinesh. 1996. *The End of Racism.* Free Press, New York.

Dunbar, Robin I. M. 2003. "The Social Brain: Mind, Language, and Society in Evolutionary Perspective." *Annual Review of Anthropology* 32: 163~181.

Ember, Carol, and Melvin Ember. 1992. "Resource Unpredictability, Mistrust, and War: A Cross-Cultural Study." *Journal of Conflict Resolution* 36: 242~ 262.

Ember, Carol R., Teferi Abate Adem, and Ian Skoggard. 2013. "Risk, Uncertainty, and Violence in Eastern Africa: A Regional Comparison." *Human Nature* 24: 33~58.

Ewing, Sovaida Ma'ani. 2007. *Collective Security within Reach.* George Ronald,

Oxford.

Fagan, Brian. 1975. *The Rape of the Nile*. Scribner's, New York.

Fallows, James. 2015. "Why Do the Best Soldiers in the World Keep Losing?" *Atlantic* (January/February).

Ferguson, Brian. 2013. "Pinker's List: Exaggerating Prehistoric War Mortality." In *War, Peace, and Human Nature: The Convergence of Evolutionary and Cultural Views*, edited by Douglas Fry, 112~131. Oxford University Press, Oxford.

Ferraro, Joseph V., Thomas W. Plummer Briana L. Pobiner, James S. Oliver, Laura C. Bishop, David R. Braun, Peter W. Ditchfield, John W. Seaman III, Katie M. Binetti, John W. Seaman Jr., Fritz Hertel, and Richard Potts. 2013. "Earliest Archaeological Evidence of Persistent Hominin Carnivory." *Plos One*. doi. org/10.1371/journal.pone.0062174.

Ferring, Reid, Oriol Oms, Jordi Agustí, Francesco Berna, Medea Nioradze, Teona Shelia, Martha Tappen, Abesalom Vekua, David Zhvania, and David Lordkipanidze. 2011. "Earliest Human Occupations at Dmanisi (Georgian Caucasus) dated to 1.85 – 1.78 Ma." *Proceedings of the National Academy of Sciences* 108: 10432~10436.

Flannery, Kent, and Joyce Marcus. 2012. *The Creation of Inequality*. Harvard University Press, Cambridge, MA.

Fleckinger, Angelika. 2003. *Ötzi, the Iceman*. 3rd ed. Folio, Rome.

Fowler, Brenda. 2000. *Iceman: Uncovering the Life and Times of a Prehistoric Man Found in an Alpine Glacier*. University of Chicago Press, Chicago.

Friedman, Thomas. 2005. *The World Is Flat*. Farrar, Straus & Giroux, New York.

Fry, Douglas. 2007. *Beyond War: The Human Potential for Peace*. Oxford University Press, Oxford.

Fukuyama, Francis. 1992. *The End of History and The Last Man*. Free Press, New York.

"The Future of Jobs: The Onrushing Wave." 2014. *Economist*, January 18.

Gargett, Robert H., Harvey M. Bricker, Geoffrey Clark, John Lindly, Catherine Farizy, Claude Masset, David W. Frayer, Anta Montet-White, Clive Gamble, Antonio Gilman, Arlette Leroi-Gourhan, M. I. Martínez Navarrete, Paul Ossa, Erik Trinkaus, and Andrzej W. Weber. 1989. "Grave Shortcomings: The Evidence for Neandertal Burial." Current Anthropology 30: 157~190.

Goldstein, Joshua. 2012. *Winning the War on War: The Decline of Armed Conflict Worldwide*. Penguin, New York.

Gore, Al. 2013. *The Future: Six Drivers of Global Change*. Random House, New York.

Gowlett, John A. J., and Richard Wrangham. 2013. Earliest Fire in Africa: Towards the Convergence of Archaeological Evidence and the Cooking Hypothesis. *Azania: Archaeological Research in Africa* 48: 5~30.

Graber, Robert. 2004. "Is a World State Just a Matter of Time? A Population-Pressure Alternative." *Cross-Cultural Research* 38: 147~161.

Greco, Thomas. 2009. *The End of Money and the Future of Civilization*. Chelsea Green Publishers, White River Junction, VT.

Haas, Jonathan, and Matthew Piscitelli. 2013. "The Prehistory of Warfare: Misled by Ethnography." In *War, Peace, and Human Nature: The Convergence of Evolutionary and Cultural Views*, edited by Douglas Fry, 168~190. Oxford University Press, Oxford.

Hardoon, Deborah, Sophia Ayele, and Ricardo Fuentes-Nieva. 2016. "An Economy for the 1%." Oxfam Briefing Paper 210 (January 18). https://www.oxfam.org/sites/www.oxfam.org/files/file_attachments/bp210-economyone-percent-tax-havens-180116-en_0.pdf.

Harmand, Sonia, Jason E. Lewis, Craig S. Feibel, Christopher J. Lepre, Sandrine Prat, Arnaud Lenoble, Xavier Boës, Rhonda L. Quinn, Michel Brenet, Adrian Arroyo, Nicholas Taylor, Sophie Clément, Guillaume Daver, JeanPhilip Brugal, Louise Leakey, Richard A. Mortlock, James D. Wright, Sammy Lokorodi, Christopher Kirwa, Dennis V. Kent, and Hélène Roche. 2015. "3.3-Million-Year-Old Stone Tools from Lomekwi 3, West Turkana, Kenya." *Nature* 521: 310~315.

Harpending, Henry, and Alan Rogers. 2000. "Genetic Perspectives on Human Origins and Differentiation." *Annual Review of Genomics and Human Genetics* 1: 361~385.

Harris, Sam. 2004. *The End of Faith*. Norton., New York.

Hauser, Kitty. 2008. *Bloody Old Britain: O. G. S. Crawford and the Archaeology of Modern Life*. Granta Books, London.

Hayden, Brian. 2014. *The Power of Feasts: From Prehistory to the Present*. Cambridge University Press, Cambridge.

Heinberg, Richard. 2011. *The End of Growth*. New Society Publishers, Gabriola,

British Columbia.

Henshilwood, C. S., Fransesco d'Errico, and Ian Watts. 2009. "Engraved Ochres from the Middle Stone Age Levels at Blombos Cave, South Africa." *Journal of Human Evolution* 57: 27~47.

Horgan, John. 1996. *The End of Science*. Addison-Wesley, Boston.

———. 2012. *The End of War*. McSweeney's Books, San Francisco.

Howell, Nancy. 2010. *Life Histories of the Dobe !Kung: Food, Fatness, and Well-Being over the Life-Span*. University of California Press, Berkeley.

Hsiang, Solomon M., Marshall Burke, and Edward Miguel. 2013. "Quantifying the Influence of Climate on Human Conflict." *Science* 341. doi:1235367-1–1235367-14.

Hsiang, Solomon M., Kyle C. Meng, and Mark A. Cane. 2011. "Civil Conflicts Are Associated with the Global Climate." *Nature* 476: 438~441.

Human Security Report Project. 2011. *Human Security Report 2009/2010: The Causes of Peace and the Shrinking Costs of War*. Oxford University Press, Oxford.

Iriye, Akira. 2002. *Global Community: The Role of International Organizations in the Making of the Contemporary World*. University of California Press, Berkeley.

Joordens, Josephine C., Francesco d'Errico, Frank P. Wesselingh, Stephen Munro, John de Vos, Jakob Wallinga, Christina Ankjærgaard, Tony Reimann, Jan R. Wijbrans, Klaudia F. Kuiper, Herman J. Mücher, Hélène Coqueugniot, Vincent Prié, Ineke Joosten, Bertil van Os, Anne S. Schulp, Michel Panuel, Victoria van der Haas, Wim Lustenhouwer, John J. G. Reijmer, and Wil Roebroeks. 2015. "Homo erectus at Trinil on Java Used Shells for Tool Production and Engraving." *Nature* 518: 228~231.

Kaminski, Juliane. 2014. "Theory of Mind: A Primatological Perspective." In *Handbook of Paleoanthropology*, 2nd ed., edited by Winfried Henke and Ian Tattersall, 1741~1757. Springer, Heidelberg.

Kaplan, Robert. 1996. *The Ends of the Earth: From Togo to Turkmenistan, from Iran to Cambodia, a Journey to the Frontiers of Anarchy*. Vintage, New York.

Keegan, John. 1993. *A History of Warfare*. Vintage, New York.

Keith, Jeanette. 2004. *Rich Man's War, Poor Man's Fight*. University of North Carolina Press, Chapel Hill.

Kelly, Robert K., Todd Surovell, Bryan Shuman, and Geoff Smith. 2013. "A Continuous Climatic Impact on Holocene Human Population in the Rocky Mountains." *Proceedings of the National Academy of Sciences* 110: 443~447.

Kelly, Robert L. 2013a. "From the Peaceful to the Warlike: Ethnographic and Archaeological Insights into Hunter-Gatherer Warfare and Homicide." In *War, Peace, and Human Nature: The Convergence of Evolutionary and Cultural Views*, edited by Douglas Fry, 151~167. Oxford University Press, Oxford.

————. 2013b. *The Lifeways of Hunter-Gatherers: The Foraging Spectrum*. 2nd ed. Cambridge University Press, Cambridge.

Kennedy, Paul. 2006. *The Parliament of Man: The Past, Present and Future of the United Nations*. Vintage, New York.

Kenny, Charles. 2012. *Getting Better: Why Global Development Is Succeeding and How We Can Improve the World Even More*. Basic Books, New York.

Kessler, David. 2009. *The End of Overeating*. Rodale, New York.

Khanna, Parag. 2011. *How to Run the World: Charting a Course to the Next Renaissance*. Random House, New York.

————. 2013. "The End of the Nation-State?" *New York Times*, Sunday, October 12, SR5.

Kissinger, Henry. 2014. *World Order*. Penguin Books, New York.

Klein, Naomi. 2015. *This Changes Everything: Capitalism versus the Climate*. Simon & Schuster, New York.

Kolbert, Elizabeth. 2014. *The Sixth Extinction: An Unnatural History*. Henry Holt, New York.

Leacock, Eleanor. 1969. "The Montagnais-Naskapi Band." In Contributions to Anthropology: Band Societies, edited by D. Damas, 1~17. *National Museum of Canada Bulletin* 228. National Museum of Canada, Ottawa.

Lee, Richard. 1979. *The !Kung San: Men, Women, and Work in a Foraging Society*. Cambridge University Press, Cambridge.

————. 1980. "Lactation, Ovulation, Infanticide, and Women's Work: A Study of Hunter-Gatherer Population." In *Biosocial Mechanisms of Population Regulation*, edited by M. Cohen, R. Malpass, and H. Klein, 321~348. Yale University Press, New Haven.

Lehner, Mark. 1997. *The Complete Pyramids*. Thames and Hudson, London.

Lewis-Williams, David. 2002. *The Mind in the Cave*. Thames and Hudson, London.

Li, Heng, and Richard Durbin. 2011. "Inference of Human Population History from Individual Whole-Genome Sequences." *Nature* 475: 493~496.

Lordkipanidze, D., Marcia S. Ponce de León, Ann Margvelashvili, Yoel Rak, G. Philip Rightmire, Abesalom Vekua, and Christoph P. E. Zollikofer. 2013. "A Complete Skull from Dmanisi, Georgia, and the Evolutionary Biology of Early *Homo*." *Science* 342: 326~331.

Lovejoy, C. O. 1988. "Evolution of Human Walking." *Scientific American* 259: 82~89.

Lyons, Charles. 2015. "Suicide Spreads through a Brazilian Tribe." *New York Times*, January 4, SR6.

Marks, Jonathan. 2002. *What It Means to Be 98% Chimpanzee*. University of California Press, Berkeley.

McKibben, Bill. 1989. *The End of Nature*. Anchor, New York.

Meltzer, David. 2009. *First Peoples in a New World: Colonizing Ice Age America*. University of California Press, Berkeley.

Micklethwait, John, and Adrian Wooldridge. 2014. *The Fourth Revolution: The Global Race to Reinvent the State*. Penguin, New York.

Mirazón Lahr, M., F. Rivera, R. K. Power, A. Mounier, B. Copsey, F. Crivellaro, J. E. Edung, J. M. Maillo Fernandez, C. Kiarie, J. Lawrence, A. Leakey, E. Mbua, H. Miller, A. Muigai, D. M. Mukhongo, A. Van Baelen, R. Wood, J.-L. Schwenninger, R. Grün, H. Achyuthan, A. Wilshaw, and R. A. Foley. 2016. "Inter-Group Violence among Early Holocene Hunter-Gatherers of West Turkana, Kenya." *Nature* 529: 394~398.

Mithen, Steven. 1996. *The Prehistory of the Mind*. Thames and Hudson, London.

Moura, A. C. de A., and P. C. Lee. 2004. "Capuchin Stone Tool Use in Caatinga Dry Forest." *Science* 306: 1909.

Muschitiello, Francesco, Francesco S. R. Pausata, Jenny E. Watson, Rienk H. Smittenberg, Abubakr A. M. Salih, Stephen J. Brooks, Nicola J. Whitehouse, Artemis Karlatou-Charalampoulou, and Barbara Wohlfarth. 2015. "Fennoscandian Freshwater Control on Greenland Hydroclimate Shifts at the Onset of the Younger Dryas." *Nature Communications* 6: 8939. doi:10.1038/ncomms9939.

Napier, John. 1970. *The Roots of Mankind*. Smithsonian Books, Washington DC.

Not, Christelle, and Claude Hillaire-Marcel. 2012. "Enhanced Sea-Ice Export from the Arctic during the Younger Dryas." *Nature Communications* 3: 647. doi:10.1038/ncomms1658.

Oreskes, Naomi, and Erik M. Conway. 2014. *The Collapse of Western Civilization: A View from the Future*. Columbia University Press, New York.

Peregrin, Peter, Melvin Ember, and Carol Ember. 2004. "Predicting the Future State of the World Using Archaeological Data: An Exercise in Archaeomancy." *Cross-Cultural Research* 38: 133~146.

Pettitt, Paul. 2013. *The Paleolithic Origins of Human Burial*. Routledge, New York.

Pinker, Steven. 2012. *The Better Angels of Our Nature: Why Violence Has Declined*. Penguin, New York.

"Plan to Protect Refuge Has Alaskans Offended and Fearful Over Money." 2015. *New York Times*, January 26, A14.

Postman, Neil. 1995. *The End of Education*. Knopf, New York.

Rathje, William, and Cullen Murphy. 2001. *Rubbish! The Archaeology of Garbage*. University of Arizona Press, Tucson.

Reich, David, Richard E. Green, Martin Kircher, Johannes Krause, Nick Patterson, Eric Y. Durand, Bence Viola, Adrian W. Briggs, Udo Stenzel, Philip L. F. Johnson, Tomislav Maricic, Jeffrey M. Good, Tomas Marques-Bonet, Can Alkan, Qiaomei Fu, Swapan Mallick, Heng Li, Matthias Meyer, Evan E. Eichler, Mark Stoneking, Michael Richards, Sahra Talamo, Michael V. Shunkov, Anatoli P. Derevianko, and Jean-Jacques Hublin. 2010. "Genetic History of an Archaic Hominin Group from Denisova Cave in Siberia." Nature 468: 1053~1060.

Ridley, Matt. 2010. *The Rational Optimist: How Prosperity Evolves*. HarperCollins, New York.

———. 2015. *The Evolution of Everything*. HarperCollins, New York.

Rifkin, Jeremy. 1995. *The End of Work*. Putnam, New York.

Roberts, Paul. 2004. *The End of Oil*. Mariner Books, New York.

———. 2008. *The End of Food*. Houghton Mifflin, Boston.

Rodman, Peter S., and Henry M. McHenry. 1980. "Bioenergetics and the Origin of Hominid Bipedalism." *American Journal of Physical Anthropology* 52: 103~106.

Roebroeks, Wil, and Paola Villa. 2011. "On the Earliest Evidence for Habitual Use of Fire in Europe." *Proceedings of the National Academy of Sciences* 108: 5209~5214.

Roscoe, Paul. 2004. "The Problem with Polities: Some Problems in Forecasting Global Political Integration. *Cross-Cultural Research* 38: 102~118.

———. 2009. "Social Signaling and the Organization of Small-Scale Society: The Case of Contact-Era New Guinea." *Journal of Archaeological Method and Theory* 16: 69~116.

Roser, Max. 2015. "World Population Growth." OurWorldInData.org. http://ourworldindata.org/data/population-growth-vital-statistics/world-population-growth, retrieved February 13, 2016.

Rosin, Hanna. 2012. *The End of Men*. Riverhead Books, New York.

Sachs, Jeffrey. 2005. *The End of Poverty*. Penguin, New York.

Shipman, Pat. 2015. *The Invaders: How Humans and Their Dogs Drove Neanderthals to Extinction*. Harvard University Press, Cambridge, MA.

Simms, Steven. 1987. *Behavioral Ecology and Hunter-Gatherer Foraging: An Example from the Great Basin*. International Series 381. British Archaeological Reports, Oxford.

Skoglund, Pontus, Erik Ersmark, Eleftheria Palkopoulou, and Love Dale. 2015. "Ancient Wolf Genome Reveals an Early Divergence of Domestic Dog Ancestors and Admixture into High-Latitude Breeds." *Current Biology* 25:1515~1519.

Smith, Bruce D. 2015. "A Comparison of Niche Construction Theory and Diet Breadth Models as Explanatory Frameworks for the Initial Domestication of Plants and Animals." *Journal of Archaeological Research* 23: 215~262.

Smith, Eric. 2004. "Why Do Good Hunters Have Higher Reproductive Success?" *Human Nature* 15: 343~364.

Sommer, Jeffrey. 1999. "The Shanidar IV 'Flower Burial': An Evaluation of Neanderthal Burial Ritual." *Cambridge Archaeological Journal* 9: 127~137.

Steele, James, Pier Francesco Ferrari, and Leonardo Fogassi. 2012. "From Action to Language: Comparative Perspectives on Primate Tool Use, Gesture and the Evolution of Human Language." *Philosophical Transactions of the Royal Society B* 367: 4~9.

Steffen, Will, Wendy Broadgate, Lisa Deutsch, Owen Gaffney, and Cornelia Ludwig. 2015. "The Trajectory of the Anthropocene: The Great Acceleration."

The Anthropocene Review 2(1): 81~98.

Steffen, Will, Katherine Richardson, Johan Rockström, Sarah E. Cornell, Ingo Fetzer, Elena M. Bennett, Reinette Biggs, Stephen R. Carpenter, Wim de Vries, Cynthia A. de Wit, Carl Folke, Dieter Gerten, Jens Heinke, Georgina M. Mace, Linn M. Persson, Veerabhadran Ramanathan, Belinda Reyers, and Sverker Sörlin. 2015. "Planetary Boundaries: Guiding Human Development on a Changing Planet." *Science* 347. doi:1259855-1-1259855-10.

Stiner, Mary. 2013. "An Unshakable Middle Paleolithic? Trends versus Conservatism in the Predatory Niche and Their Social Ramifications." *Current Anthropology* 54(S8): S288-S304.

―――. 2014. "Finding a Common Band-Width: Causes of Convergence and Diversity in Paleolithic Beads." *Biological Theory* 9: 51~64.

Stiner, Mary, Avi Gopher, and Ran Barkai. 2011. "Hearth-Side Socioeconomics, Hunting and Paleoecology during the Late Lower Paleolithic at Qesem Cave, Israel." *Journal of Human Evolution* 60: 213~233.

Stout, Dietrich, and Thierry Chaminade. 2012. "Stone Tools, Language and the Brain in Human Evolution." *Philosophical Transactions of the Royal Society B* 367: 75~87.

Stringer, Christopher. 2014. "Why We Are Not All Multiregionalists Now." *Trends in Ecology and Evolution* 29: 248~251.

"A Sub-Saharan Scramble." 2015. *Economist*, January 24.

Suskind, Richard. 2008. *The End of Lawyers?* Oxford University Press, Oxford.

Taagepera, Rein. 1978. "Size and Duration of Empires: Systematics of Size." *Social Science Research* 7: 108~127.

Texier, Pierre-Jean, Guillaume Porraz, John Parkington, Jean-Philippe Rigaud, Cedric Poggenpoel, Christopher Miller, Chantal Tribolo, Caroline Cartwright, Aude Coudenneau, Richard Klein, Teresa Steele, and Christine Verna. 2010. "A Howiesons Poort Tradition of Engraving Ostrich Eggshell Containers Dated to 60,000 Years Ago at Diepkloof Rock Shelter, South Africa." *Proceedings of the National Academy of Sciences* 107: 6180~6185.

Thieme, Hartmut. 1997. "Lower Palaeolithic Hunting Spears from Germany." *Nature* 385: 807~810.

Trigger, Bruce. 1980. *Gordon Childe: Revolutions in Archaeology*. Thames and Hudson, London.

Toth, Nicholas, and Kathy Schick. 2009. "The Oldowan: The Tool Making of

Early Hominins and Chimpanzees Compared." *Annual Review of Anthropology* 38: 289~305.

Twain, Mark. 1869. "Conclusion" in *Innocents Abroad*. Available online from Project Gutenberg, https://www.gutenberg.org/files/3176/3176-h/3176-h. htm #CONCLUSION.

Ungar, Peter. 2004. "Dental Topography and Diets of Australopithecus afarensis and Early Homo." *Journal of Human Evolution* 46: 605~622.

———. 2012. "Dental Evidence for the Reconstruction of Diet in African Early Homo." *Current Anthropology* 53(S6): S318-S329.

Vaughan, Christopher L. 2003. "Theories of Bipedal Walking: An Odyssey." Journal of Biomechanics 36: 513~523.

Vince, Gaia. 2014. *Adventures in the Anthropocene: A Journey to the Heart of the Planet We Made*. Chatto & Windus, London.

Wadley, Lyn. 2013. "Recognizing Complex Cognition through Innovative Technology in Stone Age and Palaeolithic Sites." *Cambridge Archaeological Journal* 23: 163~183.

Walker, Alan, and Richard Leakey. 1993. The Nariokotome Homo erectus *Skeleton*. Harvard University Press, Cambridge.

Waltz, Kenneth. 1954. *Man, the State, and War: A Theoretical Analysis*. Columbia University Press, New York.

Weisman, Alan. 2014. *Countdown*. Little, Brown, New York.

Wendorf, Fred. 1968. "Site 117: A Nubian Final Paleolithic Graveyard near Jebel Sahaba, Sudan." In *The Prehistory of Nubia*, edited by F. Wendorf, 954~987. Southern Methodist University Press, Dallas.

Wiessner, Polly. 2002. "Hunting, Healing, and Hxaro Exchange: A Long-Term Perspective on !Kung (Ju/'hoansi) Large-Game Hunting." *Evolution and Human Behavior* 23:407~36.

Wilson, E. O. 2002. *The Social Conquest of Earth*. Vintage, New York.

———. 2012. *The Future of Life*. Liveright, New York.

———. 2014. *The Meaning of Human Existence*. Liveright, New York.

Wolman, David. 2012. *The End of Money*. Da Capo Press, Boston.

Wrangham, Richard W. 2009. *Catching Fire: How Cooking Made Us Human*. Harvard University Press, Cambridge.

Wright, Robert. 2000. *Non-Zero: The Logic of Human Destiny*. Vintage, New York.

Zahid, H. Jabran, Erick Robinson, and Robert L. Kelly. 2016. "Agriculture, Population Growth and Statistical Analysis of the Radiocarbon Record." *Proceedings of the National Academy of Sciences* 113: 931~935.

Zilhão, João. 2015. "Lower and Middle Paleolithic Behaviours and the Origins of Ritual Burial." In *Death Rituals, Social Order and the Archaeology of Immortality in the Ancient World*, edited by Colin Renfrew, Michael J. Boyd, and Iain Morley, 27~44. Cambridge University Press, Cambridge.

Zink, Katherine D., and Daniel E. Lieberman. 2016. "Impact of Meat and Lower Palaeolithic Food Processing Techniques on Chewing in Humans." *Nature* 531: 500~503.

찾아보기

제5의 기원

제5의 기원

1판 1쇄 인쇄 2019년 12월 1일
1판 1쇄 발행 2019년 12월 5일

———

지은이 로버트 L. 켈리
옮긴이 이재경

———

펴낸이 강동화, 김양선
펴낸곳 반니
주소 서울시 서초구 서초대로 77길 54
전화 02-6004-6881 팩스 02-6004-6951
전자우편 book@banni.kr
출판등록 2006년 12월 18일(제2006-000186호)

———

ISBN 979-11-90467-01-8 93900

———

———

이 도서의 국립중앙도서관 출판예정도서목록(CIP)은 서지정보유통지원시스템 홈페이지(http://seoji.
nl.go.kr)와 국가자료공동목록시스템(http://www.nl.go.kr/kolisnet)에서 이용하실 수 있습니다.(CIP
제어번호: CIP2019046018)

THE FIFTH BEGINNING